Escuela de Belleza de Kabul

Deborah Rodriguez ha trabajado como peluquera desde 1979, exceptuando un breve periodo en el que fue funcionaria de prisiones en su ciudad natal, Holland, en Michigan. Dirigió la Escuela de Belleza de Kabul durante unos años, la primera academia moderna de belleza y peluquería en Afganistán; y también fue propietaria del Salón Oasis y del Cabul Coffee House.

Escuela de Belleza de Kabul

DEBORAH RODRIGUEZ

con Kristin Ohlson

Traducción de Damián Alou

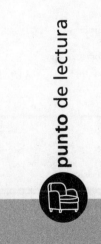

punto de lectura

Título original: *Kabul Beauty School*
© 2007, Deborah Rodriguez-Turner
© De la traducción: 2008, Isabel Murillo Fort
© De esta edición:
2009, Santillana Ediciones Generales, S.L.
Torrelaguna, 60. 28043 Madrid (España)
Teléfono 91 744 90 60
www.puntodelectura.com

ISBN: 978-84-663-2349-9
Depósito legal: B-33.202-2009
Impreso en España – Printed in Spain

Fotografía de cubierta: Picture Contact/Alamy
Diseño: Gabrielle Bordwin

Primera edición: octubre 2009

Impreso por Litografía Rosés, S.A.

Este libro está dedicado a mi padre, Junior Turner, que falleció el 5 de junio de 2002 mientras yo estaba realizando mi primer viaje a Afganistán. Papá, nunca tuve ocasión de hablarte sobre Afganistán y la escuela. Me abandonaste demasiado pronto.

Sé que Sam, mi marido, te encantaría… es igual que tú, pero al estilo afgano. Sé que estarías preocupado, pero también muy feliz al ver que estoy haciendo realidad mi sueño.

Te echo de menos.

Por suerte, soy una lady
Marian de mi época.

Tengo conciencia,
inteligencia y talento,
pero mi destino es continuar
mi existencia
en cautividad detrás
de los barrotes de la cárcel de la vida
como si fuese un pájaro enjaulado.

Quiero hablar de mis sentimientos
pero nadie parece darse cuenta de que existo.

Me piden que permanezca siempre
fuera de la vista de todo el mundo,
en la oscuridad.
¿Por qué?
Porque para ellos es fácil deshonrarme
y excluirme.

Me han tapado de la cabeza a los pies,
me han amputado las piernas,
me han cerrado la boca.

¡Oh!
Quiero ser conocida
no por ser mujer
sino por mis conocimientos.

Dejemos que pasen los años,
dejemos que mis palabras escritas perduren.

Un día preguntarán de quién son
estas palabras únicas.

Tal vez entonces
me conocerán como
una mujer capaz de hacer alguna cosa.

Tengo esperanzas...

Farida Alimi

Capítulo
1

Las mujeres llegan al salón justo antes de las ocho de la mañana. De haber sido un día normal y corriente, seguiría en la cama, intentando aprovechar unos minutos adicionales de sueño. Posiblemente estaría maldiciendo al gallo de los vecinos por haberme despertado otra vez al amanecer. Seguramente seguiría incluso quejándome de los verduleros que bajan por la calle a las tres de la mañana con sus ruidosos carromatos tirados por caballos, o del mulá del barrio, que entona su lastimera llamada a la oración a las cuatro y media. Pero hoy se celebra la fiesta de compromiso de Roshanna, de modo que estoy vestida y lista para ponerme a trabajar. Me he fumado ya cuatro cigarrillos y he tomado dos tazas de café instantáneo que he tenido que prepararme yo porque la cocinera no ha llegado todavía. Una prueba más difícil de superar de lo que cabría imaginarse, pues apenas si he aprendido a poner el agua a hervir en Afganistán. Cuando tengo que hacerlo sola, acerco poco a poco una cerilla de madera a cada uno de los quemadores de la estrambótica cocina de gas y voy encendiendo y apagando todos los mandos hasta que acaba prendiendo la llama en uno de los quemadores. Entonces coloco sobre él un cazo con agua y rezo para que la ebullición mate a todas las bacterias que ese día puedan estar flotando en el agua de Kabul.

La suegra es la primera en llegar al salón e intercambiamos el tradicional saludo afgano de bienvenida: nos damos un apretón de manos y luego tres besos en la mejilla. Roshanna aparece tras ella, un diminuto y torpe fantasma azul vestido con el tradicional burka que la cubre por completo de los pies a la cabeza y con sólo un pequeño pedacito de redecilla que le permite ver por dónde pisa. Pero la redecilla está torcida, le queda a la altura de la nariz, y tropieza con el umbral de la puerta. Ríe y agita los brazos en el interior del ondulado tejido mientras dos de sus cuñadas le ayudan a cruzar la puerta. Una vez dentro, Roshanna se quita enseguida el burka, lo dobla y lo deja encima de uno de los secadores.

—Ha sido como volver a la época de los talibanes —exclama, pues no había vuelto a utilizar el burka desde que los talibanes fueron expulsados de Kabul en otoño de 2001. Roshanna suele llevar prendas que cose ella misma: *shalwar kameezes*[1] de vivos colores o saris en tonos orquídea y melocotón, verde lima y azul pavo real. Roshanna destaca en la suciedad gris y polvorienta de Kabul como una mariposa; destaca incluso también entre las demás mujeres que pasean por las calles vestidas mayoritariamente con prendas oscuras y de tonos apagados. Pero hoy ha decidido observar el comportamiento tradicional de la novia el día de su fiesta de compromiso o de su boda. Ha salido de casa de sus padres cubierta con el burka y saldrá del salón seis horas después cargada de sombra de ojos, con unas pestañas postizas del tamaño de un gorrión, el cabello peinado en un monumental recogido y ves-

---

[1] El *shalwar kameeze* es el vestido tradicional en diversos países de la zona. Está compuesto por el *shalwar*, que son unos pantalones sueltos tipo pijama, y la *kameeze*, una chaqueta también suelta que llega hasta media pantorrilla. *[N. de la T.]*

tida con prendas más vistosas que una noria. En Estados Unidos, mucha gente asociaría un aspecto semejante con las *drag queens* que mariposean de un lado a otro en una fiesta temática dedicada a las promociones universitarias de la década de 1950. Aquí en Afganistán, por razones que sigo sin comprender, ese aspecto transmite el halo de misterio de la mujer virgen.

La cocinera llega justo detrás de todas ellas murmurando que enseguida preparará el té, y Topekai, Baseera y Bahar, las demás peluqueras, entran corriendo en el salón y se quitan el pañuelo que les cubre la cabeza. Empezamos entonces la alegre, chismosa y complicada tarea de transformar a Roshanna, de veinte años de edad, en una novia afgana tradicional. La mayoría de salones de belleza cobrarían hasta doscientos cincuenta dólares (cerca de la mitad de los ingresos anuales de un afgano medio) sólo por el servicio que realizan a la novia. Pero yo no sólo soy la antigua maestra de Roshanna, sino que además soy su mejor amiga, aun siendo más de veinte años mayor que ella. Es mi primera y mejor amiga en Afganistán. La quiero con locura, de modo que los servicios que le preste serán uno más de los diversos regalos que tengo para ella.

Empezamos con las partes de Roshanna que nadie, excepto su esposo, verá esta noche. Los afganos tradicionales consideran el vello corporal tanto feo como sucio, de modo que tiene que librarse por completo de él, exceptuando su larga y sedosa melena castaña y el pelo de las cejas. En brazos, axilas, cara o zonas íntimas no puede quedar ni un pelo. Su cuerpo tiene que estar tan suave y desprovisto de pelo como el de una niña impúber. Acompañamos a Roshanna por el pasillo hasta la estancia dedicada a la depilación a la cera (la única que existe en Afganistán, debería añadir), y ella se tiende en la camilla con una mueca.

—Podrías habértelo hecho tú misma en casa —le digo bromeando, y las demás ríen. Muchas novias son demasiado tímidas o tienen demasiado miedo como para dejarse depilar el vello púbico en un salón de belleza, de modo que lo hacen en casa (tirando de él a mano o arrancándolo con chicle). Sea cual sea el método empleado, el proceso resulta siempre terriblemente doloroso. Además, cuando se lo hace una misma, y aun siendo una de las pocas mujeres de este país poseedora de un espejo de tamaño grande, como es el caso de Roshanna, es difícil conseguir un depilado brasileño completo y arrancar totalmente el vello íntimo, tanto por delante como por detrás.

—Al menos sabes que tu marido debe de estar en alguna parte haciendo también lo mismo —dice Topekai, mirando de reojo. Mis chicas ríen al oír esta referencia a la atención que el novio debe prestar hoy a su cuerpo desnudo. También él tiene que eliminar todo su vello corporal.

—¡Pero él sólo tiene que afeitárselo! —se queja Roshanna, y al instante se sonroja y baja la vista. Sé que en presencia de su suegra no quiere mostrarse crítica respecto a su nuevo esposo, a quien no conoce todavía. No quiere dar a la mujer ningún motivo para que pueda encontrarle defectos, y cuando Roshanna vuelve a levantar la vista, me sonríe con cierta ansiedad.

Pero aparentemente la suegra no la ha oído. Se ha quedado cotilleando en la puerta con una de sus hijas. Cuando presta de nuevo atención a lo que sucede en la sala de depilación, mira a Roshanna con expresión de orgullo y propiedad.

La suegra eligió a Roshanna para su hijo hace algo más de un año, en otoño de 2003, después de que Roshanna acabara sus estudios como miembro de la primera promoción de la Escuela de Belleza de Kabul e inaugurara su propio salón de belleza. La mujer era una prima lejana que había ido al salón a hacerse una permanente. Al instante sintió admiración por aquella preciosa y arrojada chica con tantos recursos que había estado manteniendo a sus padres y al resto de la familia desde que escaparon a Pakistán huyendo de los talibanes. Nada más salir del salón de Roshanna, empezó a preguntar más detalles sobre la chica. Y lo que oyó fue de su agrado.

El padre de Roshanna era médico y la familia había llevado una vida privilegiada hasta su huida a Pakistán, en 1998. Allí no obtuvo el permiso necesario para practicar la medicina, la típica historia de cientos de refugiados, y tuvo que ponerse a trabajar como limpiabotas. Cuando regresó a Kabul, su salud estaba tan resentida que no pudo volver a ejercer la medicina. Aun así, siguió ejerciendo incondicionalmente sus deberes paternales, escoltando a Roshanna a todas partes para protegerla. La suegra no había detectado ningún atisbo de escándalo en torno a Roshanna, excepto, tal vez, su amistad conmigo. Pero ni siquiera esto la desanimó, pues las mujeres extranjeras no están sujetas a los rigurosos estándares de las afganas. Somos como de otro género, capaces de ir de acá para allá entre los dos universos aislados de los hombres y las mujeres; cuando hacemos algo escandaloso, como estrecharle la mano a un hombre, se convierte normalmente en un escándalo perdonable y predecible. Incluso era posible que la suegra me hubiese considerado más bien como un activo, una conexión con la riqueza y el poder de Estados Unidos, ya que prácticamente todos los afganos dan por sentado que los norteamericanos somos ricos. Y lo somos, todos, al menos en un sentido material. En cualquier caso, la suegra estaba decidida a asegurarse a Roshanna como primera esposa de su hijo mayor, un ingeniero que vivía en Ámsterdam. Una situación que no tenía nada de atípica. En

Afganistán, los primeros matrimonios son en su mayoría concertados, y normalmente recae en la madre del hombre la responsabilidad de seleccionar para él a la chica adecuada. Más adelante, él puede tomar una segunda esposa, o incluso una tercera, pero ese primer cordero virginal pertenece casi tanto a la madre como a él.

Me doy cuenta de que Roshanna titubea ante la mirada de su suegra y hago salir de la sala de depilación a todas las demás mujeres.

—¿Qué le parecería hacerse hoy unos reflejos? —le pregunto a la suegra—. Mis chicas hacen las mechas mejor que cualquier peluquera que pueda encontrar entre aquí y Nueva York.

—¿Mejor que en Dubai? —pregunta la suegra.

—Mejor que en Dubai —le confirmo—. Y mucho más barato.

De nuevo en la principal estancia del salón, me aseguro de que las cortinas estén bien corridas para que ningún hombre que pase por la calle pueda asomar la cabeza y ver a las mujeres con la cabeza descubierta. Ése es el tipo de cosa que podría provocar la clausura tanto de mi salón como de la Escuela de Belleza de Kabul. Enciendo velas para poder apagar las luces del techo. Con toda la electricidad que se necesita para que funcionen la máquina que funde la cera, las lámparas faciales, los secadores y los demás electrodomésticos del salón, no quiero que salten los plomos. Pongo un CD de villancicos. Es el único que encuentro y, de todos modos, ellas no conocen la diferencia. Instalo entonces a la suegra y a las demás integrantes de la comitiva nupcial en sus respectivos lugares, una para hacerse la manicura, otra para la pedicura y otra para que le laven el pelo. Me aseguro de que todas estén atendidas con su té y las últimas revistas de moda de Estados Unidos, todas ellas caducadas, y me disculpo para salir a fumar un cigarrillo. Normalmente fumo en el salón, pero la expresión de la cara de Roshanna justo antes de cerrar la puerta de la sala de depilación me ha puesto el corazón a mil. Porque Roshanna guarda un secreto terrible, y yo soy la única que lo sabe... por ahora.

* * *

En Afganistán, tanto las fiestas de compromiso como las bodas son acontecimientos pomposos. Las familias pasan años ahorrando e incluso contraen deudas enormes con tal de que estos acontecimientos sean lo más festivos posible, y no reparan en gastos. Al fin y al cabo, es un país que carece prácticamente de vida festiva pública. No hay discotecas, ni conciertos, sólo algunos restaurantes... y los que se han abierto desde que los talibanes se fueron están frecuentados en su mayoría por occidentales. Hay algunos cines, pero su público está integrado básicamente por hombres. Si por casualidad aparece por allí una mujer, como hice yo en una ocasión cuando insistí a un amigo para que me llevara, es ella la que pasa a convertirse en el centro del espectáculo, todos los turbantes de la sala se giran en su dirección y los hombres la miran embobados. No existen locales donde los hombres y las mujeres afganos puedan acudir emperifollados y relacionarse. La verdad es que tampoco puede decirse que se relacionen mucho en las fiestas de compromiso y en las bodas. En las grandes reuniones, los centenares de hombres y mujeres quedan repartidos en dos pisos distintos del salón, con dos bandas de música distintas; en las reuniones más pequeñas, permanecen en un mismo piso pero separados por una cortina. En ambos casos, todos se visten de gala. Cuando viajé a Kabul por primera vez, me sorprendió la gran cantidad de establecimientos que venden trajes de boda. Probablemente hay dos en cada manzana. En los escaparates de estas tiendas se ven hileras de maniquíes de tamaño natural, con la cabeza ladeada en un encorsetado ángulo, mirando desde arriba la calle con sus vistosos vestidos adornados con diamantes de imitación y envueltos en tul. Son como muñecas Barbie gigantes, todas muy altas y de raza blanca. Recuerdo que la primera vez que estuve aquí, memorizaba las muñecas que veía en los escaparates para encontrar el camino de regreso a la pensión donde me hospedaba. Me imaginaba que me guiaban de vuelta a casa.

Los padres de Roshanna negaron con la cabeza y declinaron la oferta cuando la madre del novio fue a visitarlos por vez primera con pasteles, caramelos de importación y otros regalos con la intención de pedirles la mano de su hija, aunque quedaron satisfechos con la propuesta. Era también el primer paso de un proceso de regateo. Durante los meses que siguieron, los padres negociaron la cuantía de la dote en metálico, el número de vestidos que la familia del novio encargaría a la modista para la novia, la cantidad de tela que le sería entregada a la familia de la novia para que ella pudiera prepararse personalmente su nuevo vestuario, y el valor de las joyas de oro que la familia del novio entregaría a Roshanna. El padre de ella había negociado bien. La dote en metálico que recibiría la familia ascendía a diez mil dólares, y ella percibiría además cinco mil dólares en oro, así como muchos otros accesorios típicos de una boda de clase alta. Como sucede con todas las primeras bodas en Afganistán, era una cuestión estrictamente de negocios, una transacción que se llevaba a cabo entre los padres. Pero ella estaba impaciente por casarse. De hecho, era una de las pocas novias que he conocido en Kabul que quería casarse de verdad.

* * *

Desde el momento en que conocí a Roshanna en el transcurso de mi primera visita a Kabul en la primavera de 2002, la primera primavera después de la derrota de los talibanes, me pregunté por su tristeza. ¿Por qué reaccioné con tanta fuerza a su tristeza cuando en Kabul había millones de historias tristes? Es una ciudad repleta de tristeza. En los veintisiete años de guerra que ha soportado Afganistán, ha sido mucha la gente que ha perdido a sus seres queridos, que ha perdido hogares y medios de vida, que ha perdido ciudades y familias enteras, que ha perdido todos los sueños que pudo haber tenido en su día. Y, de vez en cuando, todavía se produce ese bombardeo ocasional o esa explosión por sorpresa de una mina que arranca de cuajo la felicidad que la gente finalmente creía haber alcanzado. ¿Por qué, entonces, el caso de Roshanna destacó para mí en medio de tanta tristeza? Creo que fue por su alegría, por su calidez y su exuberancia, por sus prendas vistosas y su brillante sonrisa. Roshanna ponía tanto empeño en ser feliz que cuando su tristeza salía a relucir me resultaba especialmente dolorosa.

Tardó varias semanas en relatarme su historia. Me había dado cuenta de que siempre que un determinado joven entraba en el edificio donde ella trabajaba como secretaria y yo como voluntaria de una organización sin ánimo de lucro su rostro se iluminaba de una manera especial. Al principio, pensé que se ponía triste porque él no mostraba interés por ella, pero luego creí ver la misma luz en el rostro de él cuando la miraba desde el otro extremo de la sala. Empecé a bromear con ella sobre el tema.

—¿Tienes novio? —le susurraba, y ella se sonrojaba y apartaba la vista.

—Aquí no nos casamos por amor —me explicó después de que yo bromeara unas cuantas veces con ella—. Tengo que casarme con el hombre que elijan mis padres.

Sabía que Roshanna y el chico no podían admitir sus sentimientos ni hacerlos ostensibles. En realidad, no podían hacer nada en absoluto al respecto, pues en Kabul nadie sale en pareja con nadie. Pero se me ocurrió que a lo mejor la madre de él podía hablar con la de ella y llegar a un acuerdo que partiese del amor. Mi cabeza empezó a cavilar distintas posibilidades. Y cuando se las mencioné un día, ella me llevó a un pasillo oscuro para hablar a solas.

—No puede ser, Debbie —dijo con el brillo de las lágrimas en sus ojos pese a la escasa luz reinante—. Estuve ya comprometida con alguien. Los padres de este chico nunca permitirían que se casase conmigo.

Me derrumbé contra la pared.

—¿Y qué problema hay en que estuvieras comprometida en su día? ¿No te está permitido cambiar de idea?

—No lo entiendes —insistió—. En la fiesta de compromiso firmamos el *nika-khat*.

Este casi matrimonio había tenido lugar cuando los talibanes estaban aún en el poder. La familia de ella vivía miserablemente en un campo de refugiados cerca de la frontera en Pakistán. Roshanna tenía entonces dieciséis años y era tan espabilada que encontró oportunidades para salir adelante en el campamento. Aprendió inglés y algo de informática y luego encontró un trabajo como secretaria en una agencia de ayuda internacional. A menudo tenía que cruzar la frontera, acompañada por su padre, naturalmente, y entrar de nuevo en Afganistán para realizar algún trabajo para la agencia.

Eso la llevó a una proximidad peligrosa con los talibanes, entonces en la cúspide de su poder. Era frecuente que secuestraran a jóvenes solteras y las obligaran a casarse con alguno de sus hombres. Durante ese periodo de tiempo, muchas familias afganas no permitían que sus hijas salieran de casa por miedo a que los talibanes pudieran verlas. Incluso con estas precauciones, los talibanes podían oír rumores sobre las familias que tenían hijas bonitas en el vecindario, o recibir el soplo de alguien dispuesto a congraciarse con ellos. En estos casos, llamaban sin miramientos a la puerta de esas familias y se llevaban a la chica.

Por lo tanto, la familia de Roshanna se enfrentaba a un dilema. Por un lado, necesitaba los ingresos pero, por otro, temía que le robaran a Roshanna y acabara llevando una vida de esclavitud con un hombre al que todos odiaban. Y odiaban a los talibanes. Como había sucedido con muchas familias afganas, habían recibido a los talibanes con un optimismo cauteloso el día que irrumpieron en la ciudad en 1996. Antes de su llegada, las facciones muyahidines, que habían derrotado previamente a los rusos, habían destruido por completo Kabul, y luego habían empezado a pelearse entre ellas por el control del país con un furor sangriento. Pese a que los padres de Roshanna no eran musulmanes conservadores, deseaban el retorno a la normalidad de su país, y los talibanes parecían decididos a que esto sucediera. Pero sus padres se quedaron horrorizados ante el creciente salvajismo que los talibanes demostraron para imponer su tipo de orden.

Por la seguridad de Roshanna, sus padres hicieron lo mismo que muchos afganos en aquel momento. Buscaron frenéticamente entre los miembros de su tribu un esposo adecuado para su hija, esperando casarla con un buen hombre antes de que los talibanes se enteraran de su existencia. Creyeron haberlo conseguido cuando se enteraron de que tenían un primo soltero que vivía en Alemania. En aquella época, ese país era un auténtico mercado de novios. Con los talibanes acechándolas como manadas de lobos, las familias de las chicas no podían permitirse regatear con las dotes, los vestidos y los anillos de oro. De modo que se llegaba rápidamente a acuerdos con dotes muy pequeñas. Y ya que las familias deseaban que la unión se llevase a cabo lo antes posible, el novio se desplazaba enseguida a Afganistán para la fiesta del compromiso. Y teniendo en cuenta que la ceremonia de la boda se llevaría a cabo en Alemania meses después, firmaban el *nika-khat* aquella misma noche.

El *nika-khat* es el contrato de matrimonio redactado según la ley islámica. Este contrato, más que la boda en sí, es lo que convierte legalmente a una pareja en marido y mujer. En épocas normales, el *nika-khat* se firma mucho después de la fiesta de compromiso para que la familia del novio disponga de tiempo para preparar el contenido de la dote, la ropa, la boda, etcétera. La familia de Roshanna dio el paso menos habitual de convertir a su hija en la esposa legal de aquel hombre antes de la boda, firmando el *nika-khat* en el momento de la fiesta de compromiso, para que ella no cambiara de idea respecto a la boda cuando él regresara a Alemania. Y todo el mundo coincidió en que para ella resultaría más fácil emigrar a aquel país siendo ya su esposa legal. Pero pasados unos días, el esposo se marchó… sin decir palabra, sin ningún motivo, y sin ella. Se quedó destrozada y humillada, pero las cosas aún podían ir peor. Dos semanas después fue informada de que el primo se había divorciado de ella al llegar a Alemania.

—Para un hombre es muy fácil —me explicó Roshanna—. Le basta con repetir tres veces la frase «Me divorcio de ti» delante de unos testigos. Más tarde, descubrimos que en Alemania tenía ya una novia o una primera esposa. Cuando regresó allí, decidió desafiar los deseos de sus padres y quedarse con aquella mujer.

Cuando Roshanna acabó de explicarme su historia, se echó a llorar y la abracé igual que abrazaba a mis hijos. Pese a llevar poco tiempo en Afganistán, sabía que la situación no podía ser peor para una chica. En Afganistán, nadie despacha un divorcio poniéndole una etiqueta benévola, como podría ser la de «diferencias irreconciliables». Si un hombre se divorcia de una mujer, todo el mundo da por sentado que el problema está en la mujer. La gente empieza a comentar que la mujer es perezosa o tozuda o mala cocinera o, lo peor de todo, que no es virgen. Adoro a los afganos, pero tengo que admitir que su deporte nacional es el chismorreo. Como peluquera, como alguien cuyo lema profesional podría ser «¡Cuéntame!», que disfruta con el torbellino de secretos revelados y suposiciones que gira siempre sin parar en cualquier salón de belleza, me considero una experta en el tema. Me pregunté si la mancilla del «casi matrimonio» de Roshanna habría sido la comidilla de las casas de té y las tiendas del barrio. Y ella así me lo confirmó al comentarme que muchos de los afganos con quienes había coincidido trabajando como secretaria habían hecho ya el salto mental de divorciada a fulana. Aprovechaban cualquier oportunidad para arrastrarla a la fuerza hasta un rincón oscuro y magrearla de un modo que nunca emplearían con una «buena chica». Por todo aquello, su padre le había suplicado que dejara de trabajar; cuando le mencioné que tal vez regresaría a Kabul para montar una escuela de belleza, se aferró a esa oportunidad. Pero aquel día de 2002, cuando me di cuenta de que aquella encantadora chica tenía muy pocas posibilidades de volver a ser elegida primera esposa de un hombre, se me cayó el alma a los pies. Seguramente, tendría que conformarse con ser la segunda o la tercera esposa de un hombre mucho mayor que ella. Y ella lo sabía también; por eso lloraba cada vez que tocábamos el tema.

O, al menos, yo pensaba que lloraba por eso.

Y entonces, dos años después, fue cuando la madre de aquel ingeniero apareció en su salón y la suerte de Roshanna cambió radicalmente. Cuando sucedió, yo me encontraba en Estados Unidos haciendo planes para regresar a Afganistán en cuanto me fuera posible. Roshanna y yo habíamos seguido en contacto por correo electrónico y, de repente, el tono de sus mensajes cambió… fue casi como si el mensaje hubiera llegado a mi bandeja de entrada acompañado de música. Roshanna siempre había albergado esperanzas de poder casarse con un hombre de buena familia y tener hijos. Y daba la sensación de que sus deseos iban a hacerse realidad. Me alegré mucho por ella y ni siquiera quise preguntarle por los problemas que podía acarrearle su primer compromiso. Parecía imposible que la familia del ingeniero no hubiera oído hablar del tema, sobre todo teniendo en cuenta que eran parientes lejanos. A lo mejor se movían en círculos completamente distintos. O a lo mejor se trataba de una familia progresista que no pensaba mal de ella porque un primo sinvergüenza hubiera jugado brevemente con ella, sin pensar que con su actitud había arruinado la reputación de la chica. A lo mejor ignoraban las insinuaciones por haber conocido a Roshanna, una esposa perfecta para cualquier hombre. Esperaba que éste fuera el caso.

* * *

Antes de la fiesta de compromiso, había aún otra fiesta: una especie de gala para cerrar el trato que servía para celebrar el final de las negociaciones entre ambas familias. Roshanna me invitó a asistir como invitada de honor, ya que yo acababa de regresar a Kabul y estaba ansiosa por compartir con mi amiga su gran día. La fiesta se celebraba en una gran casa situada en uno de los barrios más antiguos de Kabul. Llegaron hombres y mujeres de ambas familias; los hombres se quedaron en la planta baja y las mujeres subieron al piso superior y se instalaron en una estancia repleta de exquisitos manjares. Cuando llegó la suegra, entregó a la madre de Roshanna una cesta con caramelos de importación y luego dio tres besos en las mejillas a Roshanna, a su madre, a mí y a las tres hermanas de Roshanna. Las hermanas del novio y siete tías y primas desfilaron a continuación ante nosotras y nos besaron a todas. Con tanto beso, empecé a tener la sensación de que se me desencajaba el cuello. Luego, la suegra regaló a Roshanna una cadena de oro que le colgó al cuello. Era enorme, recordaba las cadenas que imponen al luchador que gana un torneo. Las hermanas y las tías del novio fueron poniendo anillos de oro en los finos dedos de Roshanna, hasta cubrirlos de oro y dejar asomar sólo la punta del dedo. En la planta de abajo se oían las risas de los hombres, y luego aplausos. Salí al descansillo y asomé la cabeza, pero una de las hermanas del novio me obligó a volver a entrar.

—Ahora están firmando los documentos —me explicó. Seguramente, el padre del novio estaría entregándole al de Roshanna el grueso sobre que contenía la dote.

Las familiares del novio empezaron entonces a dar palmas y a cantar al ritmo del pequeño tambor que tocaba una de ellas. La suegra y una de las hermanas del novio desplegaron algo parecido a un parasol de gran tamaño envuelto con una redecilla con flores cosidas, lo colocaron sobre la cabeza de Roshanna y formaron un círculo alrededor de la chica, cantando en voz baja, bailando y siguiendo el ritmo que continuaba marcando el tambor. Roshanna parecía el centro de un vistoso carrusel sonoro. Ella permaneció inmóvil, como si la habitación girara a su alrededor, acariciándose el cabello nerviosa, con su cara pálida resaltando sobre el telón de fondo de los coloridos vestidos de las cuñadas, sus labios tensos. En el fondo de la estancia, su madre y sus hermanas se abrazaban. Miraban con tristeza a las bailarinas.

De haber sabido lo que ahora sé, no me habría alarmado al ver el aspecto de desamparo de Roshanna a lo largo de aquella ceremonia. Las novias afganas no tienen que mostrarse felices durante estos actos. Igual que sus padres rechazan la primera oferta de matrimonio para demostrar con ello lo valiosa que es su hija para ellos, y siguen mostrándose tristes durante todos los actos relacionados con la boda, la hija tiene que aparentar que la futura unión no es de su agrado. Debe aparentar que se siente triste por tener que abandonar el hogar de sus padres y marcharse a vivir con la familia del novio. Su tristeza es un signo de respeto hacia sus padres. Pero incluso ahora que lo sé, no creo que toda aquella tristeza fuera fingida. Al fin y al cabo, la novia deja atrás el cariño de su familia y entra en otra que puede proporcionarle tanto dolor como satisfacciones. A veces, una vez finalizada la boda, la suegra se convierte en una tirana y espera que la esposa de su hijo sea una especie de criada gratuita que barra los suelos, cargue con la leña e incluso le masajee los pies cuando le duelan. En ocasiones, también los maridos se transforman en tiranos. O se convierten en unas sombras lejanas que pasan todo su tiempo trabajando o relacionándose con otros hombres, regresando a casa sólo para comer. La nueva esposa del marido tiene que limitarse a servirle la comida sin esperar que él se digne hablarle o incluso comer con ella.

Pero entonces no sabía todo lo que sé ahora, de modo que cuando terminó el baile me acerqué enseguida a Roshanna, que conservaba su aspecto de desamparo. Le cogí la mano, un gesto de protección y preocupación por su futuro, conociendo como conocía tanto sobre su pasado. Ella me miró aterrorizada y se inclinó para susurrarme al oído, mientras su nueva familia política seguía cantando y dando palmas:

—Oh, Dios mío —dijo con voz ronca—. Esto está sucediendo de verdad. ¿Qué voy a hacer?

Y fue entonces cuando adiviné su secreto. No era virgen.

Aquella noche no pude dormir, no podía dejar de pensar en lo mal que debía de estar pasándolo la chica. Al día siguiente, ella vino a la Escuela de Belleza y nos escapamos un rato a charlar en la parte trasera, entre el edificio y el muro que cierra el recinto. Ella se apoyó en la pared y lloró, lágrimas manchadas de kohl ensuciando sus mejillas.

—Mi primer marido, el de Alemania… ¡me forzó el día después de nuestra fiesta de compromiso! —dijo entrecortadamente. Nunca había reunido el coraje suficiente para contárselo a sus padres. De haberlo sabido, se habrían llevado un gran disgusto y se habrían sentido ultrajados, pues al inicio de la boda siempre se celebra una ceremonia formal de consumación en la que la pareja pasa su primera noche como marido y mujer y la familia se queda esperando fuera la prueba de que la chica es virgen. Es la forma adecuada y tradicional de consumar un matrimonio, pero, en cuanto tuvo la oportunidad, su primo la cogió por su cuenta para aprovecharse de ella… y luego desapareció.

Roshanna estaba tan avergonzada que hasta aquel momento no había podido decírmelo.

Y ahora iba hacia un nuevo matrimonio con otro hombre que vivía en el extranjero. Una vez más, el novio y un representante de la familia de ella firmarían el *nika-khat* durante la fiesta de compromiso porque su marido, a quien aún no conocía, regresaría a Ámsterdam pocos días después de la fiesta. No tenía pensado volver a Afganistán para la boda (por extraño que parezca, sucede a menudo) y la familia de él había anunciado que querían celebrar la ceremonia de consumación justo después de la fiesta de compromiso.

* * *

No había olvidado ningún detalle de todo esto en los pocos meses que habían transcurrido desde la fiesta de celebración de la firma del contrato. Pero supongo que, igual que Roshanna, lo aparté de mi cabeza porque no podía hacer nada al respecto. Tampoco ella podía hacer nada, si lo que pretendía era casarse con el ingeniero de Ámsterdam. Si la familia de él se enteraba de que no era virgen, nunca la aceptaría como primera esposa. Ni tampoco la aceptaría ninguna otra familia. De modo que cuando estuvo frecuentando mi salón durante aquellos meses, hablamos sólo sobre los vestidos de la fiesta de compromiso y de la boda, sobre su peinado, la comida que se serviría, la lista de invitados, y este tipo de cosas. Charlamos sobre temas irrelevantes. Disfrutamos de los chismorreos que traían mis clientas al salón y que lo impregnaban como un potente perfume. Ni siquiera cuando estábamos solas hablábamos sobre lo que sucedería en la ceremonia de consumación. Yo no quería ni pensar en ello. Cada vez que lo intentaba, me ponía enferma.

Pero ha llegado por fin el día de la fiesta de compromiso, que irá seguida por la ceremonia de consumación. En la sala principal del salón, examino el papel de plata de las mechas de la suegra de Roshanna y ayudo a las cuñadas a elegir los tonos de laca de uñas más adecuados para sus vestidos. Luego regreso a la habitación donde se realiza la depilación a la cera y veo que las sábanas están perfectamente dobladas a los pies de la camilla. Busco a Roshanna en la sala de maquillaje y la encuentro allí, bajo la luz del foco y la mirada penetrante de Topekai, quien ya le ha depilado una ceja formando un delicado arco y está ahora inspeccionando los pelitos sueltos de la otra, que eliminará con un hilo, una antigua técnica que utilizan las esteticistas afganas para eliminar el vello y que consiste en enrollar los pelitos con un hilo de algodón y tirar de él para arrancarlos de raíz. Topekai sujeta con la boca un extremo del hilo y tiene enrollado el resto entre sus dedos, como en aquel juego en el que se va pasando un hilo de las manos de un jugador a otro. Señala la comisura del ojo de Roshanna, donde ha aparecido una lágrima que empieza a resbalar hacia abajo. Cree que Roshanna llora porque la depilación al hilo es dolorosa. Lo es, la verdad, pero yo conozco el verdadero motivo.

Cuando Roshanna baja finalmente las escaleras, la piel de su cara está tan limpia que parece desnuda. Está pálida, exceptuando las zonas enrojecidas donde el vello ha sido arrancado. Todas las mujeres aplauden cuando entra en la estancia, felices de que la primera y dolorosa experiencia de la jornada haya terminado por fin. Roshanna se abanica la cara y sonríe. Bahar corre a buscar una palangana con agua caliente e inicia la pedicura de Roshanna, pasando luego a la manicura mientras yo termino con el peinado de la suegra. Finalmente, después de que Baseera le haya lavado y secado el pelo a Roshanna, empiezo a trabajar en su peinado. Con un peine de púas anchas separo primero las distintas secciones y las sujeto en lo alto con pinzas, luego sumerjo la mano en un tarro de un gel especial con brillo dorado. Con la ayuda de un rulo grande y el gel de brillo dorado empiezo a dar forma a uno de los mechones de pelo de la coronilla. Tengo la sensación de que todas las mujeres del salón están conteniendo la respiración a la espera de que el peinado se desmorone, pero el rizo se mantiene en su lugar. Poco a poco voy dando forma ondulada a los demás mechones hasta que tengo una buena cantidad de rizos con brillo dorado en la parte superior de la cabeza; parece una montaña de brazaletes dorados. A continuación, trabajo con gel brillante rojo, verde y azul en algunos de los mechones que rodean los rizos dorados. Todas se acercan con sus sugerencias. ¿Qué tal unos rizos que se ondulen sigilosamente en torno a sus mejillas como si fueran serpientes… bien sujetos con gel, naturalmente? Cuando comento que ya he utilizado todo el cabello de Roshanna para los rizos grandes de la parte superior de la cabeza, Baseera se ofrece amablemente para cortarse algunos mechones y pegarlos flanqueando las mejillas de la novia. Roshanna declina el ofrecimiento.

Al final, todas se arremolinan para verme trabajar en el maquillaje de Roshanna. Es costumbre cubrir el rostro de la novia con una gruesa capa de base de color blanco mate, casi como el maquillaje de una geisha, pero a mí no me gusta, y mucho menos en un día como hoy… me daría la sensación de estarle borrando la cara a mi amiga. De modo que me decido por una capa más fina, y por la mirada de Roshanna estoy segura de que ella me da su aprobación. Después de aplicar esta base, maquillo sus párpados con una sombra de ojos de color verde —a juego con el vestido— que a continuación extiendo también hacia las sienes. Por encima aplico una capa de sombra de ojos brillante en un tono melocotón y acto seguido, con un lápiz negro, doy forma a las cejas para arquearlas y extender su perfil.

No noto mi pulso lo bastante firme para salir airosa del siguiente paso, de modo que le entrego a Baseera la botellita de polvo kohl de Roshanna. La chica le pide a Roshanna que humedezca con saliva el palito del kohl, lo sumerja en el recipiente y sople para retirar el exceso de polvo. Baseera coloca entonces el palito cubierto con polvo junto al lagrimal, le pide a Roshanna que cierre el ojo y desliza el palito por el interior para que el kohl negro cubra los párpados internos, tanto el inferior como el superior. Si la operación se realiza correctamente, el palito se desliza por los párpados inferiores sin tocar el ojo. Mientras Roshanna mantiene los ojos cerrados, Baseera le coloca también un juego de pestañas postizas gigantescas. Roshanna abre los ojos y pestañea con tanta fuerza que una de sus cuñadas se empieza a reír.

—Con ese aire levantarás incluso los pelos que hay por el suelo —dice.

Finalmente, me dedico a los labios de Roshanna, perfilándolos con un tono marrón rojizo oscuro y rellenándolos con un rojo que recuerda a las manzanas bañadas en caramelo. Aplico un poco de polvos para fijar el color y más lápiz de labios. Doy un paso atrás para ver el resultado final. La suegra le hace levantar la barbilla a Roshanna y la examina con detalle. Está satisfecha, pero pregunta por la posibilidad de pegar unos diamantes falsos justo debajo de las cejas de Roshanna, un adorno que vio en una novia unas semanas atrás. No, le dicen sus hijas; así está bien, más sería demasiado. Terminado mi trabajo, tengo que correr a maquillarme y cambiarme.

Muy pronto empiezan a llegar coches. En el exterior se oyen bocinas y hombres gritando, y el guardián del recinto llama a la puerta del salón. Salimos agrupadas en torno a Roshanna, las hermanas del novio enlazando las manos alrededor de la corona de rizos para que el viento no destruya el peinado, la suegra intentando levantarse la falda del vestido lo bastante para que no le arrastre por el suelo, pero cuidando de que no le asomen las piernas. Al otro lado del muro, los primos del novio señalan con orgullo el coche nupcial. Han pasado toda el día decorándolo con telas y flores hasta conseguir que recuerde a una enorme tarta con una gran capa de azúcar glasé. Roshanna y las parientes femeninas del novio se apretujan en el interior del coche, empujándome también a mí.

En el salón de celebraciones, la madre del novio y sus hermanas hacen pasar rápidamente a Roshanna para la sesión fotográfica. La lámpara fluorescente que cuelga del techo de la sala preparada a tal efecto resulta cegadora, y el resplandor que producen los brillos de Roshanna, el oro que lleva encima y sus lentejuelas apenas me dejan vislumbrarla. El fotógrafo le indica que se vuelva hacia un lado y hacia el otro, que ponga los brazos así, que incline la cabeza hacia allá, que ponga la boca asá. Quiere poses que le den un aspecto inocente y seductor a la vez, un poco como las típicas fotografías de estrellas de cine de los años cuarenta... suponiendo que las fotografiaran mientras sus sudorosas hermanas mayores sostenían un Corán encima de la cabeza. Roshanna ve a una de sus hermanas a mi lado y nos dedica una mueca, luego une las manos debajo de la barbilla y posa con una sonrisa romántica, recordando un poco a las heroínas de las películas indias de Bollywood que todo el mundo ve en Afganistán.

—¿Me pongo a cantar? —bromea, pues eso es lo que hacen las estrellas de Bollywood cuando uno menos se lo espera. El fotógrafo deja la cámara a un lado y grita. Quiere que parezca uno de esos encopetados maniquíes de los escaparates de las tiendas.

El fotógrafo termina por fin y empieza a guardar sus artilugios. Roshanna lo mira, sorprendida de que la diversión haya acabado tan pronto. Sus hermanas y su madre revolotean a su alrededor, y entonces una de sus hermanas abre la puerta que da acceso a la sala donde se celebra la fiesta y nos inunda el ruido que generan los invitados. Roshanna me mira, blanca como el papel.

—Entra conmigo —me suplica, tendiéndome una mano. Me acerco a ella, cojo su mano temblorosa y avanzamos hacia la puerta.

La sala está tan llena de brillos que incluso yo me mareo. Recargadas lámparas de araña derraman sus lágrimas de cristal sobre las cabezas de cientos de mujeres vestidas como los glamurosos maniquíes. Terciopelo, brocados dorados, flecos, perlas cultivadas, seda bordada… ¡y todo eso en un solo vestido! Mientras avanzamos pisando una larga tela blanca que conduce hasta un arco decorado con rosas, veo la otra cara de las mujeres de Kabul, que normalmente se visten como si fueran a un funeral. Aquí se lucen de verdad, con faldas con atrevidas rajas, escotes de vértigo y tacones tan altos que podrían lanzarse de cabeza a una piscina desde ellos. Posteriormente me cuentan que aquí es donde muchas suegras potenciales encuentran esposa para sus hijos; hoy simplemente me quedo deslumbrada ante la escena. Igual que los que la filman en vídeo, que toman vistas panorámicas de la velada y pasan de mesa en mesa pidiendo a las invitadas que se pongan guapas y sonrían. Uno de ellos camina marcha atrás por la tela blanca, delante de Roshanna y de mí, armado con una cámara del tamaño de un tronco, y yo sonrío como si fuera una de esas estrellas de cine que escoltan a los ganadores del Oscar por el escenario. Roshanna baja la vista y mira la tela del suelo; su madre y sus hermanas nos siguen, arrojando pétalos de rosa a nuestro paso. Una de sus hermanas sigue sujetando el Corán por encima de la cabeza de Roshanna y me doy cuenta de que sus brazos empiezan a descender peligrosamente y que el Corán amenaza con aplastar el peinado con rizos de Roshanna. A un lado, la banda de música sigue tocando.

Cuando flanqueamos el arco, veo que una gigantesca cortina divide la estancia en dos… todas las mujeres se sitúan a un lado, por lo que imagino que todos los hombres deben de estar en el otro. Como prueba de ello, justo en aquel momento se asoma la cabeza de un hombre por una raja que hay en la cortina, mira a las mujeres babeando impúdicamente, alguien tira de él desde atrás y la cortina vuelve a su lugar. Veo que nos dirigimos hacia un escenario situado en la zona de la sala destinada a las mujeres y donde han instalado dos sillas doradas que recuerdan a los tronos de un rey y una reina. Enfrente de las sillas hay una mesa que parece un cofre. Un potente foco apunta hacia las dos sillas. Cuando nos acercamos al escenario, la cortina cruje y de repente aparece un hombre en el escenario. No le veo bien la cara porque las luces son muy potentes.

—Creo que es el novio —le digo a Roshanna, pero ella no levanta la vista. Me gustaría volverme para preguntarle a su madre si se trata del novio, pero ella tampoco lo ha visto nunca. Además, el brillo de los focos sigue haciendo difícil ver alguna cosa. Continuamos caminando hacia el escenario, con el sonido de la multitud allí congregada retumbando a nuestro alrededor, la música acelerando el ritmo y Roshanna temblando tanto que me resulta difícil seguir sujetándola.

Finalmente, el hombre del escenario pasa a ser el centro de atención, su cara pálida y su expresión aturdida… y de pronto, aparece la suegra de Roshanna y le tiende una mano. La suegra tira de Roshanna para que suba al escenario, coge la mano del novio y la une a la de Roshanna, pero se estremece como si aquella mano quemara. Entonces suben al escenario todos los miembros de la familia y una multitud de fotógrafos y hombres filmando con videocámaras me aleja de allí a empellones. Los flashes destellan, las cámaras zumban y emiten sonidos metálicos y los hombres que las manejan se empujan entre ellos para conseguir el mejor ángulo. Me pongo de puntillas para ver cómo lo lleva Roshanna y me resisto a la necesidad de gritarle «sonríe», como hacemos en casa en acontecimientos de este tipo. Pero ella continúa con su aspecto triste, igual que los miembros de su familia. Al novio no se le ve triste, pero tampoco podría decirse que irradie felicidad. Se le ve conmocionado, como si alguien le hubiera dejado sin sentido hace tan sólo unos minutos y acabara de despertarse para recibir este ataque por parte de las cámaras.

Por fin, las madres acompañan a Roshanna y a su esposo fuera del escenario y tiran de ellos entre el gentío en dirección a una puerta que se encuentra en el otro extremo del salón. Las mujeres sentadas en las mesas próximas al punto donde yo me encuentro se ponen de pie y me indican con gestos que me siente con ellas. Al final lo hago.

—¿Adónde han ido? —pregunto a una de las mujeres. Lleva un tocado lleno de pedrería y da la impresión de que habla un poco de inglés.

—Ahora van a conocerse —me responde—. Y también los miembros de las familias.

—¿Saldrán luego a comer con nosotros?

—No, nunca delante de tanta gente. Se trata de su primera comida como marido y mujer.

La banda de música se pone otra vez a tocar. Todo el mundo se levanta para ver a la madre y a las hermanas del novio saltar a la pista de baile. Avanzan juntas por la pista, trazando pasos lentos y elegantes, cimbreándose para acercarse entre ellas y separarse a continuación, como los dibujos de un caleidoscopio creándose y recreándose. A veces, es la madre quien está en el centro, sus brazos extendidos hacia los lados, sus cientos de brazaletes tintineando y brillando bajo las luces, sus caderas balanceándose. La familia de Roshanna se retira a un lado; sus tristes caras son un lúgubre contraste frente a tanta alegría.

Entonces la música cambia y el baile se torna más sugerente. Las hermanas del novio mueven las caderas y se acarician la cara, como fingiendo el éxtasis sexual. Incluso la madre, durante unos segundos, realiza también un movimiento exagerado y lascivo; entonces se echa a reír y se deja caer en la silla que alguien le ha acercado. Todas las mujeres se unen entonces a las hermanas en la pista de baile, yo incluida, pues la mujer con el tocado de pedrería y sus amigas insisten. Me encuentro de este modo rodeada por el tipo de baile que nunca habría esperado de unas mujeres que van siempre corriendo por las calles de la ciudad, eso cuando salen, envueltas en colores oscuros y sin levantar la vista. Es como *Dirty Dancing,* pero al estilo de Kabul: balancean los hombros, se cimbrean, arquean la espalda y contonean las caderas. Las que llevan el pelo largo lo mueven de un lado a otro, se cubren la cara con él y al retirarlo muestran una boca entreabierta y una mirada ardiente. Mueven sinuosamente los brazos en la espalda, hacia los lados, por encima de la cabeza, y sus manos actúan como si estuviesen acariciando a un amante imaginario. Bailan unidas y se separan, pero cuando están juntas deslizan las manos recorriendo los cuerpos de las demás, bajan hasta el suelo y vuelven a subir, rozando con delicadeza mejillas, brazos, caderas. Y miro entonces al público, sorprendida: me doy cuenta de que en el lado del salón correspondiente a las mujeres hay también hombres, sujetándolas por la cintura, siguiendo el ritmo y presionando las caderas contra ellas. Me pregunto si la policía irrumpirá de un momento a otro en el salón y nos sacará a todos de allí acusados de estar manteniendo relaciones sexuales. Pero entonces me doy cuenta de que no son hombres, sino mujeres disfrazadas de hombres, actuando como hombres, sustituyendo a los hombres.

Me retiro de la pista de baile, pues esta escena me resulta casi excesiva si formo parte de ella; entonces veo que otro hombre ha asomado la cabeza por entre la cortina para mirar. Como era de esperar, rápidamente aparece una mano que lo agarra por el pelo y tira de él, algo que despierta mi curiosidad. Me acerco al lugar donde se abre la cortina y me apaño una especie de mirilla diminuta para poder observar. En el otro lado se reproduce una escena casi tan alocada como la de la parte de las mujeres, sólo que la vestimenta es distinta, hay menos brillos y el potente olor del sudor masculino lo impregna todo. Los hombres bailan entre ellos, mueven sinuosamente los brazos, balancean las caderas, se abrazan, bajan hasta el suelo agitando todo el cuerpo y acariciando el cuerpo de la pareja… todo. Me quedo pasmada y abro un poco más la cortina para ver mejor.

Es evidente que los hombres se sienten cómodos tocándose, bailando entre ellos. No sólo exhiben actitudes cariñosas, sino que también hacen alarde de su vigor sexual. Me pregunto qué sucedería si las dos partes del salón llegaran a mezclarse, me pregunto si alguna vez aquellos hombres y mujeres consiguen encontrar la manera de escabullirse de allí sin ser vistos, pero entonces, de repente, ya no tengo más tiempo para seguir formulándome preguntas. Algunos hombres me han visto mirando a través de la cortina y la abren un poco más. Y ahí estoy yo, con la cara asomada hacia su lado del salón, con un aspecto que debe de recordar al de una mujer con la cabeza en la guillotina. Tengo la sensación de que todos los hombres allí reunidos se han vuelto para mirarme y empiezan a gritar. Sonrojada, retiro la cabeza y me voy de allí.

El ritmo del baile en el lado de las mujeres ha empezado a aminorar. La comida está en camino. Cada una de las mesas cubiertas con manteles rojos da cabida a unas veinte personas, pero la cantidad de comida que traen serviría con creces a cuarenta o más. Montañas de kebabs en bandejas, pasta rellena con puerros y cubierta con salsa de carne, cuencos con berenjenas preparadas según todas las formas conocidas de cocinarlas, arroz con frutos secos y pasas. El desfile de comida se prolonga durante horas, pues la familia se asegura de que nadie salga del banquete sin haber comido diez veces más de lo que su cuerpo le permite. En las mesas no hay utensilios y todo el mundo come con las manos. Admiro la forma en que aquellas mujeres comen sin derramar ni una sola gota de salsa, ni un grano de arroz. Me cae en el regazo un trozo de repollo bañado en salsa de yogur y paso rápidamente la mano para quitar la mancha, pero pronto acabo con más comida fuera que dentro. Se me cae tal cantidad de comida que, de hecho, sigo con hambre cuando las camareras se acercan para retirar las bandejas. Desaparecida la comida, las mujeres sentadas en mi mesa se levantan, me dan besos en las mejillas y empiezan a irse.

No sé muy bien cómo volveré a casa, pero al final veo que se me acerca una de las hermanas de Roshanna. Me dice que Roshanna quiere que vaya yo también a casa de sus padres junto con algunos de los invitados de honor y la familia del novio. De modo que salimos y me apretujo en el interior del coche nupcial junto con una aturdida Roshanna y otras seis mujeres más vestidas con ropa ceñida y tacones altos. Cuando el coche arranca, otro automóvil toca la bocina, se detiene a nuestro lado y un hombre con una videocámara asoma la cabeza por la ventanilla del lado del pasajero. Se inicia entonces una carrera loca, pues el conductor del coche nupcial intenta impedir que el coche con la cámara de vídeo nos alcance. Corremos por las calles de Kabul, esquivando a peatones y ciclistas, las ruedas chirriando al doblar las esquinas. Adelantamos a un autobús y, por increíble que parezca, acabamos circulando en dirección contraria y prácticamente por la acera. Casi le damos de refilón a un paciente y polvoriento búfalo asiático que estaba junto a un grupo de hombres que discutían sobre alguna cosa. El conductor comenta entre risotadas que por fin ha perdido al hombre que quería grabarnos y doblamos entonces una esquina pero, de pronto, aparece el coche perseguidor frente a nosotros. El hombre saca el cuerpo por la ventanilla de tal manera que pienso que se va a caer, pero termina ganando la partida; acaba filmando a nuestro conductor dando marcha atrás entre el tráfico mientras todas las mujeres que ocupan la parte trasera del coche, excepto Roshanna, se ríen a carcajadas. Conducir por Kabul nunca es un dulce paseo por el parque, en serio, pero aquel día, de camino a casa de Roshanna, pensé de verdad que íbamos a morir todos.

Cuando llegamos a la puerta, nos quitamos los zapatos y entramos en el salón. Roshanna y su nuevo marido están sentados en las únicas sillas que hay en la estancia, y los demás nos acomodamos en cojines. Saludo con la mano a Roshanna y le dedico mi mejor sonrisa, pero no me responde. Ella y su esposo están sentados sin tocarse, sin sonreír, como si fueran los maniquíes del novio y la novia instalados en las sillas. La hermana de Roshanna me coge por el brazo y me lleva hasta ella, da unas palmaditas a un cojín indicándome que tome asiento y, de este modo, me acomodo junto a mi amiga, quien me mira un momento de reojo y luego sigue con la mirada perdida al frente. Por un instante, me resulta difícil creer que esta mujer con la mirada muerta y el cuerpo rígido sea mi Roshanna. Pero sé que la ceremonia de consumación es el próximo acto de la agenda marital. Me doy cuenta de que el miedo la tiene tan aturdida que no puede hacer otra cosa que seguir con la mirada fija. Ni siquiera la veo respirar.

Nos sirven té y dulces. Los invitados y los familiares charlan entre ellos. No los entiendo porque mi dari, el dialecto persa que se habla en Afganistán, no es muy bueno y la única persona de la sala que habla bien inglés, Roshanna, no habla con nadie. Los familiares del novio y los demás invitados empiezan a marcharse en pequeños grupos y yo me levanto, aliviada por poder irme pero sintiéndome también culpable por tener que abandonar allí a mi amiga. Pero entonces, una vez más, la hermana de Roshanna se aferra a mi brazo. Mueve la cabeza mientras va hablando. Su madre se acerca también y me tira del brazo. No sé qué sucede hasta que Roshanna se vuelve hacia mí.

—Quédate, por favor —susurra, y posa sus fríos dedos en mi muñeca.

La madre de Roshanna se vuelve hacia la novia y el novio. Les hace señas y la pareja se levanta, pero Roshanna se engancha el tacón en el cojín y tropieza. Siguen a la madre por el salón, Roshanna caminando con cierta inestabilidad. Se golpea contra la pared, como si estuviera borracha, aunque ha sido una fiesta musulmana estrictamente tradicional, sin nada de bebida… En cuanto a mí, estoy pensando con cariño en la botella de Johnnie Walker etiqueta roja que tengo en casa en mi habitación. Oigo una puerta cerrarse en la parte trasera de la casa; luego me acompañan, junto con cuatro mujeres más, a una habitación de invitados. Nos acostamos en los cojines con nuestros vestidos de fiesta y, poco a poco, nos vamos quedando dormidas. Yo soy la última en caer. Intento detectar cualquier ruido que se produzca al otro lado del pasillo, pero todo continúa en silencio y, al final, me olvido de mi miedo. O el miedo se olvida de mí. Sea como sea, me quedo dormida.

Y me despierto porque alguien me zarandea. La madre de Roshanna está de pie a mi lado, agitando un pañuelo blanco, su larga trenza negra balanceándose sobre mi cabeza. Habla a toda velocidad y sujeta un Corán contra su pecho. De vez en cuando deja de hablar y llena el Corán de besos. Miro a una de las hermanas de Roshanna, que hace una mueca e intenta explicarse.

—No hay sangre —susurra.

Recuerdo que se supone que ésa debe ser la prueba de la virginidad de Roshanna: un pañuelo manchado de sangre dejado junto a la puerta de la habitación donde tiene que consumarse el matrimonio.

La madre de Roshanna sigue hablando, palabras rápidas y articuladas a un ritmo frenético que es muy posible que tampoco tengan ningún sentido en dari. Entonces me coge la mano e introduce el pañuelo en mi puño cerrado. Ella y la hermana tiran de mí en dirección al pasillo. Yo protesto, pero no sirve de nada. Abren la puerta del dormitorio y veo a Roshanna en la penumbra, agazapada sobre uno de los cojines que hay a un lado de la habitación. Su esposo está sentado en la cama. El hombre deja de mirar hacia la puerta y yo entro. Pero la madre de Roshanna tira de la chica para que salga de la habitación y cierra la puerta a sus espaldas.

—No funciona —dice el marido de repente. No creía que hablara inglés, pero lo habla, al menos un poco—. No funciona.

No estoy muy segura de qué quiere decir pero parece preocupado, no enfadado. ¿Le estará costando conseguir una erección? ¿Le costará a ella lubricarse? Aunque el hombre tiene ya cuarenta años, ¿es posible que no sepa qué tiene que hacer? ¿Que le hayan dicho durante toda su vida que el sexo es tan sucio y vergonzoso que ni siquiera lo haya probado? Llego a la conclusión de que son preguntas demasiado importantes para afrontar en este momento, por mucho que la mayoría de afganos que he conocido crean que los norteamericanos lo sabemos todo. Lo intento desde otro ángulo.

—A veces no hay sangre, aunque la chica sea virgen —digo—. Si la chica trabaja muy duro, o incluso si alguna vez se ha caído por una escalera, puede darse el caso de que no haya sangre.

Él mueve afirmativamente la cabeza, sus ojos oscuros clavados en el suelo.

—A veces, mantener relaciones sexuales es difícil si la chica está nerviosa —continúo yo—. Tienes que ser delicado. Tocarla con mucha delicadeza para que ella se relaje.

Él sigue sin decir nada. No tengo la más mínima intención de utilizar el lenguaje del cuerpo para enseñarle dónde debería tocarla. Lo que hago, en cambio, es acariciarme el brazo.

—Igual que acariciarías a un perrito si tiene miedo —añado, desesperada. Es lo único que se me ocurre, y él me mira casi riendo. Entonces recuerdo lo que un amigo afgano me contó el otro día, que a los musulmanes no les gustan los perros porque se supone que uno había mordido al Profeta.

—Todo esto ya lo sé —afirma él, repentinamente agitado—. Pero no funciona.

La madre de Roshanna llama entonces a la puerta y vuelve a entrar en la habitación con Roshanna. Le arregla el pelo y me sonríe como si yo ya lo hubiera solucionado todo.

—¡Adiós, adiós! —me despide la madre, haciéndome salir. Una de las hermanas me acompaña de nuevo a la habitación de invitados mientras la madre se instala junto a la puerta del dormitorio de la consumación.

Las demás mujeres están despiertas y esperándome. Estoy segura de que matarían por tener en aquel momento un diccionario de dari-inglés y poder preguntarme qué sucede. Yo me limito a mover la mano, como para darles a entender que el problema del otro extremo del pasillo es tan insignificante que no hay necesidad de preocuparse, y vuelvo a instalarme en mi cojín. Las ignoro hasta que dejan de hablar y se duermen y entonces, sorprendentemente, yo también consigo dormirme. Pero tengo una pesadilla: vuelvo a estar en el coche de camino a la boda y el conductor va chocando contra todos los coches y tengo miedo, una vez más, de que acabemos todos muertos.

Entonces alguien me zarandea. Es otra vez la madre de Roshanna, agitando el pañuelo blanco, besando el Corán, abrazándolo contra su pecho, acunándolo de un lado a otro, lamentándose y llorando, hablando a toda velocidad tanto a mí como a sus hijas, que de nuevo me indican que abandone mi cojín. Esta vez, la madre parece aún más aterrada que antes. No sé cuántas pruebas podrá pasar Roshanna antes de que el novio decida que su familia ha sido engañada, que ella no es virgen, que Roshanna es una desgracia y una humillación para ambas familias. Intento actuar como si no hubiera ningún problema importante, simplemente que la pareja necesita un poco más de excitación.

—Déjeme hablar a solas con Roshanna —le pido.

El novio sale de la habitación y abrazo a mi temblorosa amiga.

—Tengo miedo —musita ella—. Duele tanto cuando empuja dentro de mí que me retiro. No puedo evitarlo.

—Intenta relajarte —le aconsejo—. Respira lentamente. Si te relajas no te dolerá tanto. —Entonces le doy el consejo al que se aferran tantísimas mujeres a las que no les gusta el sexo: tú limítate a acostarte, abrir las piernas e intenta pensar en otra cosa. Le explico que después de unas cuantas veces ya no le dolerá, que incluso es posible que lo encuentre tan placentero como a mí me parece. Me mira como si estuviera intentando convencerla de que algún día disfrutará mascando pedazos de cristal.

—Una cosa más —añado—. Si vuelve a suceder, diles que tienes que volver a hablar conmigo. Pero esta vez, no permitas que tu madre se lleve el pañuelo. —La beso y me voy. Miro el reloj, pues sé que después de la llamada matutina a la oración, la familia política se presentará en la casa. Querrán ver el pañuelo manchado de sangre.

Esta vez ya no puedo dormir. Y, efectivamente, la madre de Roshanna regresa a la habitación en media hora, llorando, besando el Corán, implorando que vuelva a hablar con Roshanna. Esta vez estoy preparada, con mi bolso escondido bajo el vestido. De nuevo en el dormitorio, le pido a Roshanna el pañuelo blanco y saco de mi bolso un cortaúñas.

—¿Qué vas a hacer? —pregunta Roshanna.

Aprieto los dientes, me clavo el cortaúñas debajo de una uña y presiono hasta que sale sangre. Paso el dedo una y otra vez por el pañuelo y se lo entrego.

—Aquí tienes tu virginidad —le anuncio—. Escóndelo debajo del cojín y sácalo de allí la próxima vez que te penetre. Deja que tu madre entre y lo encuentre.

Ella se tapa la cara con las manos y salgo de la habitación.

De regreso en la habitación de invitados, me duermo de nuevo y sólo me despierto cuando el cielo empieza a aclarar. El caos reina en la casa. Oigo a la madre de Roshanna llorando y gritando. Hay portazos, voces de gente en el vestíbulo, todo el mundo habla a la vez. Me incorporo, temerosa de que el marido haya descubierto el pañuelo manchado de sangre debajo de la cama o de que no tenga el aspecto que debería tener.

Pero cuando salgo corriendo al pasillo, veo que la madre de Roshanna llora de alegría.

—¡Virgen! —exclama triunfante, agitando el pañuelo manchado con mi sangre—. ¡Virgen!

Partí hacia Afganistán en mayo de 2002, la primera primavera después de la caída de los talibanes. No tenía ni idea de que, casi cinco años después, continuaría aún allí haciendo permanentes e introduciendo el arte de la depilación íntima a la cera. Dos meses antes del 11-S había asistido a un curso de primeros auxilios en situaciones de emergencia impartido por una organización sin ánimo de lucro llamada Care For All Foundation (CFAF). Después me convencí a mí misma para apuntarme en el primer equipo que la organización envió a Afganistán. Me imaginé que pasaría el mes vendando heridas, entablillando piernas y brazos, abriéndome paso entre los escombros y ayudando a salir a la calle y ver la luz del día a gente que seguía escondiéndose de los talibanes. Con motivo de aquel viaje, adquirí por primera vez en mi vida un par de botas resistentes en una tienda donde vendían excedentes del ejército. Pensé que pasaría el mes entero metida en una tienda y que ni siquiera podría ducharme, de modo que llené prácticamente la mitad de la maleta con toallitas limpiadoras para poder asearme a diario escondida detrás de un árbol.

Pero hubo muy poco en aquel viaje que cumpliera con mis expectativas.

Conocí a los miembros de mi equipo en el aeropuerto de Chicago, donde nos identificamos mutuamente gracias a los sombreritos rojos que nos habían dicho que lleváramos puestos. De allí volamos a Pakistán, donde embarcamos en un avión de las Naciones Unidas con destino a Kabul. Pasé aquellas horas durmiendo, leyendo y mirando por la ventanilla. En su mayor parte, el tiempo estuvo nublado y no se veía nada, pero de vez en cuando podíamos atisbar el territorio sobre el que volábamos. Las montañas sobresalían como dientes parduscos cariados y el avión parecía muy frágil en comparación con aquel paisaje tan abrupto. Cuando por fin las montañas quedaron atrás e iniciamos el descenso hacia Kabul, todo el mundo se afanó hacia las ventanillas para observar qué se veía. A nuestros pies, en medio de las montañas, se abría la extensa cuenca donde se encuentra la ciudad, una inmensa llanura verde, a más de dos mil metros de altura sobre el nivel del mar, con grandes e irregulares manchas marrones que indicaban las zonas habitadas. Las cicatrices de la guerra no eran visibles desde aquella altura. Recuerdo, de todos modos, que las formas que veía abajo me intrigaron. Era como si Kabul estuviera dispuesta en cuadraditos, como un crucigrama.

Cuando finalmente aterrizamos en la pista dando saltos, aquella visión de extenso verde se desvaneció. Las montañas habían dejado de verse porque el ambiente estaba cargado de polvo. Y en lugar de eso, rodeando el aeropuerto, sólo había devastación. En el suelo, a ambos lados de la pista de aterrizaje, había agujeros de perfil irregular provocados por las explosiones de bombas y minas terrestres. Parecían ampollas reventadas, aún en carne viva y tremendamente dolorosas. Cerca de allí había también un enorme cementerio de tanques y aviones destrozados por el combate. En la fachada del edificio principal del aeropuerto, un letrero que parecía pintado a mano rezaba: «Bienvenido a Afganistán». Daba la sensación de que aquel edificio llevaba años sin dar la bienvenida a nadie, pues había cristales rotos, paredes desconchadas y, en el exterior, montañas de escombros.

Antes de descender por la escalerilla del avión, las mujeres nos cubrimos rápidamente la cabeza con los pañuelos que nos habían dicho que lleváramos siempre encima. Una vez en tierra, desfilamos por delante de docenas de hombres de mirada seria y armados con ametralladoras. Parecía más un secuestro que una bienvenida, pero enderecé la espalda, dolorida después de dos días de viaje, y seguí la cola de los voluntarios en dirección al edificio. No tenía miedo. La gente sigue preguntándome si me sentí amedrentada ante la recepción que recibimos por parte del pueblo afgano. Si nos amaban porque Estados Unidos había expulsado a los talibanes, o nos odiaban porque para conseguirlo habíamos bombardeado hasta hartarnos su capital y sus zonas rurales. Si compartían el fanatismo que había impulsado a los terroristas del 11-S a matar a tres mil personas en Nueva York, o si lo temían incluso más que nosotros. Pero en aquel momento no pensé en nada de todo aquello. Estaba emocionada por estar allí e intentando no separarme del grupo.

En el interior del aeropuerto reinaba el caos más absoluto. Antes de llegar a la zona de recogida de equipajes, tuvimos que aguantar los apretujones de una aglomeración de gente que esperaba a que un único funcionario verificara los pasaportes. Cuando finalmente superamos aquel cuello de botella, descubrimos que unos hombres con largos pedazos de tela enroscados en la cabeza formando turbantes en forma de seta estaban amontonando en un rincón nuestras maletas y equipos. Corrían por allí más hombres y niños preguntándonos si queríamos ayuda para transportar nuestro equipaje. Los jefes del grupo ya nos habían advertido de antemano que nos responsabilizáramos personalmente de nuestras maletas, pues la gente del lugar nos cobraría mucho dinero por ello. De modo que cuando vi que tres hombres cogían mi equipaje, me dirigí de inmediato a ellos con un movimiento negativo de cabeza. Se retiraron, contrariados pero respetuosos. Debo decir que, en todo el tiempo que he pasado en el país, nunca me he tropezado con un afgano maleducado. Son educados incluso cuando te apuntan con un arma.

En el exterior nos esperaba una furgoneta con su chófer. Antes de partir, se produjo un momento de confusión cuando uno de los hombres con ametralladora (y delante del aeropuerto había muchos) se puso a hablar con el chófer y a mover la cabeza. Contuve la respiración, preguntándome si nos permitirían irnos o no, pero finalmente subimos a la furgoneta y empezamos a trotar por la calle dejando atrás el aeropuerto.

—¿Por qué hacía gestos negativos con la cabeza? —le pregunté al chófer. Tuve que negar yo también con la cabeza para darle a entender lo que le preguntaba—. En Estados Unidos, esto quiere decir «no».

El hombre me sonrió.

—Aquí significa: «De acuerdo, adelante».

Mi impresión general de Kabul en aquellos primeros momentos fue la de una ciudad gris. Todo parecía del mismo color, desde las paredes grises de las casas de adobe cayéndose a trozos, hasta las prendas que vestía la gente, pasando por el cielo cubierto de polvo. Las calles eran también largas franjas de barro gris, llenas de agujeros y protuberancias de piedras y tierra, con superficies lisas muy de vez en cuando. Pero en contraste con aquella paleta básica de grises, empecé a percatarme de la presencia de colores vivos aquí y allá. En cuanto nos alejamos del aeropuerto, la calle se volvió comercial. A ambos lados, y llenos a rebosar, había tenderetes construidos a partir de antiguos contenedores de barco, como los que solía ver a veces en Estados Unidos pasando con el tren. Había tenderetes construidos aprovechando camiones quemados, tenderetes construidos con lonas sobre estructuras de madera o metal. Pero incluso los más destartalados tenían encima letreros de vivos colores, con el nombre de la tienda escrito en elegante caligrafía dari y, de vez en cuando, algún letrero adicional en inglés. En las primeras manzanas vi que los establecimientos vendían productos básicos, como neumáticos, tuberías de estaño y grandes rollos de guata de algodón. Con frecuencia, los tejados estaban también llenos de objetos como piezas de recambio de coche o recipientes de plástico. Inventario adicional, supuse.

Entonces doblamos una esquina y, de pronto, en todas las tiendas vendían comida. El chófer esquivó a un grupo de ancianos que charlaban en medio de la calle y pasó a escasos centímetros de un enorme cordero muerto colgado delante de una tienda, su piel y su cabeza en el suelo. Atado a una cuerda, otro cordero vivo. Mientras seguíamos circulando, me imaginé que el cordero vivo estaría esperando a que todo el mundo se fijase en su hermano muerto, desecado, cubierto de moscas. A lo largo de la calle había carretas pintadas de intensos colores y cargadas con las frutas y las verduras de mayor tamaño que había visto en mi vida. ¿Solían las coliflores tener el tamaño de las pelotas de baloncesto? ¿Eran los melones normalmente tan grandes que necesitabas dos manos para cogerlos? Pasamos por delante de tiendas con grandes recipientes de plástico blanco llenos de montoncitos cónicos de especias y frutos secos —montones rojos, montones dorados, montones marrones— y por delante de tiendas con centenares de objetos colgados del tejado que parecían raquetas de nieve. Más tarde descubrí que se trataba del pan ácimo con el que los afganos acompañan prácticamente todas sus comidas. Pasamos por delante de tiendas que vendían productos envasados en latas y cajas y bolsas, de colores tan vivos y colocados con tanta gracia que casi parecía que las tiendas estuvieran vendiendo regalos artísticamente envueltos. Pese a que era evidente que no estábamos allí para ir de compras, me habría encantado que el chófer hubiera parado un momento para poder salir a dar una vuelta. Pasamos luego por delante de un hombre que estaba removiendo algo en el interior de una cacerola enorme colocada directamente sobre el fuego. La furgoneta se vio de pronto inundada por el aroma del maíz tostado, y fue entonces cuando me di cuenta de que estaba muerta de hambre.

Aunque los afganos llenaban de color su ambiente —los letreros pintados, los escaparates de intensos colores—, no lo utilizaban apenas para vestir. Pasamos junto a gente que iba a pie, en bicicleta, apiñados en carros, en coche; hubo incluso unos jóvenes que se nos quedaron mirando mientras galopaban a caballo en medio del tráfico. La vestimenta era casi siempre la misma, o muy próxima al blanco o muy próxima al negro. Las únicas prendas que destacaban eran los burkas azules que cubrían a las mujeres. Quedaban reducidas a un murmullo de color, suaves y ligeras ondulaciones que avanzaban entre la corriente blanca, negra, gris y marrón de los hombres, normalmente con unos cuantos niños pegados a sus bordes azules. Tardé varios minutos en darme cuenta de que, aparte de las escasas mujeres en burka, no había muchas más mujeres por las calles. Incluso en las manzanas más transitadas, había centenares de hombres caminando, empujando carretillas, regateando precios, manteniendo en equilibrio sobre los hombros largas alfombras enrolladas, olisqueando los plátanos, examinando granadas, moviendo la cabeza enfrascados en conversaciones, comiendo kebabs y mirándonos cuando pasábamos con la furgoneta por su lado, pero exceptuando alguna que otra escurridiza bocanada de azul, nada de mujeres. Resultaba escalofriante contemplar la prueba visual de la ausencia de la mujer en la vida pública.

El chófer dobló otra esquina, y nos encontramos en una calle donde la mitad de los edificios estaba hecha pedazos. Algunos seguían habitados, al menos en la planta baja. Pasamos por delante de un edificio donde, en el primer piso, había instalado un próspero negocio de cacharros de metal, un almacén en el segundo y tambaleantes espirales de pedazos de ladrillo en el tercero. A medida que seguimos avanzando, vi cada vez más solares vacíos entre los edificios. Me pregunté por qué había tantos niños jugando en las aceras y en las calles en lugar de hacerlo en aquellos solares. Después me enteré de que en los solares vacíos no habían retirado aún las posibles minas. Los terribles inventos de la guerra seguían esperando allí, enterrados a escasos centímetros bajo tierra.

Seguimos avanzando hasta dejar atrás las tiendas y el gentío. Traqueteábamos entonces por calles que más bien parecían cañones: los edificios a ambos lados estaban rodeados por elevados muros construidos con ladrillos de adobe visto o con ladrillos cubiertos con escayola o cemento. Recordé los cuadraditos que había visto desde el aire y me di cuenta de que lo que había visto eran aquellos recintos cercados con tapias. Eran todos iguales, uno detrás de otro, lo único que los distinguía era el distinto color de las verjas metálicas. Era un poco como estar en una habitación donde todo el mundo va vestido con traje gris con la única excepción de que está permitido lucir un broche de fantasía. Había muros rematados con grandes marañas de alambrada. Muchos estaban llenos de agujeros, como si aves muy grandes y fuertes se hubieran dedicado a picotearlos. Comprendí que aquellos muros habían recibido abundantes disparos de bala durante la contienda. Los muros estaban cubiertos además con papeles medio despegados con imágenes impresas en tinta negra y azul de hombres barbudos y caras serias. Muchos de aquellos recintos tenían en el exterior pequeñas casitas, no mucho mayores que una cabina telefónica, con hombres cargados de ametralladoras apoyados en ellas. Resultaba difícil ver lo que había detrás de aquellos muros. A veces veía tejados, otras, árboles con retazos de prendas de colores colgadas a secar, y de vez en cuando se abría una de aquellas grandes puertas metálicas y podías ver en el interior jardines y coches. Finalmente, el chófer se detuvo frente a uno de los recintos, tocó el claxon y la puerta se abrió. En lugar de vivir en una tienda, me hospedaría en una pensión, una especie de *bed and breakfast,* para voluntarios y extranjeros integrantes de los equipos de asistencia.

* * *

—¿Blanco? ¿Color? —pregunté cuando mis compañeros terminaron una de sus interminables sesiones de estrategia—. Estoy llenando una bañera con agua caliente y tengo un poco de detergente.

Cuando nos instalamos en la pensión, empecé a conocer mejor a mis compañeros. Eran gente encantadora, absolutamente todos… y absolutamente todos tenían algún tipo de formación sanitaria. Eran médicos, enfermeras y dentistas, y algunos habían trabajado ya en situaciones de emergencia. Me di cuenta de que seguramente estarían preguntándose por qué la CFAF se había molestado en enviar una peluquera a Afganistán. Y también empecé a preguntármelo yo. Durante los días siguientes, y mientras los demás discutían sobre los asuntos de asistencia sanitaria más apremiantes y empezaban a hacer planes para abrir una pequeña clínica, intenté encontrar maneras de ser útil al equipo. De entrada, la única tarea que se me ocurrió fue la de encargarme de la colada de todo el mundo. Después, cuando empezaron a salir para instalar hospitales temporales —tardaron mucho tiempo en encontrar una casa de alquiler y poder instalar una clínica permanente—, los acompañaba para tomar la presión arterial a los pacientes. Pero la verdad es que eso podía hacerlo cualquiera.

Cuando alguien del equipo se me acercó para decirme que tenía un trabajo para mí, me sentí momentáneamente excitada. Pero luego acabó resultando que sólo me quería para preparar los carteles de bienvenida para los nuevos miembros del equipo que estaban a punto de llegar. Empecé a sentirme frustrada e inquieta, a preguntarme si algún día tendría la oportunidad de hacer algo con sentido. Durante aquellos primeros días mi consuelo era que, mientras los demás cavilaban sobre cómo salvar vidas, yo había empezado a entablar amistad con los afganos que trabajaban en el recinto. La encantadora chica que siempre se mostraba tan amable conmigo y que me ayudó a comprender cómo conseguir agua y tarjetas telefónicas para llamar a casa se llamaba Roshanna. Y el hombre tímido y atractivo que conducía la furgoneta se llamaba Daud.

Al cabo de unos días, nuestro pequeño grupo de voluntarios asistió a una reunión con otros extranjeros que llevaban un tiempo viviendo en Kabul, algunos llevaban años incluso. Nos desplazamos hasta el lugar de la reunión en furgoneta y, al llegar, nuestros jefes de grupo insistieron en que bajáramos rápidamente del vehículo y entráramos enseguida en el edificio. Nadie quería llamar la atención sobre el hecho de que iba a reunirse un buen puñado de extranjeros; aquello podía convertirnos en un objetivo irresistible para cualquier simpatizante de los talibanes que merodeara aún por la ciudad. Dentro había unas ciento cincuenta personas, comiendo galletas y dándose a conocer entre ellas, intercambiando tarjetas de visita y explicando los proyectos en los que estaban implicadas. Escuché por encima las conversaciones y tuve la deprimente sensación de que todo el mundo tenía una formación que satisfacía de un modo u otro alguna necesidad concreta y apremiante de la ciudad. Desde la caída de los talibanes, habían ido llegando al país centenares de extranjeros y docenas de organizaciones no gubernamentales grandes como Cruz Roja y también pequeñas como la CFAF. A mi alrededor, oía a la gente presentándose como maestros, ingenieros, nutricionistas, especialistas agrícolas y expertos de todo tipo. Absolutamente nadie se presentaba como peluquero.

Hacia el final de la reunión, pidieron a Allen, el jefe de nuestro grupo, que presentara a su equipo. Ocupó un lugar destacado de la sala y explicó los planes que tenía la CFAF de abrir un centro sanitario. La idea recibió una ronda de aplausos. Obtuvo también algunos vítores cuando ofreció además los servicios del equipo a todos los occidentales que estaban allí congregados. Había gente que llevaba meses en Afganistán y que tenía caries que necesitaban empastes, misteriosas erupciones cutáneas que no acababan de desaparecer y otros males que no habían podido tratarse. Entonces presentó uno por uno a los miembros del equipo: médico, enfermera, dentista, médico y comadrona. Todos los allí reunidos fueron aplaudiendo las presentaciones. Cuando a Allen le llegó por fin el turno de mi presentación, me regaló una amplia sonrisa, como queriendo garantizarme que no iba a olvidarse de mí.

—Y finalmente, tenemos a Debbie Rodriguez —presentó—. Es una peluquera de Holland, Michigan, que ha recibido formación…

Ni siquiera pudo acabar la presentación, pues la sala estalló en el aplauso más ferviente de toda la noche. De hecho, había incluso mujeres que no paraban de dar saltos. Era como si la mitad de los presentes estuviera tirándose de los pelos de alivio. Allen dudó, y luego acabó de comentar lo de la clínica. La reunión empezó a disgregarse. Y de pronto me encontré rodeada de gente.

—¡No sabes lo que nos alegramos de que estés aquí! —exclamó la mujer que llegó a mi lado antes que nadie—. No hay un lugar decente donde cortarse el pelo ni a un día en coche de Kabul.

—Puedo afirmar que, literalmente, hemos puesto nuestras vidas en peligro por hacernos unos reflejos —mencionó otra—. En una ocasión, pasé diez horas en coche y crucé el desfiladero del paso Jiber para ir a la peluquería en Pakistán. La verdad es que tenía además otros recados que hacer, pero ésa era realmente la única cosa que me resultaba imposible hacer aquí.

—¿Acaso no hay salones de belleza en Kabul? —pregunté.

—Creo que antes de la llegada de los talibanes había muchos —explicó la primera mujer—. Pero los destrozaron por completo. He oído decir que ahora empieza a despuntar alguno, pero están en un estado pésimo.

—Mis hijos y yo pillamos algún tipo de piojos biónicos en una peluquería afgana —añadió su amiga—. Cuando regresamos a Estados Unidos, tuvimos que utilizar un pesticida industrial para librarnos de ellos. ¡Tardamos meses!

La gente se apiñaba a mi alrededor, ansiosa por conseguir una cita. Querían saber qué hacía al día siguiente, y el día después. Querían saber cuánto tiempo me quedaría en Kabul. Querían que les indicara cómo llegar a mi pensión. Yo no podía explicárselo, pues no tenía ni idea de qué calles habíamos seguido para llegar hasta el lugar de la reunión, pero intenté indicarles las personas que podían decírselo. Ni siquiera me preguntaron si había llevado conmigo las herramientas típicas de mi oficio, pero de haberlo hecho, rápidamente les habría dicho que sí. Siempre viajo con mis tijeras, mis peines, alguna capa de peluquería y algún que otro producto. Forman parte de mí.

Y al día siguiente, empezó a aparecer gente por la pensión. No sé cómo llegaron hasta allí, pero lo consiguieron. En Kabul había corrido la voz de que en la ciudad había una peluquera occidental. Todo tipo de gente —periodistas, diplomáticos, misioneros, voluntarios, por mencionar sólo unos cuantos— intentaba entrar en contacto conmigo. No podían llamar para pedir cita porque no había teléfono, pero de un modo u otro conseguían avisar de que iban a venir a verme. Cada vez que salía con el equipo para realizar algún trabajo, al regresar a la pensión me encontraba la puerta llena de notas pegadas con los datos de gente que quería peinarse.

Mi equipo había pensado por fin algunas tareas útiles que yo podía realizar, incluyendo entre ellas unas sesiones de asesoramiento postraumático para los niños afganos que llevaba a cabo con la ayuda de muñecos. Pero hacia el final de aquella primera semana, cuando volvía a la pensión, había casi siempre un pequeño grupo de occidentales esperándome en el patio. Los hacía subir a mi habitación en el tiempo libre que me dejaban las tareas del grupo y les cortaba el pelo. Había quien venía con los niños y, en estos casos, arreglaba el pelo a la familia al completo. Una mujer alemana que llevaba siete años viviendo en Afganistán se presentó incluso con un producto para la permanente que guardaba en una botellita marrón y que era tan antiguo que parecía recién salido de una excavación arqueológica. Me expliqué que los talibanes habían hecho muchas redadas en su casa, pero que nunca se habían llevado la botellita. Le pedí disculpas y le expliqué que no tenía bigudíes para hacer la permanente, pero entonces me mostró una bolsa: tenía también los rulos. De modo que la instalé en el jardín y le hice una permanente. Roshanna y yo le servimos té con pastas mientras el líquido subía y después le quité la solución con la ayuda de un cubo de agua.

Durante todo aquel tiempo entablé rápidamente amistad con varios afganos. Mientras los demás miembros del equipo andaban ocupados realizando las tareas médicas que sólo ellos podían hacer, yo pasaba mi tiempo con Roshanna, con Daud el chófer, con Muqim el cocinero, y con varias personas más. En el jardín había columpios, y Daud, Muqim y yo nos sentábamos allí y charlábamos y nos columpiábamos, charlábamos y nos columpiábamos, hasta que llegábamos a columpiarnos tan alto que incluso podíamos ver por encima de la tapia. Daud y Muqim se soltaban de los columpios cuando estaban muy altos, se dejaban caer al suelo y bromeaban sobre quién había llegado más lejos. Y a mí no me quedaba otro remedio que reír al recordar que *aquéllos* eran los terribles afganos que tenían a medio mundo atemorizado.

Un día, a mi regreso de las sesiones de asesoramiento postraumático en la escuela, Daud cogió uno de mis muñecos, uno que llevaba barba y turbante, y lo examinó.

—¿Es Osama Bin Laden? —preguntó.

El muñeco se parecía un poco a Osama, pero en otra vida había sido José de Nazaret. Los muñecos habían llegado al equipo como parte de la donación de un grupo cristiano. Y yo había convertido a san José, la Virgen María y el

Niño Jesús en afganos normales y corrientes que intentaban convertirse de nuevo en una familia feliz después de la guerra. Pero Daud y Roshanna preferían la idea de que el muñeco del patriarca fuera Osama. Roshanna cogió la muñeca de la Virgen María y anunció:

—Soy la esposa de Osama. ¡Ayudaré a los americanos a matarlo!

Y durante la media hora siguiente jugamos a «La búsqueda de Bin Laden» por la planta baja de la casa. Al muñeco de Osama le hicimos cosas terribles, pero se recuperó sin problemas para volver a ser un padre afgano al día siguiente.

Les corté también el pelo. Los hombres habían estado mirando cómo cortaba el pelo a los occidentales, pues, cuando hacía buen día, trabajaba en el jardín, y les intrigaba el gel con aroma a kiwi que yo utilizaba para el acabado de algunos cortes. Así que les puse un chorrito en las manos y ellos se lo extendieron por el pelo. Les gustó tanto que luego no querían lavárselo. Pasaron días paseándose con el pelo tieso y cubierto de polvo. Entonces me ofrecí para cortarle el cabello a Roshanna en el jardín. Le corté unos centímetros de largo y se lo escalé también un poco por delante, alrededor de la cara, para que le asomaran unos ricitos cuando llevara el pañuelo en la cabeza. Cuando terminé, le pregunté a Muqim si le apetecía que le cortase el pelo. Después de unos minutos de deliberación, me respondió finalmente que sí. Sabía que los hombres afganos no se dejan cortar el pelo por mujeres (van al barbero, nunca a la peluquería) porque el contacto físico entre hombres solteros y mujeres no está permitido, ni aunque sea profesional o fortuito. De modo que utilicé las tijeras con mucha cautela, con escaso contacto físico, pues no quería que al final de la jornada volviese a casa pensando que había pecado. Pero cuando terminé, me miró con ojos legañosos y enamorados.

—Te quiero —dijo con voz ronca—. ¡Te quiero, te quiero!

Entonces le señalé las tijeras a Daud. Llevaba el corte de pelo típico de la mayoría de hombres afganos que había conocido hasta el momento: una especie de copete muy corto por detrás y con un gran tupé en la parte delantera. Se parecía al peinado de Elvis en su época más espantosa, cuando iba vestido con aquellos pantalones ceñidos de cuero y llevaba unas capas horrorosas que parecían sacadas de un espectáculo de los Ice Capades[2]. Lo odiaba. Daud no aceptó, pero Muqim, Roshanna y varios afganos más que rondaban por ahí decidieron atraparlo y traérmelo. Yo dejé las tijeras a un lado y me sumé a la persecución. Dimos vueltas por el patio intentando pillarlo, resbalando en los charcos, tropezando con los setos, riendo, gritando. Estábamos tan alterados que cualquiera que nos hubiera visto habría pensado que estábamos borrachos. Finalmente lo capturaron entre todos y lo arrastraron hasta mi silla, le ataron los pies y le amordazaron la boca. Después de todo aquello, decidí cortarle el pelo sólo un poco. Pero cuando estaba a mitad de mi trabajo, llegó Roshanna corriendo con una cámara de vídeo y me filmó junto a Daud, yo amenazándolo con mis tijeras, mientras él ponía los ojos en blanco y movía la cabeza de un lado a otro.

A veces aún me pregunto si aquella cinta de vídeo no acabará apareciendo algún día en Al Yazira como prueba de que peluqueras norteamericanas torturan a los hombres afganos.

* * *

Cuando salí de mi habitación y bajé corriendo las escaleras, casi me cargo a Allen, nuestro jefe de grupo. El hom-

---

[2] Compañía especializada en espectáculos de patinaje sobre hielo que tuvo su momento álgido en la década de 1940. *[N. de la T.]*

bre recuperó el equilibrio rápidamente, pero se quedó mirándome durante unos segundos que se me hicieron eternos.

—¿Pasa alguna cosa? —pregunté.

Allen se sonrojó ligeramente y tosió para aclararse la garganta.

—¿Es realmente necesario llevar un lápiz de labios tan llamativo? ¿Y los ojos tan maquillados?

Muy seria le dije:

—¿Has mirado bien a las afganas? Llevan mucho más maquillaje que yo.

—Me lo imagino —admitió, y se marchó.

Era evidente que mi comportamiento empezaba a poner nervioso a algún que otro miembro de la CFAF. Yo adoraba a Allen, y sigo adorándolo, pero creo que había empezado a considerarme una bala perdida. Es un tipo muy inteligente que dedica su vida a hacer buenas obras por todo el mundo, y me da la sensación de que nunca ha pasado mucho tiempo con personas como yo. Incluso mi aspecto le ponía nervioso. Mientras que las demás mujeres del grupo lucían peinados sencillos y conservadores, yo llevaba el pelo corto, rojo y de punta. Y pese a que era la primera vez que él hacía algún comentario sobre mi maquillaje, a veces notaba que al verme ponía mala cara. Me sentí respaldada en el tema del maquillaje cuando cuatro de las principales fundadoras de la CFAF vinieron a visitarnos a la pensión. Se trataba de cuatro damas tejanas (las llamábamos las «muñecas tejanas») que se presentaron en la puerta con peinados exageradamente voluminosos, perfumes extravagantes, uñas pintadas y caras maquilladas como si fuesen las protagonistas de una telenovela de la sobremesa. Aprovechando su visita, hubo algunas discusiones sobre el kit de supervivencia que se suponía debíamos llevar siempre con nosotros y que incluía mapas indicando la localización de lugares seguros, una brújula, un silbato, una pieza de oro por valor de quinientos dólares, y cosas por el estilo. Una de las señoras comentó, arrastrando la voz:

—Yo el mío lo llevo lleno de lápiz de labios. —Y acto seguido puso en marcha su ventilador a pilas para impedir que el sudor le echara a perder el maquillaje.

Le dije a Allen que si las fundadoras podían ir maquilladas de aquel modo tan exagerado, también podía irlo yo.

Aun así, nuestro jefe seguía preocupado por el tema e intentaba frenarme periódicamente. Mi suerte dio un vuelco cuando llegó un segundo grupo de voluntarios de la CFAF y nuestro equipo creció de siete a quince personas. La pensión estaba tan abarrotada que todos estábamos incómodos, de modo que Allen preguntó si unos cuantos podían instalarse en el hotel Mustafa durante lo que quedaba de mes. No creo que me tuviera a mí en mente, pues era de la opinión de que debía controlarme personalmente por mi propia seguridad. Pero ya le había pedido a una de las otras chicas si quería mudarse conmigo al hotel. Era una comadrona seria y responsable, y Allen confiaba plenamente en que se mantendría sana y salva alejada del grueso del grupo. Nunca nadie se imaginaría que aquella chica y yo pudiéramos llegar a ser compinches en un crimen, pero habíamos entablado una amistad y le dije si podía apuntar mi nombre como su compañera de habitación. Y así lo hizo, después de prometerle a Allen que me tendría vigilada. Nos trasladamos a una habitación del hotel y fue a partir de aquel momento que me sentí libre en Kabul.

Los planes de Allen no eran ésos, naturalmente. Yo seguía sin tener mucho que hacer con el equipo, pues mis habilidades no eran precisamente las que podían resultarles útiles en aquellos momentos. De manera que él y algunos más encontraron un nuevo trabajo para mantenerme ocupada el resto del mes. Como buenos cristianos que eran se imaginaron que, ya que disponía de tanto tiempo, me quedaría sentada en el hotel rezando por el equipo mientras ellos estaban actuando sobre el terreno. Yo también soy una buena cristiana, pero hay ciertas cosas en las que no destaco. La oración para interceder por los demás es una de ellas. Lo intenté, no obstante, y me quedaba en el hotel a rezar por el equipo, pero entonces oía a algún vendedor ambulante anunciando sus verduras o el producto que fuera y no podía evitar salir a la calle a investigar. Luego pensé que quizá escuchando música espiritual conseguiría amortiguar cualquier sonido de la calle que pudiera cautivarme. Puse un CD, me coloqué mis auriculares e intenté permanecer sentada quieta, pero enseguida me aburrí. Decidí entonces que yo era de esas personas que rezan rápido por naturaleza. En lugar de pasarme tres horas, rezaba las mismas oraciones en sólo tres minutos. Y entonces, cogida del brazo de Roshanna, salía por la puerta.

¿Y adónde íbamos? ¡A sólo una manzana de distancia, a la calle del Pollo!

En su día, la calle del Pollo era el lugar donde los vendedores vendían pollos, igual que la calle del Fontanero sigue siendo el lugar donde se venden fregaderos de cocina y tuberías de cobre, y la calle del Pájaro es el lugar donde venden canarios y periquitos. En la actualidad, la calle del Pollo es una calle llena de tiendas donde se venden productos afganos tradicionales y productos de artesanía. Roshanna y yo solíamos caminar cogidas del brazo para no perdernos entre el gentío: niños que iban al colegio, hombres empujando carretillas llenas de naranjas, mujeres vestidas con burka mendigando algunas monedas. Sin darnos cuenta, estábamos siempre rodeadas de pequeños que nos gritaban: «¡Déjame que sea tu guardaespaldas!». Cuando les indicábamos con la mano que se alejaran, se iban corriendo detrás de algún soldado de las fuerzas de pacificación que estaba contemplando en un escaparate una alfombra con estampados de armas y helicópteros en lugar de los tradicionales dibujos geométricos. «¡Déjame que sea tu guardaespaldas!», le gritaban al soldado, y él los miraba sonriente y perplejo.

Caminábamos por la calle y mirábamos escaparates. Magníficas alfombras con mil matices distintos de rojo y algunos colores más a modo de contraste. Bolsas para colgar en camellos y asnos, tan bellas que me costaba creer que en realidad se utilizaran en camellos y asnos hasta que lo vi con mis propios ojos. Muebles con intrincados dibujos procedentes del Nuristán, una zona situada en el noreste de Afganistán. Tejidos espléndidamente bordados, desde cortinas *purdah* (utilizadas en las casas para separar la parte destinada a las mujeres de las estancias públicas) hasta fundas para teteras. Guantes, jerséis y calcetines de lana tejidos a mano con punto grueso. Ostentosas joyas fabricadas con piedras semipreciosas procedentes de Pakistán y las sonoras pulseras de metal que lucen los kuchis, un pueblo nómada afgano. Pipas de agua, cacharros metálicos, pasadores para el pelo, borlitas de colores para trenzar en el pelo… La calle del Pollo es la calle donde se puede encontrar todo eso y mucho más.

La calle del Pollo me encantaba, y no sólo por los productos fabulosos que allí podían comprarse. Los comerciantes habían continuado con sus negocios durante la guerra contra Rusia, la guerra entre los muyahidines y luego los sombríos años de los talibanes. Ahora, estaban emocionados al ver de nuevo extranjeros en el país maravillándose con su mercancía. Yo no tenía mucho dinero para comprar, pero a ellos no parecía importarles. Tan pronto como Roshanna y yo husmeábamos en sus tiendas, abandonaban la comida que tenían dispuesta sobre un mantel en la trastienda o su partida de backgammon en el mostrador, y nos invitaban a pasar con amables sonrisas. Normalmente, acabábamos sentadas en la tienda disfrutando de un té. Salíamos con un regalo en forma de manzanas o almendras dulces o galletas importadas de Irán; siempre insistían en que compartiésemos con ellos los dulces que pudieran tener en aquel momento. Al cabo de poco más de una semana siguiendo aquel ritmo, la mayoría de los comerciantes de la calle del Pollo conocía ya mi nombre.

—¡Señorita Debbie! —me gritaban cuando pasaba por delante—. ¿Le apetece un poco de *chai*[3]?

Naturalmente, se suponía que yo no debía estar haciendo lo que hacía, ya que desde nuestra llegada las medidas de seguridad se habían vuelto aún más estrictas. Estaba a punto de convocarse la primera Loya Jirga desde la caída de los talibanes. Se trataba del «gran consejo» elegido por todas las tribus afganas que en junio de 2002 sería el responsable de la elección del gobierno de transición. Por este motivo, todas las paredes de Kabul estaban cubiertas con imágenes de hombres barbudos y serios: los carteles de las elecciones que aún había. Y ya que todavía quedaban simpatizantes de los talibanes y gente que se oponía a la Loya Jirga, las medidas de seguridad se habían incrementado en toda la ciudad. A veces tenías la impresión de que cualquier vehículo que paseaba por las calles era un tanque perteneciente a las Fuerzas Internacionales de Asistencia a la Seguridad (ISAF), las tropas en misión de paz sancionadas por el Consejo de Seguridad de las Naciones Unidas en diciembre de 2001.

Vivíamos un toque de queda que contemplaba órdenes de disparar a matar y que empezaba a las ocho de la tar-

---

[3] Palabra en hindi que significa «té» y que se utiliza en muchos países asiáticos, independientemente de su idioma. *[N. de la T.]*

de y se prolongaba hasta las siete y media de la mañana, por lo que la gente corría para abandonar las calles a la hora estipulada y regresar a sus casas. La tensión era alta, además, porque se había producido una nueva crisis en las eternas fricciones entre India y Pakistán. Se temía que cualquiera de los dos países lanzara un arma nuclear contra el otro. Nuestro equipo se reunía cada mañana durante unas horas para planificar la jornada y comentar los acontecimientos, y un día recibimos la visita de un mandamás de seguridad para hablarnos de la evolución de la situación. Nos dijo que si veíamos una nube oscura en dirección este, debíamos correr lo más rápido posible hacia la embajada norteamericana. Me alegré de que me hubieran dado una brújula, pues de lo contrario nunca habría sabido en qué dirección estaba el este.

Así pues, se suponía que no debía andar paseando por la calle del Pollo; se suponía que tenía que quedarme encerrada en mi habitación rezando, algo que me parecía una especie de arresto domiciliario. Sabía que los jefes del equipo sólo pretendían protegerme. Se imaginaban que si alguien del grupo tenía que salir malparado, sería yo. Creían que me mostraba demasiado amigable con la gente y que carecía del nivel adecuado de miedo respecto a nuestra situación. Y era cierto. Yo no tenía miedo, ni de Afganistán ni de nada por lo que yo hubiera pasado antes de viajar a Afganistán. Sentía miedo por lo que pudiera pasarle a los demás, pero no tenía miedo por lo que pudiera sucederme a mí.

Al final, se enteraron de mis excursiones a la calle del Pollo. Hacia el final de nuestra estancia, hubo otros componentes del grupo que habían oído hablar tanto de aquel lugar famoso llamado calle del Pollo que decidieron que tenían que ir a visitarlo antes de irse, aun con las fuertes medidas de seguridad existentes. Preguntaron si alguien del grupo quería sumarse a ellos; y, naturalmente, me apunté. Un día, llegamos a la calle del Pollo flanqueados por nuestros traductores y chóferes, las mujeres del equipo envueltas en nuestros chales como si fuésemos momias, los hombres intentando camuflarse con pañuelos y sombreros locales. Y entonces fue cuando uno de los comerciantes salió de su tienda gritando:

—¡Señorita Debbie!

Y la inmensa mayoría de tenderos asomó la cabeza para saludarme con una gran sonrisa.

—¡Ya me imagino a qué has estado dedicándote! —comentó uno de los demás miembros del grupo.

Y a partir de entonces, dejaron de intentar mantenerme encerrada.

* * *

—¡Allí! —Roshanna señaló una ventana con el cristal roto cubierta con una deslucida cortina de encaje—. Me parece que es allí.

Daud subió a la acera con tanta brusquedad que casi caigo sobre la falda de Roshanna. Volví a sentarme e inspeccioné la ventana. Había una gran fotografía descolorida de una mujer maquillada como Catwoman y con rulos en la cabeza. En la repisa, en el interior, había también una cabeza de maniquí con una voluminosa peluca rubia, flanqueada por un par de jarrones desparejados con rosas rojas de plástico en su interior.

—Está oscuro —observé—. A lo mejor no está abierto.

Roshanna hizo un movimiento negativo de cabeza.

—En Kabul todo está a oscuras, Debbie. Estas mujeres sólo ponen en marcha el generador cuando es absolutamente necesario.

Dediqué un momento a cubrirme la cabeza para el corto viaje desde el coche hasta la puerta del establecimiento.

Daba la impresión de que era la única puerta en toda la calle que estaba cerrada; era un día apacible y los demás establecimientos tenían la puerta abierta para que circulara aquella agradable brisa cálida. Roshanna posó la mano en el pomo y me dispuse a entrar por vez primera en un salón de belleza afgano.

A medida que pasaban los días, iba encariñándome cada vez más con Roshanna —que por aquella época me llamaba «mamá»—, Daud y todos mis amigos afganos. La idea de abandonarlos me estaba matando. Y no era sólo a ellos, sino que era como si me hubiese enamorado del pueblo afgano en general, de su cordialidad, su humor, su hospitalidad y su coraje. Quería encontrar la manera de volver y de hacer alguna cosa para ayudarles. Y empezaba a dar forma a una idea.

Mi traslado al Mustafa sirvió para que los occidentales que querían cortarse el pelo lo tuvieran mucho más fácil para localizarme. El Mustafa tiene una clientela siempre cambiante integrada por periodistas, colaboradores en labores de ayuda humanitaria y viajeros —hay quien dice que también hay espías y contrabandistas—, y todos parecían encantados de tener una peluquera en el edificio. Mi puerta volvía a estar empapelada con notas pidiéndome hora. Yo volvía a pasarme horas peinando y el pelo volvía a amontonarse en el suelo. Un día vino a verme una mujer afgana que había estado viviendo veinticinco años en Canadá. Formaba parte de un equipo de ayuda médica humanitaria similar al mío y estaba además verificando el estado de las propiedades de un tío suyo que habían quedado abandonadas durante los años de dominio talibán. A diferencia de la mayoría de la gente que viaja a Afganistán desde Occidente, estaba abrumada por los recuerdos del Kabul que había vivido de joven, cuando estaba en el poder el último rey, a principios de los años setenta. Me explicó que el rey había intentado introducir Afganistán en el siglo XX, lo que había iniciado una airada reacción en cadena en las zonas rurales más conservadoras, así como entre el clero más tradicional de la ciudad.

—¡Las chicas paseaban por la calle del Pollo en minifalda! —afirmó—. ¿Te imaginas a alguien con minifalda paseando hoy en día por Kabul? —Me explicó que en los años setenta, había docenas de salones de belleza repartidos por la ciudad y que eran negocios prósperos—. Las afganas siempre han sido muy meticulosas respecto al peinado y al maquillaje —declaró—. Incluso debajo de esos horrorosos burkas.

Cuando aquella mujer se fue, Roshanna me explicó que los salones de belleza fueron una de las muchas cosas que los talibanes prohibieron, junto con la música, el baile, las fotografías de personas y seres vivos, los zapatos blancos, las cometas y el cultivo de la uva.

—Cuando era pequeña, mi madre me llevaba a menudo a la peluquería de mi prima —recordó Roshanna—. Mientras ella trabajaba con las clientas, me dejaba servir el té y barrer el pelo que había en el suelo. —A veces, la peluquera y su madre cantaban juntas viejas canciones y le pedían a Roshanna que las acompañara y ella lo hacía, aunque era muy tímida y le costaba cantar en público. Aquella peluquera nunca se propuso desafiar a los talibanes, explicó Roshanna, pero resultó que la hija de una de sus mejores clientas iba a casarse y quería solamente un poco del brillo y el encanto que estas ocasiones suelen inspirar. De modo que la peluquera fue condescendiente. Con las luces casi apagadas, aplicó a la hija de la clienta un tratamiento de belleza modesto y sutil, pensando que no supondría ningún problema para nadie. Pero, sin que se sepa cómo, la noticia corrió—. Dos días después, los cristales de su tienda aparecieron rotos —informó Roshanna, apesadumbrada—. El interior estaba destruido y se lo habían robado todo. Y su marido también perdió el empleo.

De pronto me di cuenta de que todavía no había visto ningún salón de belleza afgano y le pedí a Roshanna si ella y Daud podían acompañarme a uno. Accedieron a mi propuesta, pero tardamos al menos una semana en encontrar un local comercial que realmente estuviera en funcionamiento. Nos habían dicho que muchas peluqueras habían vuelto al trabajo, pero que lo hacían en salones instalados en sus propias casas, temerosas todavía del escrutinio público y aún con miedo de colgar un cartel o la reveladora fotografía de la típica «reina de la belleza». En los últimos días, habíamos visto varios locales que parecían salones de belleza pero siempre los habíamos encontrado vacíos. Sin embargo, alguien le había hablado a Roshanna de la existencia de aquel salón, de modo que nos dispusimos a encontrarlo... y no fue tarea fácil, pues en aquel momento la mayoría de las calles de Kabul no tenían ni siquiera placas identificativas con el nombre. Cuando nos aproximamos, yo seguía sin ver bien el interior y empecé a temer encontrarme con una nueva concha vacía. Pero cuando Roshanna abrió la puerta, olí enseguida a líquido de permanente. Me sentía un poco mal por tener que dejar a Daud esperando fuera, y así se lo comenté a Roshanna. Ella negó enérgicamente con la cabeza.

—Aquí no entra ningún hombre —aseguró—. Los hombres tienen la entrada prohibida en nuestras peluquerías porque las mujeres llevan la cabeza descubierta.

—Pero Daud y otros hombres afganos te ven a ti en la pensión sin que nada te cubra la cabeza.

—En la pensión es diferente, es como estar en un pequeño pedazo de América —replicó ella—. Pero en lo que a las peluquerías se refiere, todo es muy estricto. Si el esposo de la propietaria del salón viese a Daud allí dentro, le pegaría, o incluso le mataría.

La miré con incredulidad.

—Es verdad, Debbie —dijo—. Por eso tienen cortinas en la puerta, porque así, ni siquiera cuando la abren puede un hombre mirar y ver a las mujeres que hay en el interior.

—¿No pueden entrar hombres?

—Ni siquiera el marido de la peluquera —dijo Roshanna—. Es un lugar sólo para mujeres.

Roshanna tiró de mí para que entrara en el pequeño vestíbulo, cerró la puerta y a continuación levantó la cortina rosa que colgaba cubriendo la entrada de la habitación principal. Sentía una novedosa curiosidad respecto al salón y me pregunté si sería muy distinto a los salones de belleza de Estados Unidos. El interior era más pequeño y más oscuro que el de los salones de mi país, no mucho más grande que un cuarto de baño. La visión de la calle, y del interior desde la calle, estaba interceptada por las cortinas de encaje y en lugar de la típica pared de espejos, había únicamente un espejo pequeño que, además, estaba roto. En lugar de mostrador, había una tabla de madera. Creí ver capellinas azules colgadas de perchas en una pared, pero después me di cuenta de que eran los burkas que se habían quitado las mujeres al entrar. Pero dejando aparte estas diferencias, me sentí al instante en el mismo ambiente cálido y acogedor en el que había pasado la mayor parte de mi vida. Había voces femeninas, risas femeninas… y esa sensación de mujeres relajándose entre ellas, dándose las manos, explicándose los detalles de sus vidas y las noticias de la vida de sus seres queridos. Me pregunté si sería ésa la verdadera razón por la que los talibanes se habían opuesto de aquel modo tan estricto a los salones de belleza. No porque las mujeres al salir de allí parecieran prostitutas o porque los salones fueran tapaderas de burdeles, como afirmaban los talibanes, sino porque proporcionaban a las mujeres un espacio propio donde se sentían libres del control de los hombres.

En cuanto entramos en la diminuta estancia todas las conversaciones se interrumpieron. Las dos peluqueras se volvieron para recibirnos. Una era joven y delgada, con ojos hundidos y oscuros; la otra mujer, más mayor, tenía el pelo encrespado y cortado a la altura de la barbilla. Las peluqueras y su única cliente nos recibieron con un sorprendido, aunque educado, *salaam aleichem,* el saludo convencional que significa «la paz esté contigo», y entonces se dieron cuenta de que yo era extranjera. Roshanna habló unos momentos con ellas.

—Son hermanas —reveló—. Nadia es la más joven y Raksar es la otra. La casa de su familia está detrás de este edificio. —Cuando les explicó que yo era una peluquera norteamericana que quería ver cómo eran los salones de belleza afganos, las dos mujeres sonrieron encantadas. Su solitaria clienta se puso en pie de inmediato e insistió en que yo me sentara mientras Raksar acababa de peinarla. Nadia me trajo té. Un par de niñas que hasta entonces habían estado jugando cerca de las cortinas de encaje se acercaron a mirarme.

Me di cuenta de que Nadia, antes de marcharse a por el té, estaba clasificando una caja llena de palitos y gomas elásticas. Le pregunté a Roshanna para qué eran.

—Lo utilizan para la permanente —respondió Roshanna, sorprendida por la pregunta. Le pedí a Nadia que me explicara cómo solía realizar el proceso. Aparte de utilizar los palitos y las gomas elásticas en lugar de bigudíes para la permanente, su forma de hacerlo era muy similar a la mía, exceptuando la fase final. Me explicó que una vez colocados los rulos con el líquido de la permanente, enviaban a las clientas a casa. El proceso terminaba cuando el pelo estaba seco y las clientas regresaban al salón al día siguiente para someterse a un aclarado. No me extrañaba que Raksar tuviera el pelo tan encrespado, pues era probable que llevara muchas permanentes encima. La peluquera de más edad estuvo unos minutos hablando con Roshanna a toda velocidad—. Dice que empezó con el salón cuando los rusos estaban aquí —explicó Roshanna—. Tuvo que cerrarlo durante los años de los talibanes. Y se vio obligada a enterrar en el patio el espejo y los demás productos.

—¿Cuánto tiempo hace que volvió a abrir?

—Dice que hace sólo dos meses. Al principio, su marido se lo prohibió porque quería que estuviese siempre en casa ayudando a su madre. Pero ahora él se ha quedado sin trabajo y ha accedido.

—¿Es difícil conseguir material?

Raksar señaló con mucho orgullo unos cuantos peines, cepillos y tijeras dispuestos sobre la tabla de madera. No llegaban ni de lejos a la calidad estándar de un salón occidental. Las tijeras se asemejaban a las que se utilizan para esquilar ovejas. Y los peines parecían haber sido mordisqueados por esas mismas ovejas.

Mientras hablaba con las dos mujeres, me di cuenta de que no sólo el material era mediocre, sino que sus aptitudes como peluqueras eran de lo más rudimentarias. Les pregunté dónde habían recibido formación, y ambas se encogieron de hombros. Raksar había aprendido con una amiga durante los años ochenta, y luego ella le había enseñado a Nadia todo lo que ésta sabía. Ninguna de las dos sabía hacer unas mechas. Pero incluso sin formación, ganaban un buen dinero. Raksar ingresaba unos ochenta dólares al mes, el doble del salario medio en Afganistán. Nadia ganaba menos, pero confiaba en aumentar sus ingresos: la economía familiar podía mejorar muchísimo sólo con los maquillajes de una boda importante. Además, me explicó a través de Roshanna, encontrar otro trabajo era complicado. Había trabajado brevemente como cocinera en una pensión, pero sus compañeros de trabajo la agobiaban con sus comentarios groseros y lo había dejado.

Entonces Nadia le dijo algo a Raksar, y ambas sonrieron, como si estuviesen planeando una travesura. Roshanna aplaudió y empezó a reír.

—Quieren saber si te gustaría probar alguno de los servicios que ofrece un salón de belleza afgano tradicional —dijo—. Quieren compartirlos contigo, pues dicen que tú eres como su hermana americana.

—Por supuesto —accedí, quitándome el pañuelo que me cubría la cabeza. Las dos mujeres se quedaron heladas al ver mi pelo corto y de punta. Se acercaron con cautela para tocarlo. Con un tono de voz que revelaba su sorpresa, le comentaron algo a Roshanna y yo la miré, levantando las cejas.

—Dicen que pareces un gato —afirmó—. *Pashak*.

—¡Miau! —maulló Raksar.

Me sentía un poco mal por tener abandonado a Daud afuera durante tanto tiempo, pero me recosté en la silla y me dispuse a relajarme. Sin embargo, volví a sentarme muy erguida cuando vi a Nadia acercarse con una larga hebra de hilo enrollada en los dedos. Eché de nuevo la cabeza hacia atrás y ella empezó a practicar en mi cara la depilación al hilo. Me arrancó las cejas casi en su totalidad y un bigote que ni siquiera me había percatado que tenía. Abrí los ojos en un momento en que el dolor casi me obliga a gritar, y vi a Nadia frunciendo el entrecejo y a escasos centímetros de mi frente, el hilo tenso entre su boca y sus manos. Roshanna estaba apoyada en la pared, sin parar de reír. Cuando Nadia hubo acabado, me senté y me pasé la mano por la cara. Estaba segura de que iba a encontrar hilillos de sangre.

Entonces Raksar se ofreció a hacerme una demostración de maquillaje tradicional afgano, el estilo que aplicaría a una invitada de una boda. Accedí de nuevo: pensé que nunca llegaría a conocer cómo funcionaban los salones afganos si no probaba personalmente sus servicios. Así que me barnizó con una base de maquillaje muy clara, me maquilló los párpados con cuatro tonos distintos de sombra brillante, me oscureció las cejas y las alargó por los extremos con un lápiz hasta alcanzar casi la línea de nacimiento del pelo y me pintó los labios con carmín rojo. El kohl fue lo peor. Chupó el palito, lo sumergió en el polvo, sopló un poco, lo colocó en el rabillo de ambos ojos y cubrió mis párpados internos con kohl. No pude evitar preguntarme cuántos ojos habría ennegrecido antes aquel palito. Con ojos llorosos y casi sin poderlos abrir, me incorporé por fin y busqué a tientas el pañuelo para cubrirme la cabeza. Me guiaron hasta el espejo y me miré en él. Fue como ver el reflejo de otra persona, tal vez alguien con una máscara de carnaval.

Pero, con mi poco dari, les di las gracias una y otra vez a mis hermanas.

—*Tashakur, tashakur* —agradecí, inclinando la cabeza y dándoles la mano. Nos dimos tres besos rápidos en las mejillas y luego salí al exterior sin ver nada y dando tropezones. Daud lanzó un grito de admiración. Mis ojos siguieron goteando kohl negro durante los tres días siguientes, impulsando a todos los occidentales que llevaban tiempo viviendo en Kabul a preguntarme cómo me las había ingeniado para que me invitasen tan rápidamente a una boda afgana.

Pero aparte de mis ojos llorosos, me sentía excitada. Creía haber descubierto lo único que podía hacer para ayudar a los afganos... algo que sólo yo, de entre todos los talentosos y entregados occidentales que había conocido aquí, podía hacer. Sabía que podía ayudar a las mujeres afganas a dirigir salones de belleza mejores y ganar más dinero. Por mi propia experiencia como peluquera en mi país, sabía que un salón de belleza es un buen negocio para una mujer... sobre todo cuando tiene un mal marido.

Desgraciadamente, sabía muy bien de qué hablaba. Estaba aún casada con un hombre tan mezquino que Afganistán, considerado entonces por mucha gente como el lugar más peligroso de la tierra, me parecía un paraíso. Durante todo el tiempo que estuve casada con él, mi única salvación fue que mi marido no tenía ni idea del dinero que yo ingresaba. Yo iba guardándolo, los ahorros para mi libertad. Pensé que el negocio de los salones de belleza sería aún mejor para las mujeres de Afganistán, pues los hombres no están autorizados ni a entrar en ellos. De este modo, resultaría imposible que tuvieran oportunidad de ver el dinero cambiando de manos o de decir a las mujeres cómo llevar el negocio. Le pedí a Roshanna que me contara detalles de otros negocios donde trabajaran mujeres. Me explicó que conocía mujeres que tejían alfombras, vendían huevos, trabajaban en pensiones, sastrerías y en otros lugares. En todos los casos, se trataba de negocios dirigidos por el padre o el marido o el hermano o un tío lejano de la mujer en cuestión. Pensé que podía regresar a Afganistán por un par de semanas, cargada con varias maletas llenas de buenos productos y material de peluquería, y visitar los distintos salones. Podía enseñar a las peluqueras lo que yo sabía, explicarles cómo ampliar su oferta de servicios y cómo ganar más dinero. Podía enseñarles también los principios de higiene que había aprendido en la escuela de belleza. Pensé que si alguien tenía que llorar en una boda, mejor que lo hiciese por cuestiones sentimentales y no por un kohl cargado de bacterias.

Cuando le mencioné mi idea a un amigo norteamericano que llevaba varios años en Kabul trabajando para una organización sin ánimo de lucro, no se burló en absoluto. ¡Todo lo contrario, era de la opinión de que yo aspiraba a poco! Me dijo que si me planteaba abrir una escuela de belleza en Kabul, él trataría de ayudarme.

Cuando le mencioné mi idea a Roshanna, ampliada ya con lo de la escuela, la chica me abrazó.

—Quiero asistir a tus primeras clases —declaró—. Mi padre quiere que deje de trabajar para las ONG porque hay afganos que se meten conmigo. Y si puedo tener mi propio salón, será estupendo.

* * *

Con la idea de la escuela de belleza, fue como si todos mis sueños se integraran por fin. Pese a que vivía bien, nunca me había sentido realizada siendo sólo esteticista y peluquera. Siempre había querido formar parte de algo más grande y con más significado, de algo que me diera la sensación de que estaba ayudando a salvar el mundo.

Los salones de belleza me encantan, naturalmente. Cuando tenía siete años de edad, mi madre abrió su primer salón justo al lado de casa. Con su reluciente mobiliario de color claro, sus espejos con marco dorado y aquella larga fila de secadores que parecían naves espaciales regordetas dispuestas a despegar rumbo a la Luna, el salón era para mí el lugar más maravilloso del mundo. Las peluqueras eran para mí las mujeres más atractivas del mundo, y me las imaginaba vestidas siempre con sus pantalones cortos de color verde y sus botas blancas de gogó. Me moría de ganas de que llegara el día en que yo también pudiera lucir aquel uniforme.

Eran los años sesenta, en Holland, Michigan, y todas las señoras que entraban en el salón lucían peinados altos y crespados que aún conseguían elevarse un poco más gracias a pequeños postizos ocultos. Normalmente, mi madre me dejaba ayudarla repartiendo revistas a las clientas, doblando toallas y sirviendo café. Muchas veces, sin embargo, lo que en realidad quería era verme salir de allí porque distraía a las clientas con mi interminable cháchara. Pero me encantaba ayudar, de modo que, poco a poco, mi madre fue introduciéndome en el negocio. Empecé ayudándola con los postizos: los sujetaba a las cabezas de los maniquíes mientras ella les ponía rulos, luego recorría todo el salón con las cabezas para acabar colocándolas encima de un par de cajas y debajo de los secadores. Después, sujetaba los postizos bocabajo mientras mi madre los peinaba hasta convertirlos en bultos grandes y esponjosos. Más adelante empezó a permitirme que la ayudara con pelo que estaba pegado de verdad en la cabeza de las clientas. Cuando las clientas querían un servicio de lavar y marcar, yo me colocaba detrás de ellas para quitarles las horquillas invisibles de la cabeza. De hecho, cuando les quitaba las horquillas no pasaba nada: el pelo permanecía inmóvil en su sitio gracias a grandes cantidades de laca.

En aquella época, lo fundamental era salir del salón con el pelo cardado y lleno de laca y volver dos semanas después conservando exactamente el mismo aspecto. A las clientas les vendíamos fundas de almohada de seda para que el peinado no se estropeara mientras dormían, pero muchas tomaban medidas adicionales para conservar sus cardados: antes de acostarse, se envolvían el pelo con fajos y más fajos de papel higiénico para mantenerlo en su lugar. Cuando mi madre empezó a permitirme lavar cabezas, las clientas me decían que frotara más fuerte y más tiempo. «Que circule la sangre», me decían. Y creo que era porque llevaban dos semanas sin poder rascarse la cabeza. A continuación, mi madre envolvía el cabello de las clientas en grandes rulos de plástico y dejaba que se achicharraran bajo los secadores, y después yo me encargaba de desenrollarlos. Me encantaba aquella sensación de pelo suave y caliente resbalando por mis dedos, tan tieso gracias a la acción del líquido fijador, que los rizos se mantenían en su lugar hasta que llegaba mi madre para peinarlos.

Cuando cumplí los quince años, entré en la escuela de belleza porque imaginé que podría completar mis estudios peinando cabezas. Pero por aquella época, no quería ser peluquera de mayor. Veía lo duro que trabajaba mi madre y lo cansada que estaba por las noches y, además, había vislumbrado una vida que parecía mucho más divertida. Quería hacer algo en el mundo de la música. Mi madre me había apuntado a lecciones de piano desde los cinco años de edad. Quería también que fuera a clases de ballet, pero aquello duró sólo un día; era demasiado grandota, incapaz de mantener el equilibrio sobre una pierna y ni siquiera sobre las dos, y no cabía en el tutú. Pero la música me encantaba y seguí con ella. En el instituto tocaba el piano, el órgano, la guitarra y la trompeta. Tenía tanta capacidad pulmonar que mi trompeta sonaba más fuerte que cualquiera de las de los chicos. También me gustaba cantar y por eso me matriculé en el John Brown College, en Arkansas, para especializarme en canto. Pero cuando llegué allí y me encontré entre cantantes buenos de verdad, supe que no estaba hecha para aquello. Sufrí, además, unos nódulos en las cuerdas vocales. Cuando cantaba ópera italiana, lo que parecía era James Brown cantando ópera italiana.

De modo que regresé a Michigan y me puse a trabajar en el salón de mi madre. Me casé con mi novio del instituto y tuvimos dos hijos preciosos, Noah y Zachary. Pero mi marido y yo éramos muy jóvenes y estúpidos y pronto empezamos a perder la paciencia. Recuerdo estar sentada llorando en el salón de casa de mi madre, con veintiséis años, preguntándole a ella qué me sucedía. Tenía todo lo que se supone que una mujer puede querer: un marido cariñoso, hijos, un buen trabajo, una casa agradable y un coche, pero yo no era feliz. Supongo que a nadie le sorprenderá que muy pronto acabara convertida en madre soltera.

Entonces, un día oí a una de las clientas del salón comentar que iban a abrir en la zona una cárcel de seguridad media. Llevaba tiempo preguntándome cómo me sentiría trabajando en un lugar donde ofrecieran a sus empleados un seguro médico y otros beneficios, y aquella clienta me contó que tanto el sueldo como los beneficios extrasalariales estaban muy bien. De modo que me presenté para un puesto en la cárcel, con la idea de seguir practicando la peluquería en mi tiempo libre. Al no haber terminado mis estudios superiores, sólo pude solicitar trabajo para el puesto de carcelera. «Tan horrible no será», me dije.

Pero lo era.

En realidad, al principio lo llevé bien. Pasé dos meses en prácticas de formación y me llevaba bien tanto con los demás carceleros como con los presos. Les dije nada más empezar que yo no estaba allí para castigarlos o para complicarles aún más la vida… ya se la habían complicado bastante ellos solitos. Les dije que mi trabajo consistía en hacerles seguir las reglas. Los trataba con respeto y ellos me respetaban. Creo que también apreciaban el hecho de que me negara a convertirme en un marimacho por el mero hecho de estar trabajando en una cárcel. Me maquillaba y utilizaba perfume, llevaba extensiones en el pelo y me pintaba las uñas con el color granate típico de las vampiresas asiáticas. Un día se inició una pelea en las escaleras y pedí ayuda. Los carceleros no íbamos armados sino que llevábamos radios, puesto que si se producía un motín, y ya que había más presos que carceleros, era muy fácil que los presos amotinados se hiciesen con las armas de los carceleros y las utilizaran en su contra. Mientras esperaba refuerzos, les grité a los presos enzarzados en la pelea:

—¡No tengo la más mínima intención de romperme una uña para detener la pelea!

La riña se convirtió en una pelea multitudinaria. Tres carceleros terminaron con heridas de arma blanca en la cabeza y varios presos fueron recluidos en celdas de aislamiento. Más tarde, uno de los prisioneros implicados en el suceso puso muy mala cara cuando se enteró de que yo estaba presente.

—No sabía que estaba allí, señorita Debbie —aseguró—. ¿No habrá resultado herida, verdad?

Le dije que estaba bien pero que le habría matado si me hubiese partido una uña.

Transcurridos unos meses, sin embargo, empecé a sufrir una sobrecarga de compasión. Era demasiado amante de defender las causas perdidas como para trabajar en la cárcel. Pensaba que muchos de los presos eran personas realmente agradables —en algunos casos, las personas más agradables que había conocido en mi vida— y que había carceleros que eran simples perdonavidas que abusaban de su poder. No quería convertirme en uno más de ellos, pero me daba cuenta de que estaba cambiando. Un día, pasé por delante de la celda de un condenado a cadena perpetua que no había cruzado palabra con nadie en todo el tiempo que yo llevaba allí. Solía pasarse el día silbando, tan bellamente como un pájaro cantor. Acercó la cara a los barrotes.

—Este lugar no es para usted, señorita Debbie —me susurró en voz baja—. No pretenderá convertirse en uno más de ellos.

Un día lluvioso, cuando llevaba más o menos un año trabajando en la cárcel, iba de camino al trabajo en mi coche y temiendo mi llegada. Mi horario me obligaba a trabajar en el turno de tarde y los fines de semana, por lo que apenas veía a mis hijos. Tenía la sensación de estar vendiendo mi alma al diablo a cambio de un seguro médico y vacaciones pagadas. Terminado mi turno, me dirigí al despacho del celador y dimití. El último día, los prisioneros se pusieron en fila para despedirme. Algunos lloraban.

—Buena suerte, señorita Debbie —me desearon—. A partir de ahora disfrutará de una vida mejor.

Pero yo no tenía ni idea de cómo encontrar esa vida mejor. Empecé a trabajar de nuevo en el salón de belleza de mi madre, pero caía a menudo en la depresión y me preguntaba por qué no era feliz. Llegué a la conclusión de que tenía que divertirme más. Me había casado y había tenido hijos tan pronto que no había vivido la época de salir con chicos e ir de fiesta que la mayoría de mis amigas habían vivido, de manera que decidí convertirme en la chica más juerguista de Holland, Michigan. Cuando hacía algo, lo hacía a tope, y así fue cómo en un par de meses conocía ya todos los pubs y discotecas de la zona y a todo aquel que tuviera por costumbre sentarse en un taburete de bar. Llegó un momento en que aquello se me quedó corto y, aún sin saber navegar ni tener intención de aprender a hacerlo, me compré un velero simplemente para tenerlo amarrado frente a los bares que hay en la orilla del lago Michigan, en Saugatuck. Cada fin de semana, celebraba fiestas en mi barco a las que acudía gente de todas partes y siempre me lo pasaba bien. Pero cuando me quedaba sola, la realidad me abrumaba. Mis continuas fiestas me impedían ser una buena madre. Y la mayoría de aquella gente no eran en realidad mis amigos, sino que simplemente les gustaba mi barco.

Pensé entonces en profundizar en la religión. Para empezar, nunca había sido una atea, pero carecía de una fe estructurada y no pertenecía a ninguna comunidad en la que poder ampliar mi vida espiritual. Busqué y encontré una iglesia cristiana. No era una iglesia normal y corriente, sino una iglesia de aquellas en las que en las celebraciones todo el mundo cantaba góspel y entonaba el Aleluya. Pronto, aquello empezó a consumirme todo el tiempo en el que solía sentirme sola y deprimida. Me daba una oportunidad de utilizar mi creatividad y también algo de mi talento musical. Olvidé la decepción que había sufrido al darme cuenta de que nunca cantaría *Aída* en el escenario de la Metropolitan Opera y me convertí en la estrella del grupo teatral de la iglesia. Escribía obras, las dirigía y actuaba en ellas. No eran producciones pesadas, ni mucho menos... me encantaban las series *Saturday Night Live* y *Mad TV* y en las obras de la iglesia intentaba incluir el máximo posible de aquel tipo de humor.

Pese a que ciertas cosas de la iglesia me incomodaban, conocí a gente que me abrió los ojos a una forma completamente distinta de ver el mundo. Siempre me había gustado viajar, pero rápidamente perdía el interés hacia cualquier destino turístico del que pudieran hablarme mis amistades y acababa visitando zonas que la mayoría de turistas eludían. Cuando estuve en Jamaica, me cansé de montar en motos acuáticas y beber margaritas en la playa privada del hotel y decidí subir a un autobús que me llevara a la ciudad. Acabé conociendo a una chica de veinte años de edad que era madre de cinco hijos y que me invitó a su casa, donde comimos una sopa que estaba hecha sólo con espinas de pescado. Pasé mi semana allí visitándola, comprándole pañales y comida. Así me sentía feliz. En la iglesia, conocí a un jubilado que se llamaba Herb Stewart, que viajaba por todo el mundo colaborando en proyectos humanitarios de todo tipo. Me invitó a viajar con él a la India durante un mes.

Hubo una época en la que en mi ciudad me conocían como «Deb la Loca»: Deb la Loca con sus peinados estrambóticos y sus uñas largas y su maquillaje de corista, Deb la Loca con su barco y sus fiestas que duraban toda la noche, Deb la Loca que trabajaba en la cárcel, o «la semana que viene voy a cortarme el pelo… ya sabes, con Deb la Loca». Luego me convertí en Deb la Loca porque empecé a trabajar por todo el mundo colaborando en proyectos humanitarios. Durante aquel primer viaje a la India, Herb y yo viajamos de pueblo en pueblo ayudando a la gente a construir nuevos pozos. En uno de los pueblos, me enteré de que sus habitantes estaban padeciendo una terrible hambruna. Cuando hablé con una de las familias, me explicaron que el peor momento era durante la estación seca, que se prolongaba tres meses. Les pregunté qué podría serles útil, y me dijeron que tener arroz. Así que encontré a un hombre que tenía un camión y le pedí que me llevara a un mercado ubicado en una zona donde la sequía no era tan apremiante y, una vez allí, llenamos el camión de arroz. ¿Cómo comprar sólo para una familia? De regreso al pueblo, descargamos el arroz sobre una losa de cemento y convocamos a toda la gente con la ayuda de un megáfono. Por cien dólares, pude garantizar el sustento de los habitantes de aquel pueblo durante tres meses.

En medio de todo aquello, acabé casándome con un predicador de la iglesia aficionado también a los viajes. Sabía que éramos de personalidades muy distintas, pero quería volver a casarme. Me gustaba estar casada. Creía que, teniendo en cuenta que él era un hombre tan religioso y que yo me encaminaba hacia aquella dirección, la cosa funcionaría. Pero poco después de la boda, él pasó de ser un tipo tremendamente pensativo a convertirse en una persona mezquina… y tremendamente celosa. Si yo salía a comprar y volvía a casa quince minutos más tarde de lo que él suponía, me lo encontraba esperándome furioso en la puerta y luego me perseguía por toda la casa interrogándome. Al parecer, pensaba que durante aquellos quince minutos yo me había entretenido con algún amante. Al principio, intentaba decirle que se equivocaba, pero después me di cuenta de que protestar no servía de nada. Un día, cuando yo pretendía salir de casa, él se puso a gritarme. Me agarró por el pelo, me obligó a entrar de nuevo y me lanzó contra la pared. Conseguí quitármelo de encima y corrí hacia la puerta, pero sólo conseguí que se enfadara aún más. Me pegó un bofetón en la cara, muy fuerte.

Después de aquello, intenté no hacer nada que pudiera hacerle estallar, aún odiándome por haberme metido en esa situación. Mi madre me había criado para ser una mujer fuerte, ¿cómo podía haber llegado a aquello? Era un hogar lleno de tensión. Mis hijos intentaban pasar el máximo tiempo posible con sus abuelos. Y yo conseguí que mi marido no volviera a explotar con violencia comportándome como una esposa dócil y obediente. Entonces un día, al salir de la iglesia, mi marido, un amigo suyo y yo fuimos a desayunar al McDonald's. Su amigo y yo estuvimos riendo por alguna cosa, lo recuerdo como el rato más divertido en muchos meses. Pero cuando llegamos a casa, mi marido se volvió loco.

—He visto cómo lo mirabas —me gritó, escupiéndome en la cara toda su rabia—. No eres más que una puta.

Me persiguió hasta encerrarme en nuestra habitación, donde me abofeteó en la cara hasta hacerme perder el sentido. Me di en la cabeza con los pies de la cama. Cuando abrí los ojos, vi a mis hijos y a mi madre de pie junto a la puerta. Mi madre me los traía porque habían pasado la noche en su casa. Recuerdo haber pensado para mis adentros que aquella situación era horrorosa, no sólo porque mi marido me había atacado de aquella manera, sino también porque mis niños y mi madre habían tenido que verlo. Entonces, mi menuda madre se interpuso entre nosotros y mi marido la apartó de un empujón.

Eso fue la gota que colmó el vaso. Estaba tan rabiosa que conseguí echarlo de casa y entonces llamé enseguida a la policía. Cuando llegaron los oficiales, mi marido seguía en el jardín gritando de tal manera que todos los vecinos se habían asomado para ver qué pasaba. Hice las maletas para mí y para mis hijos y salí de casa sin mirar a nadie, como un gánster cuando abandona los juzgados. Mi madre nos llevó en coche hasta su casa.

Yo quería quedarme allí y no regresar jamás, pero mi marido empezó a acosar a mi madre… como si ella no tuviera ya bastante con ocuparse de mi padre, que sufría demencia senil y estaba muriéndose de una insuficiencia cardiaca. Mi marido la llamaba a casa, la llamaba al trabajo, aparecía con su coche y le bloqueaba el paso para que no pudiera salir de casa, exigiéndole que le dejara hablar conmigo. Finalmente me di cuenta de que no podía seguir viviendo con mi madre porque mi marido nunca la dejaría tranquila, de modo que dejé a mis hijos con su padre y regresé a casa. Decidí esperar el momento oportuno mientras iba ahorrando dinero y hacía planes para huir de allí. Por un momento pensé que la iglesia me ayudaría. Me reuní con algunos de los principales responsables y les expliqué lo que sucedía. Pero, aunque al parecer sentían mucho mi situación, me dijeron que no estaba bien por mi parte plantearme abandonar a mi marido. Al fin y al cabo, él no había cometido adulterio. Ojalá lo hubiese cometido.

Entonces oí hablar de una organización en Chicago que impartía cursos de primeros auxilios en situaciones de emergencia. Le dije a mi marido que me gustaría apuntarme a uno de esos cursos y, para mi sorpresa, accedió. Pensó que el curso me serviría para hacer alguna cosa cuando viajase con él a países del Tercer Mundo. Así que en agosto de 2001 me desplacé a Chicago en coche para asistir a un curso de dos semanas que impartía la Care for All Foundation. Aprendí qué hacer en caso de incendio, terremoto, corrimiento de tierras, inundación, huracán y bombardeo. Aprendí a descontaminarme en caso de ataque con armas químicas. Aprendí a cuidar a niños con desnutrición y a proteger a la gente de las enfermedades provocadas por la ingesta de aguas contaminadas. Aprendí sobre las auténticas crisis que sufrían distintas partes del mundo. Me enteré por vez primera de dónde estaba Afganistán. El último día de curso, pasamos un examen en el que teníamos que superar una situación ficticia de crisis. Pensándolo en retrospectiva, aquello fue espeluznante: era sólo tres semanas antes de los atentados del 11-S en Nueva York y Washington y nos presentaron el escenario de la ciudad de Chicago bajo un atentado terrorista, utilizando terroristas suicidas y armas químicas. Teníamos que trabajar en equipos, montar tiendas, establecer prioridades con las víctimas y transportarlas a distintos lugares, incluso apartar a los que, hicieras lo que hicieras, iban a morir con toda seguridad. Todo muy realista... y aterrador.

Poco tiempo después, los terroristas estrellaban sus aviones contra el World Trade Center y el Pentágono. Un día encontré un mensaje en el contestador preguntándome si estaría interesada en unirme al grupo de primeros auxilios en situaciones de emergencia que iba a desplazarse a Nueva York. Dije que sí sin siquiera consultarlo previamente con mi marido. Me marché enseguida.

Las dos semanas siguientes fueron de las más duras de mi vida. Fui una de las muchas personas al cuidado de los bomberos responsables de la demolición de los restos del World Trade Center y de retirar los cuerpos, muchas veces los cuerpos de sus propios compañeros de trabajo. Realizaba masajes y labores de ayuda psicológica. Los abrazaba mientras ellos lloraban y les lavaba los pies, hediondos y quemados cuando por fin se quitaban las botas después de horas trabajando entre escombros ardientes. Intenté ayudar también de muchas otras maneras. A veces, tenía que correr a esconderme en los aseos portátiles para llorar allí encerrada, pues no quería desmoronarme delante de ellos. Mi marido me llamaba al teléfono móvil setenta veces al día, y finalmente opté por desconectarlo. Durante todo el tiempo que estuve allí, temí que descubriera que estaba tocando a otros hombres y se presentara a buscarme. Cuando llegaron del Discovery Channel para grabar las labores de ayuda que estábamos realizando, me escondí debajo de una camilla de masajes hasta que los reporteros se fueron para que mi marido no pudiera verme rodeada de bomberos.

De nuevo en casa, volví a hundirme en mis miedos. No podía dejar de mirar los reportajes televisivos sobre Afganistán y los talibanes. Me conmocionaron especialmente las secuencias de los talibanes ejecutando mujeres en el estadio Ghazi de Kabul. Devoraba libros sobre Afganistán, y tenía la sensación de estar llevando una vida casi tan reprimida como la de aquellas mujeres. Entonces me enteré de que la CFAF iba a enviar un equipo a Kabul al año siguiente. Empecé a llamarlos a diario, explicándoles lo mucho que deseaba ir allí. Cuando por fin me dijeron que podía ir, mi marido se enteró y me lo prohibió. Guardé mi pasaporte y mi billete de avión en la caja fuerte de mi madre para que él no pudiera cogerlos. Nada había que pudiera detenerme. Sabía que, por primera vez en mi vida, iba a ir al lugar adecuado en el momento adecuado.

El día que mis amigos vinieron a recogerme para llevarme al aeropuerto, mi marido se quedó apoyado contra la pared mientras yo pasaba por delante de él con mi maleta en dirección a la puerta.

—Espero que te mueras en Afganistán —espetó.

—Prefiero morir allí antes que seguir viviendo aquí contigo —le repliqué. Fue como si en mi corazón se abriese una puerta y saliera por ella el diminuto pedazo que aún quedaba de él en su interior. Viajé a Afganistán, donde mi corazón se llenaría muy pronto con nueva gente a la que amar.

Una mujerona con la cabeza rematada con trocitos de papel de plata para envolver las mechas daba golpecitos en la cara de Roshanna con una afilada uña de color azul.

—¿Es ésta tu amiguita afgana? —preguntó.

—¡Déjame verla! —Otra clienta cogió la montaña de fotografías que guardaba un precario equilibrio sobre las rodillas de la primera mujer.

Me felicité por haber tenido la buena idea de hacer duplicados de las fotografías de mi viaje y seguí dividiendo en secciones el cabello de otra mujer para prepararlo para un corte. No tenía tiempo para volver a ordenar las fotografías. En pocos minutos entraría por la puerta otra clienta que venía a hacerse una permanente.

Mis clientes en Estados Unidos habían esperado a que regresase de Afganistán para pedir cita, de modo que los primeros meses después de mi vuelta a casa fueron una auténtica avalancha de trabajo. Expliqué mis historias y enseñé las fotografías una y otra vez. Y en ningún momento dejé de mencionar que pensaba regresar allí para ayudar a las peluqueras afganas. Mi idea en aquel momento era montar un salón-escuela donde pudiera ofrecer mis servicios a clientas occidentales y contratar como aprendizas a peluqueras afganas. Mis clientas habituales jamás se rieron de la idea, ni me dijeron que era demasiado peligrosa. De hecho, las entusiasmaba tanto como a mí.

Pero no tenía ni idea de cómo acabaría haciendo realidad una cosa así. Yo, que ni siquiera había montado mi propio salón en Estados Unidos. Si pensaba montar un salón-escuela en Afganistán, necesitaría alquilar un local, naturalmente… y a través de las ONG había oído rumores de que los alquileres empezaban a ponerse por las nubes, pues los señores de la guerra se imaginaban que los occidentales estarían dispuestos a pagar precios típicos de Nueva York aun en los barrios de Kabul más castigados por las bombas. Luego pensé en la peluquería que había visitado, donde trabajaban con líquido de permanente de diez años de antigüedad y tijeras del tamaño de las que se utilizan para podar el jardín. Necesitaría llevarme a Kabul una cantidad muy grande de material y productos para el cabello, sobre todo si pretendía que mis alumnas regresaran a su mundo profesional con buenos productos.

«¿Crees que podría obtener donaciones por parte de empresas especializadas en productos capilares?», me pregunté en voz alta. Y luego pensé: «¡Qué demonios!». Cogí un frasco de gel de peinado de Paul Mitchell, miré la etiqueta y encontré un número de teléfono de llamada gratuita. Cuando me respondieron, pregunté si tenían un departamento que gestionara solicitudes de donaciones. Salté de una persona a otra hasta acabar en un contestador. Miré a mis clientas poniendo los ojos en blanco pero dejé igualmente un largo mensaje explicando quién era yo, que los talibanes habían cerrado todas las peluquerías de Afganistán, que las mujeres de allí estaban tratando de reabrirlos y lo que yo quería hacer por ellas. El contestador decía que se dejara un mensaje detallado, pero dudo que esperaran algo con un nivel de detalle tan elevado.

Sin embargo, dos días después sonó el teléfono de la peluquería. Respondió una de las otras chicas y me lo pasó indicándome que era para mí.

—¿Quién es? —grité, superando el estruendo de un secador. Estaba enfrascada en la tarea de alisar el pelo de una clienta que tiene una melena de cabello pelirrojo y rizado de casi cinco kilos de peso, y no quería darle la mínima oportunidad de que se encrespara—. ¿Puedes coger el recado?

—Dice que quiere hablar contigo en persona.

De modo que dejé la melena de mi clienta recogida con unas pinzas y fui a responder el teléfono.

—Buenos días, señora «peluquera internacional» —saludó la voz que hablaba desde el otro lado de la línea—. Soy J. P.

—¿Quién?

—John Paul DeJoria, propietario de Paul Mitchell. Cuénteme más cosas sobre esta escuela de belleza o salón-escuela o lo que quiera que sea que desea usted montar en Afganistán.

De modo que le expliqué mi idea allí mismo, en la peluquería, con el niño de una de mis clientas llorando, otra clienta que estaba un poco sorda hablando en voz muy alta y la puerta abriéndose y cerrándose sin parar. No tuve que esforzarme mucho para convencerlo de que era un buen plan. Me dijo que llamara a su director general, Luke Jacobellis.

—Pídale a Luke todo lo que necesite —anunció.

Cuando colgué, me puse a llorar a lágrima viva mientras en el salón seguía el griterío. El local estuvo alborotado durante varios días.

Encontré un lugar tranquilo y llamé a Luke aquella misma tarde, después de haber terminado con todas mis clientas.

—¿Cuánto producto piensa que va a necesitar? —me preguntó.

—La verdad es que no lo sé —le contesté—. La cantidad suficiente para que dure un par de años, pero ni siquiera estoy segura de cuánto puede ser eso en un país donde nunca sabes si vas a tener agua o electricidad. Sólo he estado allí un mes.

Me dijo que preparara una lista con mis sugerencias, así que busqué enseguida un catálogo de productos de Paul Mitchell y fui diciéndole:

—Qué tal una docena de esto, tres docenas de lo otro, cuatro docenas de eso, si puede permitírselo.

Confeccionamos una lista generosa, con champús, acondicionadores, gel, laca, tinte y líquido para permanente, así como capas de protección para aplicar el color y espejos de mano… básicamente, todo lo que vendían. Conocía bien los productos de Paul Mitchell porque mi madre llevaba muchos años utilizándolos en su peluquería. No podía quitarme de la cabeza aquellas permanentes encrespadas que había visto en Kabul y pensé en todos los productos que podrían mejorar la salud capilar de las mujeres afganas. Justo antes de colgar, Luke se puso a recitar los nombres de las muchas otras empresas del sector de la cosmética a las que debería llamar. Takara Belmont para mobiliario de salón, Redken para más productos capilares, Orly y O. P. I. para productos de manicura, etcétera. Casi todas se mostraron dispuestas a realizar donaciones.

Unas tres semanas después de que hablara con Luke, aparcaba enfrente de mi casa un camión tráiler lleno de productos de Paul Mitchell. El chófer llamó confuso a mi puerta. Se imaginaba que tenía que descargar la carga en un almacén o, como mínimo, en la parte trasera de unos grandes almacenes.

—¿Tiene a alguien para descargar todo esto? —preguntó, señalando con el dedo pulgar el enorme camión que humeaba al fondo del camino de acceso a mi casa.

—Sólo yo —confirmé.

Me miró de arriba abajo y suspiró.

—¿No tendrá por casualidad una carretilla elevadora, verdad?

—Tengo una carretilla.

Retiré del garaje los coches, la máquina quitanieves y el cortacésped. Luego, entre los dos, trasladamos las diez mil cajas del camión al garaje mientras mi esposo nos miraba desde el salón. No estoy segura de que fueran en realidad diez mil cajas, pero en aquel momento me pareció esa cantidad, o más. Llenaron por completo nuestro garaje, que tenía cabida para dos coches grandes y uno pequeño. Cuando por fin se marchó el camión, me quedé contemplando todas las cajas. El volumen excedía un poquito lo que podía meter en mis maletas, aun pagando por exceso de equipaje.

En el transcurso de los meses siguientes fueron llegando más camiones, trayendo lavacabezas y sillas, peines, secadores, espejos de mano, bigudíes para la permanente y otros productos básicos, y los hice descargar en un guardamuebles. Mi marido había empezado a hostigarme con los productos capilares que seguían en el garaje. Dijo que si intentaba abandonarlo, prendería fuego al garaje con todo lo que había dentro. ¿Dónde estaría entonces mi supuesta Escuela de Belleza de Kabul? Me dijo también que, si no me andaba con cuidado, dejaría la puerta de la casa abierta para que mis perros se escapasen a la calle llena de tráfico. De modo que aguardé el momento oportuno. Intenté no ponerlo de mal humor, alquilé un apartamento en secreto y contraté los servicios de un abogado.

Seguía sin tener ni idea sobre cómo iba a trasladar todas las cosas a Kabul. Entonces, un día llamé a otra de las empresas que Luke me había sugerido para solicitar una nueva donación de productos. Para mi sorpresa, la persona que me atendió me dijo que ya la habían llamado sobre el tema de donar productos para una escuela de belleza en Afganistán. Le pedí el número de teléfono de esa persona y le hice una llamada. Y fue entonces cuando supe de la existencia de la legendaria Mary MacMakin, una norteamericana que lleva casi cuarenta años viviendo en Afganistán.

En 1996, Mary había fundado una pequeña organización sin ánimo de lucro llamada PARSA con el objetivo de ayudar a las mujeres afganas que se habían quedado viudas durante las guerras y se habían visto obligadas a vivir de las limosnas... un nuevo y cruel avance, pues los afganos carecen prácticamente de historial de mendigos. Mary es una de las heroínas de Afganistán, y la revista *Vogue* publicó un artículo sobre ella en 2001. Terri Grauel, la conocida peluquera neoyorquina, había sido la encargada de peinar a Mary para la sesión fotográfica que acompañaba el reportaje y habían seguido en contacto. Después de la caída de los talibanes, Mary había visto a las peluqueras afganas apresurándose para reabrir sus locales, pero lo limitado de sus recursos se lo había impedido y, además, sus habilidades estaban completamente oxidadas. Le había sugerido a Terri la idea de que un grupo de peluqueras norteamericanas abrieran una Escuela de Belleza para ayudar a las afganas a convertirse en mujeres de negocios de éxito. De modo que Terri y algunas compañeras de profesión habían conseguido que el sector de la cosmética de Nueva York impulsara y apoyara la creación de una escuela. *Vogue* y Estée Lauder habían inyectado una cantidad importante de dinero en efectivo y otras empresas habían aportado también dinero y productos al proyecto.

Iba a llamarse Escuela de Belleza de Kabul de Belleza sin Fronteras, y se convertiría en un programa más de los varios que dirigía PARSA.

La verdad es que sentí cierto alivio al descubrir que alguien con mucho más peso y relaciones que yo estaba trabajando ya en la idea. Yo había estado haciendo todo lo posible en Holland, pero en el fondo me daba cuenta de que seguramente nunca podría llevar a cabo un proyecto tan enorme yo sola. Rápidamente auné esfuerzos con el grupo de PARSA y le prometí a la escuela el medio millón de dólares en productos de belleza que guardaba entre mi garaje y el guardamuebles. Tenían pensado inaugurarla en julio de 2003, en un local instalado dentro del recinto del Ministerio de Asuntos de la Mujer de Afganistán, un lugar que Mary había recomendado porque creía que las mujeres estarían allí a salvo. Sabía que en Kabul había aún mucha gente que coincidía con los talibanes en que los salones de belleza, y cualquier cosa que hiciese destacar a las mujeres o las hiciese autosuficientes, era una abominación. Me ofrecí como voluntaria, junto con unas cuantas peluqueras más, para ser una de las profesoras de la escuela.

El proyecto PARSA estaba preparando un contenedor de productos de belleza que partiría en barco en diciembre de la costa Este de Estados Unidos rumbo a Kabul. Tenía que hacer llegar mi material al punto de embarque con suficiente antelación. Una peluquera de mi ciudad tenía un amigo que era propietario de una empresa de transportes, y me ofreció sus camiones y su tiempo para trasladar todo el material que tenía almacenado en mi garaje y en el guardamuebles. El único problema era que el garaje había dejado de ser mío, pues por fin había logrado dejar a mi marido.

Un día nublado, mis hijos, Noah y Zach —que en aquel momento ya eran adolescentes crecidos—, reunieron a unos cuantos amigos y alquilaron un camión de mudanzas en U-Haul. Mis amigas y yo les seguimos en nuestros coches con los maleteros cargados con carretillas. Cuando colocamos el camión junto al garaje para cargarlo, apareció mi marido y me dijo que tenía una orden judicial que me impedía retirar cualquier objeto de la propiedad. Al ver que lo ignorábamos, llamó a la policía y a los pocos minutos aparecieron los coches patrulla. Pese a la lluvia que empezaba a caer, empezaron a llegar vecinos para presenciar el espectáculo.

Se acercaron dos oficiales de policía, pero yo estaba como una loca; no pensaba permitir que nada ni nadie me detuviera.

—¡Son mis cosas y estoy de traslado! —grité—. Tienen ustedes tres opciones: o me pegan un tiro, o me arrestan, o me dejan tranquila.

Retrocedieron y se quedaron mirando cómo mis hijos y nuestros amigos cargaban en el camión los productos para el cuidado capilar. Y eso fue todo: el último gran obstáculo antes de que a principios de 2003 partiera hacia Afganistán para efectuar la recepción del contenedor.

Bien, la verdad es que eran los tiempos de los inicios de la guerra en Irak. Supongo que mucha gente consideraría eso como un obstáculo mayor aún.

El contenedor tenía prevista su llegada a Kabul a finales de enero. Mi plan era ocuparme de su recepción y ayudar a descargar su contenido en el Ministerio de Asuntos de la Mujer. Avisé a todas mis clientas para que se apresuraran y cerraran sus citas dos días antes de mi esperada fecha de partida, pues de lo contrario tendrían que esperar a ser atendidas a mi regreso, tres semanas después. Vinieron todas, muchas de ellas aportando donaciones para compensar mis gastos o trayéndome pastelitos caseros para que yo pudiera venderlos en el salón y sacar un poco de dinero extra. Celebré muchas fiestas de despedida con mis amistades, y hubo muchos momentos de lágrimas con mi madre y mis hijos. Y entonces llegó el primer jarro de agua fría: resultaba que el contenedor ni siquiera había salido de puerto. La fecha de partida se había retrasado debido al aumento de actividad en Oriente Próximo (incluyendo, según me enteré posteriormente, las maniobras que las fuerzas de Estados Unidos y Gran Bretaña realizaron antes de invadir Irak en el mes de marzo). De modo que, en lugar de volar hacia Kabul, acabé volando a Nueva York para asistir a un curso de maquillaje de una semana de duración en M·A·C Cosmetics, que había donado a la escuela productos de maquillaje por un valor que rondaba los treinta mil dólares.

A mediados de febrero supe que el contenedor había abandonado por fin Estados Unidos y lo preparé todo de nuevo para marcharme. Pero una semana antes de mi fecha prevista de vuelo, a primeros de marzo, recibí la noticia de que el barco que transportaba nuestro contenedor estaba detenido en el Canal de Suez. Una vez más, había quedado postergado debido a la prioridad de los preparativos para la guerra.

Por aquella época, estaba loca por largarme de Holland. Me había despedido innumerables veces de mi familia y mis amigos, y no tenía citas programadas con mis clientas hasta finales de abril. Había oído comentar que las organizaciones de ayuda humanitaria de Jordania esperaban una riada de refugiados procedentes de Irak. De modo que ofrecí mis servicios a una de esas organizaciones y partí para Jordania a finales de marzo. Unos días después de mi llegada, me enteré de que nuestro contenedor ya no estaba detenido en el Canal de Suez, sino que había sido descargado ya en Kabul. Y allí me fui rápidamente para recibirlo y conocer a las demás mujeres que compartían mi sueño.

Mi chófer exhaló un prolongado suspiro de frustración. La carretera del aeropuerto de Kabul estaba tan atascada que apenas si habíamos avanzado tres metros en diez minutos. Finalmente decidió enfilar la franja de tierra que pasaba por delante de algunas tiendas donde vendían piezas de recambio para coches, avanzando tan cerca de ellas que, de haberme asomado por la ventanilla, podría haberme hecho sin ningún problema con una correa de ventilador. Después dirigió el coche hacia una calle secundaria llena de peatones. A pesar de ver que había gente no disminuyó la velocidad al aproximarse, sino que corrimos por aquella calle como un esquiador en pleno eslalon, esquivando peatones como si fueran las puertas que marcan el trazado a seguir. Harta de golpearme sin cesar contra la puerta, palpé el asiento en busca del cinturón de seguridad, pero estaba arrancado.

Cuando llegué a Kabul en marzo de 2003, no podía creer cómo habían cambiado las cosas en el año escaso que había transcurrido desde mi anterior estancia. Aunque había zonas de la ciudad que seguían manteniendo el aspecto de unas ruinas antiguas, había nuevos edificios en construcción por todas partes y, además, edificios elegantes con vestíbulos de formas redondeadas, ventanas de cristal vidriado y adornos brillantes sobre escayola de colores. Antes, las calles estaban abarrotadas de gente, bicicletas, carromatos cargados de productos de todo tipo, asnos y búfalos asiáticos; ahora estaban llenas de todo eso más coches, furgonetas y tanques. En los cruces había rotondas, supuestamente para ralentizar el tráfico, aunque no daba la sensación de que se hubiese llegado a un acuerdo en cuanto a si los vehículos debían trazarlas en el sentido de las agujas del reloj o al revés, pues los conductores conducían en ambas direcciones. Como resultado de ello, siempre había un denso grupo de coches sobrecalentados atascando cada rotonda. Las carreteras no estaban en mucho mejor estado que el año anterior, seguían siendo en su mayoría de tierra, con surcos profundos y montañas de escombros que ir esquivando, pero los coches y las furgonetas corrían por ellas como si estuviesen huyendo del Apocalipsis. Era como si las normas de tráfico no existiesen. Dos carriles podían rápidamente convertirse en tres y los coches más espabilados pasaban velozmente entre los demás en cuanto veían un hueco. Cuando llegué a la sede de PARSA, la organización de Mary MacMakin, en la calle del Fontanero, tenía el cuerpo dolorido, como si me lo hubiesen desintegrado para luego volver a unirlo.

La sede de PARSA tenía un salón decorado según el estilo afgano más básico, es decir, una buena alfombra en el suelo —casi siempre de color rojo— y cojines largos y planos, los llamados *toushaks,* rodeando las paredes. Había también varias mesas maltrechas de madera oscura, y eso era todo. Mary disponía de algunas habitaciones en la planta superior, divididas internamente con paneles de madera contrachapada, donde alojaba a su continuo flujo de invitados. Arrojé mi maleta sobre el *toushak* de mi zona de dormitorio y me dispuse a bajar al salón.

Entonces vi una puerta abierta que conducía al piso más alto. En la parte superior de la casa había un espacio donde ondeaba la ropa colgada en los tenderos. En el extremo había macetas de barro con plantas. Empujé la ropa tendida hacia un lado y descubrí que la azotea daba justo encima de la calle del Fontanero. Esperaba ver la calle concurrida por hombres yendo de aquí para allá con desatascadores y plomadas, pero la calle tenía el aspecto de una calle cualquiera: abarrotada y llena de vida, con algunos edificios que parecían estar en construcción, o a medio derruir. Era difícil adivinarlo. Desde la azotea se veían también los patios de las casas contiguas a la de Mary. En una de ellas, una mujer y unos niños plantaban pequeñas plantas en surcos largos y bien delimitados que habían excavado en el jardincito que había justo delante de la puerta de entrada. La escena contrastaba apaciblemente con los omnipresentes sonidos del tráfico, la construcción y la demolición de edificios.

En la planta baja conocí por fin a Mary. Era una mujer alta, de unos setenta años, con ojos oscuros y llenos de energía, y cabello color gris pizarra. Estaba charlando en dari con un grupo de mujeres afganas, a más velocidad de la que yo puedo hablar inglés. Me dio la impresión de que estaba gestionando simultáneamente los detalles de cincuenta proyectos distintos. Era dulce, elegante y solemne, pero parecía mostrar su indignación por algo que había sucedido en algún lugar del país. Y cada vez que la veo, sigue dándome la misma impresión. Me explicó que no había visto todavía ni la nueva escuela ni el salón instalados en el recinto del Ministerio de Asuntos de la Mujer, pero que le habían comentado que el local estaba ya casi a punto. Al cabo de un momento, salía con su bicicleta por la puerta y se sumergía en el tráfico con la cabeza descubierta. Sabía que era una valiente, que había sido hecha prisionera por los talibanes y ni ellos habían conseguido quebrantar su ánimo. Pero aun así, montar en bicicleta con un tráfico como aquél requería otro tipo de agallas.

A la mañana siguiente, tuve un feliz encuentro con Roshanna y Daud en el exterior del Ministerio de Asuntos de la Mujer. Llegué allí acompañada de otras personas implicadas en el proyecto de la escuela de belleza, incluyendo entre ellas a Patricia O'Connor, una consultora de Nueva York, y Noor, un joven afgano-australiano que Belleza sin Fronteras había contratado para trabajar a tiempo completo en Kabul y gestionar el programa entre estancia y estancia de las profesoras. Al llegar a la verja, se nos acercaron dos hombres armados con ametralladoras, pero se mostraron amistosos y nos indicaron enseguida que podíamos entrar en el recinto.

Las ametralladoras habían dejado de asustarme. De camino hacia el Ministerio, habíamos pasado por delante de recintos y más recintos custodiados por grupitos de hombres armados y uniformados. Algunos se mostraban muy serios y lanzaban miradas furiosas a todos los coches que pasaban. Otros estaban enfrascados en animadas conversaciones con sus amigos y gesticulaban sin parar con las armas colgando de la cintura. Los había que parecía que iban a quedarse dormidos de pie. De hecho, vi uno que se había quedado dormido en una silla de jardín de plástico de color verde, su arma en precario equilibrio sobre sus rodillas. En Kabul reinaba un ambiente de gran optimismo y andando por las calles no tenía ninguna sensación de peligro. Las ametralladoras parecían accesorios masculinos, no armas.

Cuando vi el exterior del edificio que albergaría nuestra escuela y nuestro salón, los ojos se me llenaron de lágrimas. Era precioso. Se trataba de un edificio bajo construido con una especie de mármol de color caramelo, situado en un lateral del recinto, junto a lo que evidentemente pretendían ser los jardines: había un gran parterre de flores de forma circular rodeado por piedra y otros tres parterres estrechos y rectangulares. Cerca de nuestro edificio había también tres pinos, lo que de inmediato convertía el lugar en un escenario increíblemente frondoso: en Kabul no había muchos árboles en pie porque los talibanes los habían hecho talar por si acaso a alguien se le ocurría esconderse tras ellos o disparar desde allí. Las ventanas parecían recién instaladas y tenían elegantes parteluces curvos construidos con una madera de un tono marrón dorado. La puerta de entrada era también de madera.

Pero cuando entramos descubrimos que el interior estaba muy lejos de estar terminado, que ni siquiera estaba preparado para recibir el contenedor lleno de productos de belleza que supuestamente íbamos a trasladar allí al día siguiente. Los muros eran las típicas paredes encaladas que estaba harta de ver en cualquier edificio afgano, aunque sucias y manchadas por todos lados. Las luces del techo funcionaban, pero no los enchufes... de hecho, en las paredes había abundantes agujeros con cables que sobresalían por ellos. Los suelos eran aún de cemento puro y duro, y no se había montado ni uno de los armarios, aparadores y mesas que habíamos solicitado. Tampoco parecía que hubiera obras en marcha: en lugar de herramientas, había por allí algunas bicicletas viejas y una carretilla. Noor fue a buscar a los obreros que en teoría tenían que estar terminando las obras de la escuela, mientras el resto intentábamos resolver el problema de dónde colocar los productos de belleza. El material podía permanecer en su mayoría en el interior del contenedor hasta dentro de unos meses, cuando llegara el siguiente equipo de peluqueras. Pero había ciertas cosas, sobre todo los productos de coloración, que se echarían a perder si permanecían en el interior del contenedor y a altas temperaturas durante tanto tiempo. También teníamos miedo de que el maquillaje se fundiera.

Resultó que Mary tenía espacio en el tercer piso de la casa de PARSA. Era nuestra única alternativa, aun teniendo en cuenta que descargar los productos de coloración y de maquillaje en casa de Mary significaría tener que trasladarlos dos veces. Significaba además que alguien tendría que dedicarse al pesado y laborioso trabajo de vaciar casi por completo el contenedor y clasificar los productos para decidir qué tenía que trasladarse y qué no, y luego volver a guardar el resto en el contenedor. Me ofrecí voluntaria para ello

—supuse que era quien mejor conocía los productos—, pero evidentemente necesitaría muchísima ayuda. Roshanna aportó la solución al instante:

—En la mezquita encontrarás hombres a quienes poder contratar —sugirió.

Me quedé confundida.

—¿Y por qué querrían ayudarme los mulá? Pensaba que lo de los salones de belleza no les gustaba en absoluto.

—No me refiero a los mulá —corrigió Roshanna, tapándose la boca con la mano y sin parar de reír—. En el exterior de la mezquita siempre se congregan muchos hombres a la espera de recibir ofertas de trabajo. Ya lo verás.

Noor y Patricia tenían que ir a algún sitio, de modo que Roshanna y yo emprendimos camino hacia la mezquita, donde Noor, luego, se reuniría con nosotras. Me parece que nunca había caminado por Kabul una distancia tan larga, y disfruté de la experiencia. Pero caminar era duro. Calzaba sandalias planas, pero las aceras eran tan desiguales como un sendero de montaña y muy a menudo perdía el pie. Roshanna llevaba tacones y avanzaba sin problemas. También se me hacía difícil no detenerme a mirar los escaparates de las tiendas por donde pasábamos o no pararme a husmear cuando había una puerta abierta. Roshanna me esperaba pacientemente, pero pronto me di cuenta de que estábamos perdiendo mucho tiempo y continué mi camino sin demorarme más.

¡Pero había tantas cosas que mirar! Estaba además teniendo una visión directa de la gente de la calle como nunca la había tenido antes y estaba sorprendida por las distintas tipologías que podían diferenciarse en el pueblo afgano. Creo que los norteamericanos tienden a colocar a los afganos dentro de un cliché de cabello oscuro, ojos oscuros y turbante enrollado en la cabeza. Muchos norteamericanos piensan que los afganos son árabes, por el simple hecho de que ambos pueblos son musulmanes, pero no es así. Afganistán fue el crisol original. Su localización geográfica convierte el país en el punto central de la Ruta de la Seda entre Asia y el resto del mundo, y, contrariamente a su distinción actual como uno de los países más remotos y aislados del mundo, los pueblos de la antigüedad lo atravesaban de arriba abajo una y otra vez. Hubo quien llegó allí por cuestiones comerciales, otros que lo hicieron con afán de conquista, pero todos dejaron su huella. La mayoría de los afganos tiene raíces turcas o persas, pero abundan también otras etnias. Paseando por las calles, vi tantas caras con facciones puramente asiáticas que tiré del brazo de Roshanna para llamarle la atención y preguntarle si había en Kabul una comunidad de emigrantes chinos. Ella negó con la cabeza.

—Son de la tribu hazara —me explicó—. Llegaron aquí después de la invasión de Gengis Khan.

—Y eso fue…

—Hace ochocientos años.

Hice un ademán con la cabeza en dirección a otro hombre con facciones asiáticas que estaba ocupado recomponiendo una montaña de alfombras que había delante de una tienda.

—¿También es un hazara?

—No, es uzbeko. Tienen también origen mongol, pero puedes diferenciarlos sin problemas por su sombrero bordado. Además, muchos uzbekos se dedican a la fabricación y la venta de este tipo de alfombras que ves aquí. Son como hermanos.

Mientras seguimos caminando, intenté elegir a diversos individuos entre la riada de hombres a pie y en bicicleta que íbamos cruzándonos para buscar las diferencias, tanto a nivel de vestimenta como en sus facciones. Muchos iban vestidos con *shalwar kameezes* en tonos pardos o grises, a menudo con americanas de corte occidental por encima. Pasamos junto a un hombre vestido con una túnica larga de color marrón, barba recortada y piel clara. En la cabeza lucía un sombrero de lana de color marrón claro rematado en la parte inferior por un rollo de tejido y en la parte superior por lo que parecía un volante.

—¿De qué tribu es?

Roshanna lo observó.

—Es tayik, sin lugar a dudas. Lo ves por el sombrero, todos lo llevan. Massoud era tayik, así que cuando veas imágenes suyas te darás cuenta de que lleva el mismo tipo de sombrero.

—Massoud...

—Nuestro gran héroe, Ahmed Sha Massoud, el líder que expulsó a los rusos del país. Sufrió un atentado por parte de los árabes justo antes de vuestro 11-S y murió pocos días después.

Pasamos junto a otros dos hombres, que se me quedaron mirando mientras yo intentaba no mirarlos. Ya estaba acostumbrada a que la gente me mirase, porque era más alta que cualquier mujer afgana que hubieran visto hasta entonces y también más alta que la mayoría de los hombres. Además, por aquel entonces llevaba el cabello rubio y de punta, un peinado que se resistía a permanecer escondido debajo del pañuelo. Siempre asomaba algún que otro mechón. Por otra parte, la gente me miraba porque no me comportaba como la típica mujer afgana. Ellas caminaban mirando al suelo o con la mirada fija en algún punto de la lejanía, un punto que no las obligara a mantener contacto visual con los hombres. Yo no tenía nada que ver con aquellas mujeres. Tenía la sensación de andar con el enorme sombrero de barras y estrellas del Tío Sam en la cabeza.

—¡Roshanna! —Tiré de su brazo y ladeé la cabeza en dirección a aquellos dos hombres—. Esos hombres tienen la piel muy clara y los ojos azules. ¿Son norteamericanos o europeos vestidos de afganos?

—¡No, Debbie! —Era evidente que mi pregunta le había hecho gracia—. Son de la región del Nuristán, en las montañas del norte. Dicen que descienden de Alejandro Magno. Los hay que tienen el pelo como tú. —Ocultó debajo de mi pañuelo un mechón descarriado—. Rubio como lo llevas ahora y también rojo, como la otra vez.

—¿Y de qué tribu eres tú? ¿Y Daud? —Todo me resultaba muy extraño, pues jamás había pensado en ellos como otra cosa que no fuera afganos.

—Los dos somos pastún —dijo—. Somos el grupo más numeroso en Afganistán, y los líderes también lo son a menudo. El siglo pasado expulsamos a los británicos. El rey que había antes de que los rusos nos invadieran era pastún, y también lo es el presidente Karzai. También lo eran los talibanes. —Puso mala cara al decirlo.

Cuando por fin llegamos a la mezquita, Noor nos esperaba en el interior de la furgoneta, aparcada junto a la acera en cuarta fila. Había un tenderete donde vendían kebabs en pan de pita y mucha gente se paraba allí a comprarlos. La mezquita era un viejo edificio con cúpula de color azul. Como sucedía en la mayoría de los edificios de Kabul, sus muros, entre los pequeños agujeros de bala y los agujeros más grandes provocados por las bombas, parecían picados por la viruela. Delante de la mezquita había una gran rotonda para organizar el tráfico y en el exterior del edificio había docenas, centenares quizá, de hombres sentados en cuclillas, algunos simplemente hablando entre ellos, otros jugueteando con sus rosarios de cuentas, algunos observando con mirada ansiosa los coches que pasaban. En su mayoría, con sus prendas toscas y sus grandes y voluminosos turbantes, parecían recién llegados de las montañas. De algunos turbantes colgaban pedazos de tela que se agitaban con el viento que levantaban los coches al pasar.

—Hay muchos que provienen de las zonas rurales —me explicó Roshanna—. Sus pueblos fueron bombardeados y por eso allí no hay trabajo. O son campesinos cuyas cosechas se han quedado en nada por culpa de la sequía y vienen aquí para ganar algo de dinero.

Noor salió de la furgoneta y nos aproximamos al corrillo de hombres más cercano. Noor les explicó que estábamos buscando unos diez hombres para mover cajas y la mitad del grupo se puso en pie. A continuación, cruzamos la calle seguidos por ellos. Roshanna y yo subimos a la furgoneta y todos los hombres que nos habían seguido hasta ella se abalanzaron hacia el vehículo. Un grupillo se quedó atascado en la puerta, sólo se veían brazos debatiéndose, caras tensas y turbantes volando; entonces, uno de ellos consiguió agarrarse a la parte trasera del asiento del pasajero e impulsarse hacia el interior. Unos cinco más entraron a trompicones en la furgoneta tras él, y luego se formó en la puerta otro grupillo de hombres empujándose y contorsionándose. Noor seguía fuera, gritaba y echaba fuera a los hombres. Al final, entraron en la furgoneta unos cuantos hombres y Noor cerró de un portazo. Pusimos entonces rumbo hacia el contenedor. Los hombres que habían conseguido entrar se apiñaron en un lado para no tener que sentarse pegados a nosotras, las mujeres. Hablaban entre ellos en voz baja y movían la cabeza afirmativamente en mi dirección, en señal de cortesía.

El contenedor se encontraba en la parte trasera de un recinto hospitalario, junto con otros contenedores llenos de material médico. Noor tenía que irse para ocuparse de otros asuntos, de modo que nos dejó a Roshanna y a mí a solas con los hombres. Salió entonces un hombre del hospital cargado con una herramienta que funcionaba con batería y con la que abrió los enormes pernos que mantenían cerrada la puerta del contenedor. La puerta exterior se abrió sin problemas y dejó al descubierto una plancha de madera contrachapada. Cuando el hombre la retiró, aparecieron todas las cajas con nuestros productos de belleza. Cincuenta y seis metros cúbicos de productos de belleza.

Cogí una de las cajas que sobresalía más y los hombres se acercaron corriendo con los brazos extendidos y cara de perplejidad. Roshanna se echó a reír.

—No están acostumbrados a ver a una mujer trabajar así —aclaró.

—Pues vamos a trabajar todos así. —Incliné la caja y sin querer se me cayó, derramando por el suelo todos los botes de champú. Los hombres corrieron a recogerlos y le formularon entonces una pregunta a Roshanna. Hablaron entre ellos durante unos minutos y la chica volvió a reír.

—¡Quieren saber por qué no te lavaste el pelo en Estados Unidos antes de venir!

Roshanna también tenía que marcharse de modo que me quedé sola con los hombres. Como tenía que comprobar el contenido de cada caja una por una porque no iban marcadas, decidí hacer el máximo de clasificación posible dentro del contenedor para luego tener menos cantidad de cajas que volver a entrar. Seguí adentrándome en el contenedor. Cuando encontraba tinte o maquillaje, se lo lanzaba al hombre que tenía detrás, y éste lo lanzaba al otro hombre que a su vez tenía detrás; la cadena se extendía hasta fuera, donde uno de los hombres iba ordenando las cajas. La primera caja que lancé le dio en el pecho al hombre que tenía detrás de mí y casi lo tumba al suelo. Me parece que no se imaginaba que una mujer pudiera arrojar un peso como aquél a tanta distancia.

Los hombres se acostumbraron rápidamente a trabajar codo con codo conmigo. Pronto empezaron a ser ellos los que me lanzaban cajas desde la parte superior de la carga, cerca del techo del contenedor, y yo la que intentaba no caerme al suelo al recibirlas. Terminada por fin la clasificación, volvimos a cargar el contenedor, colocando más próximas a la puerta las cajas que tenían que trasladarse a casa de Mary. Finalizada la jornada, regalé a los hombres algunas muestras de champú y acondicionador. Debieron comparar los productos al marcharse pues, cuando regresaron al día siguiente, todos parecían tener sus preferencias por un aroma u otro y querían más muestras. Unos amigos de una ONG me habían prestado sus coches y sus chóferes. Desde el contenedor hasta casa de Mary había un trayecto de unos cuarenta y cinco minutos y tuvimos que hacer quince viajes, pero conseguimos trasladar hasta el tercer piso de la casa y en un solo día todas las cajas de tinte y maquillaje. Y fue una suerte que lo consiguiésemos, pues justo aquella noche se puso a llover.

Todo el mundo en Kabul se emocionó cuando empezó la lluvia. Los siete años de sequía habían recalentado las calles de la ciudad hasta transformarlas en duras superficies de barro que los miles de coches, búfalos asiáticos y peatones habían ido moliendo hasta convertirlas en fina arenilla. Las mañanas de los primeros días sin lluvia de aquel viaje habían amanecido siempre con el cielo claro. Pero pasadas unas cuantas horas de tráfico, el polvo y las emisiones de diesel generaban una neblina amarilla que ocultaba el sol, las montañas e, incluso, los edificios más altos. La lluvia me alegró igual que a cualquiera, pues debido al polvo en suspensión estaba sufriendo los peores ataques de tos de mi vida. Me pasaba la noche entera tosiendo y tosiendo, despertando a los que dormían al otro lado de los paneles de separación de madera de nuestro dormitorio en el segundo piso de la casa de Mary. Pero la lluvia sólo sirvió para que todo se tornara más lamentable. Las calles se convirtieron en fango y las alcantarillas que corrían por ellas rebosaban de materia fecal. Era imposible ir a ninguna parte sin acabar lleno de barro. Cuando pasaba un día entero sin llover, las calles se secaban y el polvo se convertía en un problema aún mayor que antes. Mi tos era cada vez peor.

Y estaba preocupada porque temía que la lluvia pudiera posponer el punto más importante de nuestra agenda: una reunión con potenciales alumnas de la escuela. Habíamos decidido que las primeras mujeres a las que queríamos llegar fueran peluqueras que ya estaban en activo. Queríamos ayudarlas a tener éxito. Como correos no funcionaba en la ciudad de manera fiable, antes de mi llegada Noor había dedicado varios días a deambular por las calles en busca de salones de belleza. Había llamado a la puerta de todos los salones que había encontrado y entregado centenares de invitaciones a la reunión que tendría lugar en casa de Mary. El transporte público tampoco era fiable, ni siquiera en días secos, por lo que no estábamos seguros de cuántas mujeres podrían llegar hasta allí con tanto barro y, encima, lloviendo. Y tampoco sabíamos si las mujeres que buscábamos serían capaces de alejarse de sus maridos y sus padres para acudir a un evento tan atípico y, además, sospechoso: una reunión de peluqueras.

* * *

Subí a la azotea de casa de Mary y observé la calle. En contraste con el barro, un charco de azul se agitaba y hervía de excitación. ¡Habían llegado las peluqueras para asistir a la reunión! La mayoría iba vestida con burkas azules, unas cuantas lo llevaban de color amarillo pálido… y algunas iban vestidas con ropa normal y se cubrían la cabeza con pañuelos oscuros. Avisté varios burkas más enfilando apresuradamente la calle en dirección a la casa, mujeres dispuestas a sumarse a las demás. Bajé alborozada y corriendo las escaleras de casa de Mary.

Una treintena de mujeres fue entrando en fila a la casa después de que Mary y yo las recibiéramos en la puerta. Se acomodaron en los *toushaks* del salón y se enrollaron hacia arriba la parte delantera del burka, de forma que la tela quedaba enmarcando su cara como una gruesa cortina. Algunas habían acudido a la reunión con sus bebés, que acunaban entre sus brazos para tranquilizarlos. Recorrí el salón con una bandeja de pastelitos. Una de las más jóvenes era una auténtica belleza, con enormes ojos verdes, melena castaña y la sonrisa más encantadora que había visto en mi vida. Cogió un pastelito y posó su mano en mi brazo.

—Gracias —dijo, con una voz una octava más baja de lo que yo me esperaba—. Gracias.

—¿Cómo te llamas? —Intenté recordar las palabras en dari—. *Namet chest?*

—Baseera. —Lo repitió despacio para que yo pudiera captar todas las sílabas y la «r» arrastrada al final—. Baseera.

Intenté imitar el tono musical de su voz y se echó a reír.

—Muy bien —afirmó.

Tenía una cara que parecía hecha para reír. Y yo me sentí dispuesta a admitirla de inmediato en nuestro primer curso.

Mary y yo entregamos un número a todas las asistentes y anotamos aquel número en la fotografía de cada una, para después, cuando tuviéramos que tomar la decisión, saber de quién hablábamos en cada caso. Les explicamos que mantendrían una entrevista en profundidad con Noor y que no todas ellas podrían formar parte del grupo de veinte que asistiría a las primeras clases. Como las chicas estaban con el rostro descubierto, Noor no podía estar presente en la estancia. De modo que Mary fue la encargada de traducir mi bienvenida a la reunión. Les expliqué quién era y qué planes teníamos para la escuela, luego les dije que tenía que formularles algunas preguntas para saber cómo diseñar las actividades de la escuela a fin de que pudieran sacar el máximo provecho de ellas. Pero primero, les dije, me gustaría que me contaran cosas sobre ellas.

Fue como descorchar una botella. Sus historias empezaron a manar al instante. Mary tuvo que pedirles que se calmaran y que no hablaran todas a la vez, y enseguida se puso a traducir.

Una mujer que parecía tener mi edad, pero que en realidad era mucho más joven —yo empezaba a darme cuenta de que aquello era de lo más común—, explicó que había trabajado como peluquera antes de la llegada de los talibanes y que había reiniciado su actividad el año anterior. Dijo que había pasado quince años vestida con el burka. Cuando se lo quitó por primera vez, el sol le resultaba tan cegador que necesitó tres días para empezar a moverse sin necesidad de protegerse los ojos de la luz del sol.

Otra mujer explicó que llevaba ocho años sin que la dejaran salir de casa. Dijo que estaba deprimida y muy aburrida y que había acudido a la reunión sin que lo supiera su marido. Creía que había una posibilidad de que su marido la dejase acudir a la escuela de belleza si comprendía la cantidad de dinero que podía ganar. Cortaba el pelo a sus hijas en casa y las maestras de sus hijas siempre admiraban sus cortes.

Señalé a Baseera, que me miraba con los ojos abiertos de par en par.

—¿Nos cuentas tu historia? —le pregunté.

La chica asintió y Mary empezó a traducir.

—Esta señorita ha sido peluquera durante ocho años. Incluso en tiempos de los talibanes, siguió ganándose algún dinero peinando.

De hecho, Baseera había sido la única persona que ingresaba dinero en su familia durante todos aquellos años, pues su marido había perdido su empleo como funcionario del gobierno cuando los talibanes subieron al poder. Tenía clientas que eran esposas de talibanes y que acudían a su casa para peinarse y maquillarse para asistir a bodas, aun estando prohibida la actividad. Sus maridos las dejaban en casa de Baseera y fingían que iban simplemente a visitarla. Y luego salían de su casa con el pelo y el maquillaje escondidos bajo el burka y la manicura oculta con unos guantes. Un día la avisaron de que los talibanes iban a registrar su casa. Rompió los espejos en pedazos y enterró los restos en el jardín, junto con los productos, pues tirarlo todo a la basura era demasiado peligroso. Cuando llegaron los talibanes, no le quedó más remedio que dejarlos entrar y ellos le destrozaron la casa. Pegaron a su marido y lo encarcelaron durante dos días. Mientras relataba la historia, los ojos se le llenaron de lágrimas, que se secó con la manga del burka. Me vi obligada a abrazarla. Tenía veintinueve años de edad, pero parecía una niña. Una niña de las que ríen y lloran con facilidad.

Mary indicó a la siguiente mujer que tomara la palabra, y las historias continuaron. Calculé que la media de experiencia profesional de aquellas mujeres estaba en torno a los diez años. Lo que quería averiguar a continuación, para tener una guía a la hora de diseñar los contenidos del curso, era cómo trabajaban y lo que en realidad sabían. De modo que fui señalando a distintas mujeres y formulándoles preguntas. ¿Cuánto tiempo dejas actuar el líquido de permanente? ¿Trabajas con mujeres que tengan piojos? ¿Cómo trabajas el pelo teñido con *henna*? ¿Vuelves a utilizar un peine que se te haya caído al suelo? En aquel momento, la actitud de la sala cambió. Mientras que antes las mujeres estaban felices de poder contar sus historias, ahora las notaba ansiosas por miedo a parecer ignorantes. De haber comprendido mejor la cultura afgana, nunca las habría puesto en una situación tan crítica como aquélla. Las habría interrogado en privado. No me di cuenta de que estaba jugando con su orgullo laboral y algunas mujeres se enfadaron. Fueron, en su mayoría, las que al final resultaron saber menos, pero actuaban como si fueran las que más sabían. Pero aun así, me habría gustado haber gestionado el tema de otra manera.

No obstante, al final de la reunión todas estaban emocionadas con la idea de la escuela. Seguramente yo estaba más excitada que ninguna, pues sabía lo mucho que aquellas mujeres iban a aprender y cómo transformaría sus negocios lo que allí aprendieran. Pensé en las cajas de productos maravillosos que acabábamos de trasladar y me imaginé a aquellas mujeres probándolos por primera vez, inhalando las exóticas fragancias, sintiendo en sus dedos el tacto sedoso de los acondicionadores. Las mujeres, después de taparse la cabeza con el burka o el pañuelo, empezaron a marcharse. Muchas me dieron un beso antes de salir por la puerta. Roshanna llegó justo cuando Baseera estaba despidiéndose de mí y las dos cruzaron algunas palabras.

—Quiero conocer más detalles sobre ella —le dije a Roshanna—. ¿Podrías pedirle que se quedara un ratito más?

Y así fue como las tres nos acomodamos en los *toushaks* de Mary y como Roshanna empezó a formularle preguntas.

—Es de Mazar-e Sharif, en el norte de Afganistán —empezó. Luego escuchó y fue traduciendo mientras yo cogía la mano de Baseera, que volvía a llorar.

Baseera explicó que, en Mazar, la guerra contra Rusia llegó a su punto crítico a finales de los años setenta. Cerca de su escuela cayeron muchas bombas. Su padre era un progresista y quería que las dos hermanas mayores de Baseera siguieran estudiando —en aquella época, ella sólo tenía tres años de edad—, de modo que trasladó a toda la familia a Kabul, donde vivía el hermano de la madre de Baseera. El padre encontró una casa muy bonita. La consiguió gracias a lo que se conoce como un *garroul,* es decir, entregándole al propietario de la casa una gran suma de dinero; pasados cinco años, la familia podría elegir entre recuperar una parte de aquel dinero o seguir en la casa. Una vez instalados en Kabul, el padre regresó a Mazar para cerrar unos asuntos que tenía pendientes, pero nunca regresó. La angustiada madre de Baseera esperó durante muchos meses a recibir noticias suyas y finalmente tuvo que asumir que había muerto en manos de los rusos o de los muyahidines, aunque su cuerpo jamás fue encontrado. La madre empezó a trabajar limpiando en una escuela y, al final, todas las hijas pudieron estudiar allí. Transcurridos cinco años, llegó el fin del trato del *garroul* y la madre de Baseera decidió que recuperarían la parte que les correspondía del dinero para trasladarse a una casa más modesta. Tenía un sueldo muy exiguo y la familia era cada vez más pobre y estaba más necesitada. Su hermano le dijo que se encargaría de recuperar el dinero en su nombre. Era el papel que se esperaba de él por ser el pariente masculino de más edad. Pero cuando la madre de Baseera le pidió el dinero, el avaricioso hermano se negó a dárselo y la echó de su casa. La familia se quedó, de este modo, sin casa y sin dinero.

Cuando Baseera tenía ocho años de edad, seguía asistiendo al colegio, pero no tenía casa. Vivía en casa de una de sus maestras y se ocupaba de las tareas del hogar, pues su madre no tenía dinero para mantenerla. Baseera echaba mucho de menos a su madre y la veía sólo los viernes, pero la maestra era una mujer muy amable y trataba a Baseera como una más de sus hijas. Baseera decidió entonces que de mayor también sería maestra.

Pero cuando cumplió los doce, su madre la comprometió a un funcionario del gobierno de veintinueve años. Su madre temía que, al no tener ni marido ni dinero, la gente pudiera pensar mal de sus hijas, acusarlas incluso de ejercer la prostitución. Además, por aquella época corrían por Kabul rumores de que había bandas que secuestraban a jovencitas para venderlas en otros países. Baseera no entendía nada. Sus primas se burlaban de ella por estar prometida a un hombre tan mayor, pero ella seguía jugando con sus muñecas sin prestarles atención. Incluso en su fiesta de compromiso, se dedicó a correr por el salón vestida con su elegante traje de terciopelo y a jugar con otras niñas. Cuando su marido se inclinó para entregarle un anillo de oro, creyó que se trataba de otro juego.

En el transcurso de los dos años siguientes, su prometido iba a visitarla y le llevaba regalos, pero ella seguía sin prestarle atención. Entonces, un día, estando en casa de su madre, sintió un dolor tan terrible en la espalda que no le quedó otro remedio que acostarse. Cuando se levantó, la sangre le caía rodillas abajo. Llamó a su madre diciéndole que se estaba muriendo. No, le dijo su madre cuando llegó corriendo a la habitación, todo aquello significaba que había llegado el momento de casarse. De manera que, a los catorce años de edad, Baseera se casó con el hombre que le había regalado el anillo de oro. Lo recordaba como un día terrible. La peluquera le depiló las cejas y lloró de dolor, y luego siguió llorando por miedo a lo que vendría después. Su madre sólo le había dicho que después de la boda su marido le haría una cosa que le haría sangrar un poco más. Posteriormente me enteré de que las madres no explicaban a sus hijas los detalles de la noche de bodas, pues querían que las chicas fuesen completamente inocentes y no supieran nada de sexo. El terror más espeluznante era un buen signo de virginidad. Baseera nos explicó que lloró tanto antes de la boda que la mujer que la maquilló tuvo que hacerlo repetidas veces porque las lágrimas estropeaban el maquillaje constantemente. Aquella misma noche, los hombres de su familia y el mulá firmaron el *nika-khat* en una habitación mientras Baseera permanecía sentada en el regazo de su antigua maestra. La maestra le dijo que sentía mucho que Baseera tuviera que casarse y dejar la escuela. Le dijo que habría sido una buena maestra. Y cuando más tarde su madre la hizo entrar en una habitación con su marido, Baseera se quedó en un rincón y gritó. Sus pestañas postizas se despegaron y empezó a tirarse desesperadamente de sus cabellos ondulados y cubiertos de laca. Su marido no la tocó durante tres días, pero al cuarto, insistió. Poco después, su madre recibía el pañuelo ensangrentado.

Cuando Baseera estaba embarazada de nueve meses de su primer hijo, la guerra continuaba en el país, pero ya no era entre los muyahidines y los rusos, sino que ahora eran los muyahidines quienes luchaban entre ellos. Mucha gente había decidido abandonar Kabul, y su marido decidió que también ellos debían irse. Dijo que podían encontrar plaza en un autocar y ella accedió. Pero los dolores del parto empezaron antes de subir al vehículo, de modo que ella, su marido y su cuñada se dirigieron al hospital. Estaba cerrado, todo el personal se había ido y no había luz porque hacía días que estaban sin electricidad en la zona. Pese a ello, estaba aún lleno de gente esperando que quedara por allí alguien que pudiera socorrerles. Baseera tuvo a su primer hijo en el suelo sin baldosas de un hospital sin luz. No gritó, sino que, cuando el dolor se hizo insoportable, tuvo que morderse las muñecas y pellizcar a su cuñada, que fue quien acabó ayudándola a traer el bebé al mundo. Fue una niña. Su marido estaba feliz, aunque ni ella ni nadie de la familia lo estuviera.

Baseera tuvo otra hija durante la guerra civil, y otra más durante el reinado de los talibanes. Los dolores del parto de su tercera hija llegaron después del toque de queda de las once de la noche y todo el mundo tenía miedo de acompañarla al hospital sin disponer de un permiso oficial. Tenía tantos dolores que necesitaba caminar, de modo que salió fuera de la casa. Su familia sacó *toushaks* y los colocó en la acera. Tuvo a su tercera hija en la escalera de acceso a su casa. Hacía sólo unos meses que por fin había dado a luz un niño. Quería asistir a las clases de la escuela de belleza porque no tenía ni idea de cortar el pelo ni de coloración. Y no quería acabar como su madre, tan pobre que se había visto obligada a enviar a sus hijas a vivir en casa de otros.

A aquellas alturas estábamos las tres llorando y con las mejillas y las manos llenas de maquillaje corrido. Era la primera vez que escuchaba con tanto detalle una de estas tristes historias afganas. La familia de Roshanna lo había pasado mal, como todas las familias afganas. Pero había triunfado y había permanecido unida, y ella tenía un buen trabajo. La historia de Baseera me partió el corazón. No era de extrañar que pareciese una niña afligida. Era casi como si aún fuese la desconcertada niña de catorce años que no estaba preparada para llevar una vida de adulta.

Aquella noche me sentí más decidida que nunca a conseguir que la escuela funcionase para Baseera y otras mujeres como ella. Mi única inquietud era la continuidad. Me preocupaba que tuviéramos sólo a Noor para controlar la escuela cuando las peluqueras norteamericanas no estuvieran allí. Él no sólo no tenía ni idea de peluquería, sino que además no le permitirían entrar en la escuela una vez estuviera inaugurada. No había nadie en Kabul cualificado para dirigir el día a día de la escuela. Aquella noche, cuando me metí en la cama, me pregunté si sería capaz de permanecer más tiempo alejada de mi clientela, unos seis meses por ejemplo, para así poder seguir trabajando en Afganistán. Me pregunté si soportaría permanecer tanto tiempo alejada de mi madre y de mis hijos o si algún día llegaría a aprender a desenvolverme por Kabul con la facilidad con que lo hacía Mary. Tenía mis dudas sobre si estaría a la altura de las circunstancias. Pero tenía la sensación de que alguien del equipo tendría que acabar quedándose en Kabul para mantener la escuela en funcionamiento.

* * *

—¡Despierta!

Abrí los ojos y vi a Mary inclinada sobre mí. Lo último que recordaba era al mulá despertándome a las cuatro y media de la mañana con la llamada a la oración; después de aquello había caído finalmente dormida en uno de los *toushaks* de su salón. Mi tos había empeorado tanto aquella noche que incluso hacía temblar los paneles de separación de madera del dormitorio. Había intentado amortiguarla para no despertar a todo el mundo, pero oía constantemente los suspiros de impaciencia de los demás y a la gente removiéndose inquieta debajo de las mantas. Así que al final decidí bajar, esperando poder conciliar unas cuantas horas de sueño profundo. Tenía que abandonar el país en pocos días pero temía que, en mi estado, la compañía no me permitiera siquiera subir al avión. La preocupación por la propagación de la neumonía atípica estaba en su punto más crítico y había oído decir que las compañías aéreas ponían a los pasajeros en cuarentena ante la presencia de cualquier tos sospechosa. Me sentía apenada por tener que abandonar Afganistán, pero no me apetecía quedarme allí, o en Pakistán, encerrada en una habitación llena de enfermos sospechosos.

—Despiértate, Debbie —dijo de nuevo Mary al ver que yo volvía a cerrar los ojos—. Quiero enseñarte una cosa.

Por la ventana entraba una luz tenue y en la calle aún no se oía mucho ruido. Sabía que si los ruidos de la calle no habían empezado todavía, era porque debía de ser muy temprano.

—¿Qué hora es?

—Vístete. —La voz de Mary fue desvaneciéndose al salir por la puerta—. Necesitas un poco de aire fresco.

Antes de que me diera cuenta de ello, estábamos en un taxi y saliendo de la ciudad. Cuando le pregunté qué íbamos a hacer, ella movió la cabeza misteriosamente. En el asiento de delante, junto al conductor, iba sentado uno de sus colaboradores afganos, un chico llamado Achtar que había perdido un brazo en un accidente. Me sonrió. El taxi empezó a alejarse de la ciudad, dejando atrás los tenderetes de kebabs, las gasolineras y las carretillas cargadas de melones, y enfiló una carretera de montaña. Se detuvo y salimos del vehículo. Yo no entendía por qué nos parábamos, pues allí no había más que la montaña y la carretera. Entonces Mary y Achtar se pusieron a caminar por un sendero que corría entre las rocas y yo los seguí. Caminamos y caminamos hasta que por fin llegamos a un puente de piedra que cruzaba un río y, de repente, todo era verde. Río abajo vi chicas cargando cubos de agua en la cabeza. Vi también un pueblo a lo lejos. Unos hombres avanzaban por el camino en dirección a nosotros e intercambiaron duras palabras con Mary. Le pregunté qué habían dicho.

—Territorio talibán —me respondió.

Atravesamos campos y cruzamos más puentes. Se acercaron otros hombres que le dijeron alguna cosa a Mary y ella, de nuevo, les replicó sin problemas. Cuando le pregunté qué habían dicho, ella se encogió de hombros y dijo:

—Territorio talibán.

Finalmente llegamos a una ciudad antiquísima donde una callejuela estrecha serpenteaba entre edificios de muros altos.

Yo estaba hecha un desastre. No había tomado mi café matutino, llevaba la cabeza descubierta y el jersey que había elegido era tan corto, que ni siquiera me tapaba el trasero. No llevaba para nada el atuendo adecuado, pero Mary continuó avanzando como si fuera lo más natural del mundo. Entonces llegamos a casa de Achtar, una cabaña construida con ladrillos de adobe secado al sol.

—Él mismo fabricó los ladrillos —informó Mary, y Achtar señaló los trozos de paja brillante que asomaban entre los ladrillos—. Y la cabaña también la construyó él con sus propias manos —continuó—. Se siente muy orgulloso de ello, porque su familia vivía antes en una tienda.

Achtar nos hizo pasar. Su padre estaba sentado sobre una alfombra, esperándonos. Parecía que tuviese mil años, con una barba blanca que le cubría con creces el pecho, un turbante negro envuelto en una tela de cuadros azules, y una borrosa mirada gris que vagaba sin rumbo por la estancia. Me di cuenta de que era ciego. Entró entonces la madre de Achtar con una gran tetera. Era menuda, no mucho más voluminosa que el chico. Me daba un poco de miedo pillar la disentería con aquel té, pero habría sido de mala educación rechazarlo. De modo que fui bebiendo té mientras Mary hablaba y hablaba. Estar allí sentada con el chico, aquella mujer diminuta y aquel hombre ciego era como estar en un sueño. Y me di cuenta de que el aire fresco y limpio de la montaña me estaba mejorando la tos. Me vino a la cabeza la idea de que más allá de los edificios destrozados por la guerra y las historias tristes de la gente que había sobrevivido a las bombas, Afganistán tenía algo mágico. Me pregunté de nuevo si sería capaz de vivir allí por mi cuenta, como hacía Mary. Me pregunté si podría moverme entre aquella gente con pie firme.

Antes de marcharme del país visité otro lugar que también parecía sacado de un sueño. Los occidentales empezaban a hablar de un pub irlandés que acababa de inaugurarse en Kabul, el primer bar de la era postalibán, y entre unos cuantos tratamos de encontrarlo. Dimos vueltas en coche por el barrio donde se decía que estaba el local sin ver ni rastro de nada que se pareciera a un bar; entonces, alguien acabó decidiendo que la puerta donde había un grupo de tipos forzudos con ametralladora y sin turbante tenía que ser el lugar en cuestión. Comprobaron nuestro pasaporte, nos cachearon, nos hicieron apuntar nuestro nombre en una hoja y nos abrieron la puerta. Cuando entramos, fue como si hubiéramos dado un salto de seis mil quinientos kilómetros. Había mesas con parasoles, y jardines. Dentro del edificio había una barra donde apoyarse, mesas de billar y dardos. El local estaba lleno de gente de todo el mundo; seguramente se podía oír hablar un idioma distinto en cada mesa. De hecho, no se podía comprar alcohol, sin duda porque los propietarios habían prometido a las autoridades que no lo venderían. Pero sí se podían comprar unos cupones que luego se canjeaban por bebidas. Aquella noche nos lo pasamos muy bien, alejados por unas horas del polvoriento, abarrotado y complicado Kabul del otro lado de la puerta.

Regresamos dos días después y ya no había nada. Los vigilantes habían desaparecido, las puertas estaban cerradas a cal y canto, y sólo pudimos ver el interior de un edificio oscuro y vacío a través de una grieta que había en la pared. Más tarde me enteré de que habían recibido una amenaza de bomba y habían decidido que el dinero que podían ganar proporcionando un rato de asueto a los occidentales no compensaba el peligro que corrían.

Las mujeres me observaron con mirada de solemnidad cuando me acerqué al caballete y pinté un gran círculo rojo sobre un trozo de papel.

—Rojo —anuncié.

Anisa lo tradujo al dari y todas movieron afirmativamente la cabeza.

—Hasta ahora muy fácil, ¿verdad? —añadí—. ¡Estoy segura de que vosotras mismas podríais habérmelo dicho! —Después Anisa tradujo mis palabras; las veinte mujeres vestidas en uniforme de color azul claro se echaron a reír. Roshanna hizo un gesto de aprobación desde el fondo de la sala.

Tras una agonizante espera de cinco meses, estaba de nuevo de regreso en Kabul para impartir clases de teoría del color, la parte del temario de Belleza sin Fronteras que había recaído en mí. Estaba tan emocionada con mi regreso que era incapaz de dejar de sonreír. Anisa era una peluquera afgano-canadiense que formaba parte del equipo de voluntarias. Ambas seguíamos pellizcándonos para comprobar que era verdad que estábamos colaborando en un proyecto tan impresionante como aquél.

Respiré hondo y pinté un círculo azul y otro amarillo un palmo por debajo, y a derecha e izquierda del lugar donde había pintado el círculo rojo, como si los tres formaran los ángulos de un imaginario triángulo. Entonces mezclé los colores para crear un círculo de color naranja que situé entre los círculos rojo y amarillo, un círculo verde entre los círculos amarillo y azul, y un círculo violeta entre los círculos azul y rojo. Dibujé líneas de color negro conectando los círculos rojo y verde, los círculos amarillo y violeta, y los círculos naranja y azul. Era como crear una margarita caleidoscópica y multicolor. Con mis tres tubos de pintura con los colores primarios pretendía explicar cómo era posible transformar a una mujer morena en una pelirroja con reflejos rubios. O reflejos verdes, según le apeteciera a la clienta.

Llevaba pocos días en la ciudad. Noor me había recogido en el aeropuerto y lo primero que había hecho había sido disculparse por no tener una habitación reservada para mí. Pero yo no le di importancia. Le dije que me llevara directamente a la escuela y que luego ya encontraría habitación en cualquier pensión cercana. Y la encontramos justo en la misma calle donde estaba el Ministerio de Asuntos de la Mujer. Se trataba de una casa blanca, espaciosa y limpia, con un patio con conejitos y un gallo. Cuando por la noche quise ducharme no había agua caliente, aunque, la verdad, tampoco esperaba que la hubiese.

A la mañana siguiente, fui caminando hasta la escuela de belleza, que había quedado tan preciosa como yo esperaba. Habían pintado las paredes en un tono blanco crema y por todas partes había fotografías en color y relucientes expositores con los productos. La música ambiental la integraban las voces y las risas femeninas, los sonidos de las mujeres preocupándose las unas de las otras, igual que en cualquier peluquería o escuela de belleza. Esos sonidos son como un banquete sensorial para mí, como sumergirse en una bañera caliente, o abrir la puerta del horno cuando se hornean galletas, sensaciones que siempre me hacen sentir bien. Una de las peluqueras afgano-norteamericanas estaba haciendo una demostración de técnicas de corte con tijera en la cabeza de una alumna, pero todo el mundo levantó la vista en el momento de mi entrada. Roshanna se separó del grupo y vino corriendo a abrazarme. Las veinte alumnas llevaban uniformes azules. Su aspecto no tenía nada que ver con las mujeres nerviosas vestidas con burka que habían asistido a aquella primera reunión en casa de Mary. Miré a ver si localizaba a Baseera entre ellas, pero más tarde me enteré de que Noor no la había elegido para formar parte de aquel grupo.

Les dije a las alumnas que tenía muchas ganas de empezar a trabajar con ellas y luego me quedé en el fondo de la sala para observar el desarrollo de la clase. Por la tarde, trabajé en el salón con las demás peluqueras y las alumnas observaron mi trabajo. Se produjo un momento divertido cuando una de las mujeres que trabajaban en el Ministerio vino para que le cortásemos el pelo. Cuando, una vez finalizado el corte, cogí un secador para secarle el pelo, la mujer se puso a gritar, como si estuviese apuntándola con una pistola. Nunca había visto un secador y no tenía ni idea de por qué la apuntaba con él a la cabeza. Cuando lo puse en funcionamiento y empezó a salir aire caliente, gritó y saltó de la silla.

Unos días después, reuní al grupo para realizar nuestra primera sesión y entregué a cada alumna una pequeña rueda de color para que pudieran consultarla. Mientras Anisa traducía, yo empecé a señalar mi rueda de color e inicié una clase sobre los puntos básicos de la teoría del color. Hablé sobre colores primarios, colores secundarios y colores complementarios. Les expliqué que los colores complementarios son los que ocupan los lugares opuestos en la rueda de color.

Señalé los colores que había pintado en el caballete: el rojo estaba colocado enfrente del verde, el naranja enfrente del azul, y así sucesivamente. Las alumnas iban asintiendo.

—¿Alguien se imagina qué tiene que ver todo esto con el cabello? —pregunté.

Eran muy educadas, pero no tenían ni idea.

—No —respondieron tímidamente algunas.

—¿Alguien se atreve a lanzar una idea? —Repasé la sala con la mirada—. ¿Roshanna?

La chica hizo una mueca, creo que se arrepentía de ser mi amiga.

Les expliqué que debajo de nuestro color primario de cabello, existe un pigmento contribuyente. Por ejemplo, una persona puede tener el cabello negro, pero al decolorarlo puedes descubrir que el pigmento contribuyente que hay debajo es naranja. De manera que, antes de cambiar un color de pelo, es necesario tener en cuenta el pigmento subyacente y contrarrestarlo seleccionando el color que se encuentre situado en el lado opuesto de la rueda de colores. Si el pigmento contribuyente es el naranja y la clienta no quiere el pelo de color naranja, se elegirá un color de pelo que tenga una base azul (como podría ser un tono rubio) para contrarrestar ese naranja. Para hacer una demostración práctica de mi explicación teórica, vertí un poco de pintura azul sobre el círculo de color naranja que había pintado antes y les demostré que la mezcla obtenida era marrón.

—¿Lo veis? —dije—. He utilizado el color complementario para librarme del naranja. ¿Lo entendéis?

Oh, sí, me aseguraron muy dulcemente. Lo habían entendido todo.

Aquella tarde, en un cibercafé, envié un correo electrónico a mis amigos de Michigan explicándoles cómo me había ido mi primera clase. Cuando miré la fecha del mensaje, me sentí embargada por una extraña combinación de sentimientos. Era 11 de septiembre, habían transcurrido dos años justos desde el atentado terrorista en Nueva York y Washington, D. C., desde el suceso que había hecho que el mundo cobrara de repente conciencia de la existencia de Afganistán y se diese cuenta de que Osama Bin Laden y otros extremistas tenían dominado el país. Fue el suceso que desencadenó la invasión norteamericana con el objetivo de expulsar de allí a los talibanes. Y, naturalmente, fue el suceso que había acabado llevándome a mí, y a los demás voluntarios de Belleza sin Fronteras, a Afganistán. Sabía que el 11 de septiembre era un día de luto oficial en Estados Unidos, pero en Kabul era un día como otro cualquiera. Miré por la ventana y, como siempre, sonaban los cláxones y los coches se esquivaban entre ellos, los tenderos ordenaban su mercancía y los peatones corrían de un lado a otro, protegiéndose la cara del viento y del polvo. Sentí, de todos modos, un nuevo estallido interior de determinación. Quería estar segura de que la escuela de belleza, y la nueva oportunidad que ofrecía a las mujeres afganas, sería una de las buenas cosas que había aportado el 11 de septiembre.

Al día siguiente, decidí empezar la clase revisando lo aprendido el día anterior. Cogí un largo mechón de cabello castaño de una de las chicas.

—¿Qué haríais si quisierais convertirla en rubia? ¿Qué cosas deberíais tener en cuenta?

Nadie hizo el más mínimo ademán de responder. Se agitaron inquietas en sus sillas, sus ojos perfilados con kohl volviéndose rápidamente hacia la puerta, hacia la hilera de cabezas de maniquí, hacia las capas de peluquería colgadas en la pared. Hacia cualquier lugar, excepto hacia mí. Incluso Roshanna se agazapó detrás de las demás chicas cuando la miré. Probé con los demás conceptos que habíamos tratado el día anterior. ¿La rueda de color? ¿Los pigmentos contribuyentes? ¿La mezcla de rojo y amarillo para obtener naranja? Pero me miraban como si de repente yo hubiera decidido darles la fórmula para la fabricación de un cohete. Al final de la jornada, me sentía agotada y frustrada. Empezaba a dudar de mis habilidades para la enseñanza.

Al tercer día se repitió la misma situación de punto muerto. Pasé horas con ellas hablándoles sobre la teoría del color, pero no lo captaban. Y tenían que captarlo, pues de lo contrario nunca conseguirían aplicar el color debidamente. Al final de la jornada, se las veía infelices, y estoy segura de que también a mí se me veía infeliz. Decidí que quizá funcionara si hacíamos alguna prueba de color todas juntas, utilizando el muestrario de pelo que uno de los fabricantes nos había regalado. Pero no lo encontré por ningún lado. Finalmente, miré a las chicas e hice sonar mis tijeras.

—¡Vamos a tener que hacer muestras con nuestro propio cabello! —anuncié. Cuando Anisa lo tradujo, todas empezaron a gritar y a taparse la cabeza con las manos. El pelo largo seguía siendo muy importante en Afganistán. Las chicas con largas melenas se sentían como las heroínas románticas de las películas de Bollywood importadas de India que todo el mundo admiraba, y sus maridos solían exigirles que conservaran la melena. Incluso sus padres querían que la conservaran, pues el pelo largo hacía más casaderas a las chicas solteras. Pero me abalancé sobre ellas con mis tijeras y fui recortando pequeños mechones hasta construir un nuevo muestrario. De una chica que tenía una melena que le cubría incluso el trasero, conseguí diez mechones. Había tantos gritos y tantas risas que uno de los vigilantes del Ministerio acabó llamando a la puerta. Miré a mis alumnas con una mueca y abrí, segura de que los vigilantes querrían echarme a la calle por montar tanto escándalo.

—¡Nos *haces* muy felices con todas esas risas! —manifestó el vigilante—. Pero no tan fuerte, por favor. La gente se pregunta qué sucede aquí dentro.

Aquella noche, me acosté en mi lúgubre cama de la pensión y lloré. La escuela de belleza había sido un proyecto emocionante, pero me sentía como si estuviese torturando a las alumnas. Yo encontraba sumamente sencillo lo que pretendía explicarles, siempre me había parecido tremendamente sencillo, pero ellas seguían sin comprender nada. Sabía que no eran tontas. Las habíamos entrevistado en profundidad para asegurarnos de elegir peluqueras que pudieran aplicar y aprovechar lo que aprendiesen de nosotras y reforzar con ello sus negocios. Y todos los demás conceptos los habían captado rápidamente. Por lo tanto, el fracaso era mío, mi gran y enorme fracaso afgano, y no sabía cómo solucionarlo. En aquel momento, Val y Suraya llamaron a mi puerta.

Cinco días antes, al alquilar la habitación en la pensión, me había dado cuenta de que estaba llena de afganos que habían estado viviendo en Europa, Norteamérica o Australia. Habían regresado a su país por diversos motivos: algunos para trabajar en ONG, otros para ocuparse de las propiedades familiares que habían sido abandonadas durante las guerras, otros para visitar a viejos amigos. Me estimuló encontrarme en medio de aquella gente, pues lo consideraba como la mejor combinación posible: afganos que además hablaban inglés. Pero resultó que la mayoría tenía muy poco interés en hablar conmigo. Estaban superados por la emoción y la congoja de redescubrir Kabul, y estaban ansiosos por volver a utilizar su idioma materno, no el inglés. Estoy segura de que yo habría actuado de la misma manera de encontrarme en su lugar, pero la situación me dificultaba hacer amistades. Me sentí terriblemente sola hasta que detecté a alguien que parecía sentirse tan fuera de lugar como yo. Se trataba de Val, un fotógrafo serbo-norteamericano, esposo de una atractiva periodista afgano-norteamericana llamada Suraya. Los tres nos convertimos al instante en amigos inseparables.

—Después de tres días de clase, siguen mirándome como si les estuviese hablando en griego —les expliqué—. ¡Me parece que voy a ser incapaz de enseñarles nada!

—Has de tener paciencia, Debbie —me animó Suraya.

—¡Es que son ya tres días!

—Más paciencia que eso. Son mujeres que están muy traumatizadas. Han vivido guerra tras guerra y tras guerra, y siguen rodeadas de caos por todas partes. Y además, muchas de ellas llevaban años sin salir de casa.

—Lo sé —reconocí—. Y por eso pensé que estarían más que dispuestas a aprender algo nuevo.

—Sí, pero llevan años sin aprender cosas nuevas. Mira, es como un coche… si lleva cinco años aparcado en el garaje, es muy difícil que arranque a la primera. Su cerebro es similar.

—Sí, claro, pero yo no soy un mecánico. No sé cómo conseguir que arranquen de nuevo.

—¿No seguiste un curso de formación de primeros auxilios en situaciones de emergencia? —preguntó Val—. ¿No es verdad que después del estrés postraumático se produce una cierta pérdida de memoria a corto plazo?

Después de pasear un rato e ir a cenar, reflexioné sobre el curso de formación de primeros auxilios en situaciones de emergencia que había seguido en 2001, antes de que supiera localizar Afganistán en un mapa. De repente, se me hizo evidente que aquellas mujeres, y quizá todos los habitantes de Afganistán, sufrían una especie de síndrome de estrés postraumático. Tal vez fuera cierto que yo no era muy buena maestra, pero ellas habían pasado, y seguían pasando, por muchas cosas, por lo que podía resultarles muy difícil concentrarse en temas nuevos. Transmitirles conocimientos le resultaría difícil incluso a alguien que llevara toda la vida enseñando. De modo que me espabilé y decidí volver a intentarlo.

Y al día siguiente se produjo un avance importante. Estaba intentando una vez más transmitir la idea del pigmento contribuyente como algo que tiene que contrarrestarse para obtener el color correcto. Todas me miraban con educada incomprensión, miradas inexpresivas aunque benévolas, y yo dando palos de ciego en busca de una analogía.

—¡Pensad que es como Satanás! —exclamé por fin, señalando una mancha de pintura naranja—. Es como algo malo que hay en el pelo contra lo que tenéis que luchar. Y para impedir que os venza, es necesario utilizar el color opuesto.

Y de pronto, el rostro de una de las alumnas se iluminó, indicando con ello que por fin lo había entendido. Era Topekai, una mujer joven de ojos oscuros e inteligentes y talante rápido y decidido. Atraje a Anisa hacia mí y le hice formularle a Topekai una pregunta tras otra para asegurarme de que lo había entendido de verdad. Me sentía tan emocionada que le estampé dos besos en las mejillas, y repetí. La hice volver de nuevo con el resto de la clase, abrazándola tan fuerte que la chica apenas podía caminar.

—Dile que se lo explique a las demás —le indiqué a Anisa—. Ella sabrá expresarlo en palabras que las demás comprendan. —Expliqué de nuevo el concepto del color contribuyente, y Anisa fue traduciendo. Topekai, sonrojada y orgullosa, pero hablando en todo momento con voz alta y clara, explicó el concepto con sus propias palabras. Dos chicas más afirmaron haberlo entendido también. Dividí la clase en tres pequeños grupos para que las tres alumnas que lo habían entendido pudieran trabajar con cada uno de ellos. Por fin acabó comprendiéndolo todo el mundo. Después de aquello, la clase de coloración fue un éxito tremendo. Las bombardeaba a preguntas como: «Tienes una clienta cuyo tono natural es un nivel cuatro y quieres obtener un tono ocho cálido, ¿qué harías?», y ellas me bombardeaban al instante con sus respuestas. Cuando llegamos a la parte de la clase dedicada a realizar mechas con papel de plata —mi talón de Aquiles—, les hice primero una demostración y luego salí un momento a fumar un cigarrillo. Cuando volví a entrar, tenían los pedacitos de papel de plata perfectamente colocados en sus cabezas de maniquí. Cada paquetito era como un *origami*, una verdadera obra de arte de papiroflexia.

Después de aquello, ir a la escuela cada día y trabajar con mis alumnas se convirtió en puro placer. Su diligencia me dejaba pasmada. Sabía que la mayoría estaba haciendo auténticos malabarismos con sus hijos, con sus suegras y con unos maridos que a menudo las maltrataban, que vivían en casas que no disponían ni de agua ni de electricidad, que carecían de las amenidades que los occidentales dábamos por sentadas, que se enfrentaban a mofas y escepticismo por parte de los muchos que creían que las mujeres debían quedarse en casa. Pero llegaban puntuales cada día y estaban increíblemente centradas en conseguir vivir una vida mejor. Las chicas progresaban rápidamente y yo sabía que a final de curso tendrían todo lo necesario para dirigir un negocio de éxito.

Y estar allí era también un placer porque veía lo mucho que se divertían chismorreando y riendo como niñas y jugando con el pelo de unas y otras. Al final de la jornada, solían encender una pequeña radio y trataban de encontrar algo de música. Cuando lo conseguían, me enseñaban cómo bailaban en las bodas. Algunas me comentaron que era la primera vez en muchos años que se divertían de verdad. La escuela de belleza y el salón eran como un invernadero, y las chicas eran como flores que habían sido atrofiadas y pisoteadas pero que, aun así, nadie había conseguido romper. Y, ante mis ojos, florecían con todas sus fuerzas. Disfrutar de su compañía era divertido. Y cuando hablaban, y Roshanna o la traductora me contaban lo que decían, aprendía aún más cosas sobre Afganistán, tanto cosas tristes como divertidas. Un día, Topekai y dos de las otras chicas estaban charlando mientras practicaban con los bigudíes de la permanente en las cabezas de maniquí. Siendo tan bajo mi nivel de dari, la verdad es que no las estaba escuchando pero de vez en cuando oía palabras que sonaban como a inglés. ¿Sería cierto que habían dicho «*Titanic*» y «Leonardo DiCaprio»?

Al final, tuve que preguntarle a Roshanna de qué se reían.

—Estábamos recordando que los talibanes no sólo eran duros con las peluqueras —comentó—. ¡A veces había barberos que también tenían problemas!

Al parecer, y pese a estar estrictamente prohibidas, las películas extranjeras conseguían entrar en Afganistán burlando el radar de los talibanes. La película *Titanic* fue un gran éxito dentro de aquel circuito clandestino y sus protagonistas impactaron a los afganos. Los hombres envidiaban el peinado que lucía Leonardo DiCaprio. Por lo que yo recordaba, era un corte con el cabello bastante largo en la parte superior y que caía por los laterales hasta media mejilla. Aquel estilo, sin embargo, iba en contra del estilo que los talibanes habían decretado adecuado para el hombre musulmán: pelo corto y barba larga. Un astuto barbero acabó descubriendo cómo sacar ventaja de la nueva tendencia. Popularizó un corte que tenía en la parte superior la longitud que lucía DiCaprio, pero no tanto como para que no pudiera ocultarse bajo el típico sombrero de oración. Pero uno de sus clientes le fastidió el negocio, pues un día se le ocurrió quitarse el sombrero, sus largos mechones al estilo DiCaprio quedaron al descubierto y alguien se chivó a los talibanes. Empezaron a mirar debajo de los sombreros de oración para discernir si en Kabul había más cortes de pelo blasfemos y de ese modo siguieron la pista hasta dar con el barbero. El hombre pasó unos días en la cárcel. ¡Un auténtico prisionero de la moda!

* * *

Estábamos en la calle, junto a la puerta de color rojo, olisqueando el ambiente.

—A mí no me huele a restaurante —comenté.

—Pues han sido dos las personas que me han jurado que aquí servían comida —afirmó Val—. Entremos y lo averiguaremos. Y si en lugar de una sopa *won ton* nos ofrecen un masaje, pues nos vamos.

El cartel del edificio anunciaba que se trataba de un restaurante chino, pero eso no quería decir nada. La mayoría de los restaurantes que servían a extranjeros, es decir, que vendían alcohol y tenían salones mixtos para hombres y mujeres, no ponían carteles por miedo a llamar la atención y despertar hostilidades. Muchos locales que se anunciaban como restaurantes chinos eran en realidad burdeles. Pero a Val, a Suraya y a mí nos apetecía comida china, de modo que empujamos la puerta y entramos. En el interior había mesas con gente sentada. Una buena señal, aunque las camareras que servían las copas iban vestidas con faldas con rajas abiertas hasta los muslos. No era precisamente el estilo de vestir habitual en Kabul. Una persona sentada en otra mesa se inclinó hacia nosotros para explicarnos que antes solían llevar minifalda, pero que se montaba tanto jaleo en el exterior, con montones de afganos apiñándose para intentar ver algo cuando se abría la puerta, que dejaron de hacerlo.

136

—¡Los hombres se caían de la bicicleta! —confirmó una persona sentada en la mesa contigua.

La gente siempre describe así la reacción pública ante las mujeres que destacan demasiado.

Mientras elegíamos la comida, les expliqué a Val y Suraya que, en mi opinión, el plan original de Belleza sin Fronteras tenía fallos. Habíamos planeado enviar peluqueras extranjeras a Afganistán cada vez que se realizara un curso en la escuela, pero hacerlo resultaba muy caro. Creo que para el primer curso habíamos gastado más de veinticinco mil dólares sólo en billetes de avión, ¿y quién sabía cuánto tiempo durarían las subvenciones? Después de mis explosivos inicios en la clase de coloración, había estado también pensando que lo mejor sería formar a peluqueras afganas para que ejercieran de profesoras, en lugar de enviar occidentales y pasar por tantas traducciones complicadas, teniendo a veces que explicar términos para los que ni siquiera existían palabras en dari. Había comprobado personalmente que las peluqueras afganas eran capaces de expresar conceptos importantes en términos que las demás alumnas comprendían. Y aunque las peluqueras occidentales podían enseñar a las alumnas afganas novedosos estilos y técnicas, la realidad era que la clientela afgana no mostraba mucho interés por ese tipo de cosas. Les dije también que creía que era necesario que una persona de la escuela de belleza estuviera fija en Kabul para mantener la continuidad con las personas que nos apoyaban localmente y con nuestros anfitriones en el Ministerio de Asuntos de la Mujer. Esa persona no podía ser Mary MacMakin, pues estaba muy ocupada con otros proyectos de PARSA. Y tampoco podía ser Noor, porque ni siquiera podía entrar en la escuela si las alumnas estaban dentro.

—¿Te gustaría quedarte entonces aquí? —me preguntó Suraya.

—He estado pensándolo —comenté—. Pero estar aquí sola sería complicado. Y también sería muy duro permanecer alejada todo el tiempo de mi madre y de mis hijos.

—Necesitas un marido. —Val lo dijo con la misma informalidad con la que me ofrecería un rollito de primavera.

—Acabo de sacarme de encima un marido —le recordé—. Me parece que aún no me apetece otro.

—¡Val tiene razón, Debbie! Necesitas un marido —exclamó Suraya—. Vivir sola aquí es muy duro para cualquier mujer, aunque sea occidental. Necesitas un marido que te apoye mientras tú apoyas la escuela.

Puse los ojos en blanco.

—Por si no lo sabíais, soy bastante mala eligiendo maridos.

—No pasa nada —aseguró Suraya—. En este país, los matrimonios son organizados. Intentaremos encontrarte al hombre adecuado.

—Tenía entendido que sólo se organizaban los primeros matrimonios.

Suraya sonrió.

—Éste sería tu primer matrimonio en Afganistán.

A continuación tuvimos una tonta y prolongada discusión sobre el tipo de hombre con quien debería casarme. Estuvimos de acuerdo en que casarme con un occidental no serviría de nada. O estaban en Afganistán por un periodo corto de tiempo, o eran misioneros que llevaban allí veinte años y ya tenían esposa e hijos, o eran alcohólicos que trabajaban en alguna de las embajadas o para alguna ONG grande. Por otro lado, encontrar al afgano adecuado también sería complicado, pues en su mayoría querían una esposa que fuese su criada, les preparase la cena, les sirviese el té y le hiciese masajes en los pies a su madre. Y eso no podía ser. Pero cuando la velada tocó a su fin, Suraya juró que me encontraría un marido. Y aunque todo parecía como un chiste exagerado, la idea despertó en mí una sensación extraña. Afganistán era estupendo cuando estaba con mis alumnas o mis amigos, pero cuando todos se iban a casa me sentía muy sola. Es una cultura muy orientada a la familia, y yo no formaba parte de ninguna familia. Tampoco formaba parte de ninguna ONG grande, donde la gente convive en enormes edificios y la organización acaba convirtiéndose en una especie de familia. Quería quedarme en Afganistán, al menos por un periodo de tiempo más largo que las semanas que iba a durar el curso de la escuela. Pero no estaba muy segura de si sería capaz de hacerlo sola.

* * *

La chica no podía tener más de quince años. Llevaba un andrajoso pañuelo azul cubriéndole la cabeza y que caía a jirones sobre sus hombros. Tenía una herida abierta en la mejilla. Extendió los brazos para abrazarme y me olvidé de cualquier advertencia que hubiera oído sobre la posibilidad de que las prisioneras tuvieran piojos.

—Ayúdame —susurró mientras me abrazaba—. Ayúdame, por favor.

Me volví hacia Suraya.

—¿Por qué está aquí? —le pregunté.

Suraya tradujo después de una breve conversación.

—Estaba casada con un viejo que la pegaba, y huyó. Sus padres la denunciaron a la policía por haber roto sus votos matrimoniales.

Dios mío, pensé. De haber sido yo afgana, estaría en la cárcel por haber abandonado a un marido maltratador.

Suraya quería escribir un artículo sobre las mujeres ingresadas en las cárceles afganas. Gracias a que yo había trabajado durante un tiempo en una cárcel de Estados Unidos, el Ministerio de Asuntos de la Mujer había otorgado un permiso especial para que las dos visitáramos la Kabul Welayat, una cárcel para mujeres. Había oído cosas tan terribles sobre aquel lugar, que estaba un poco nerviosa ante la perspectiva de la visita. Seguía luchando con mis problemas de salud (la «tos de Kabul» que me provocaba el polvo, más constantes problemas estomacales) y me habían alertado de que fuera con cuidado para no contraer nuevas enfermedades en la cárcel. Se me ocurrió la idea de aprovechar la visita y ejercer un poco de peluquera allí, pero entonces todo el mundo me advirtió sobre la existencia de piojos. No soportaba los piojos. De modo que preparé una caja grande llena de bolsitas con regalos que Paul Mitchell había donado meses antes. Había regalado a mis clientas docenas de bolsitas como aquéllas, y también a iglesias y a escuelas en Michigan. Estaban llenas de muestras de productos sanitarios y de belleza, de cintas para el pelo y de todo tipo de objetos graciosos y femeninos. Reservé también una cantidad para las vigilantes, para así evitarles la tentación de querer robárselas a las prisioneras.

La funcionaria de prisiones que nos escoltó era una mujer gigantesca con pechos del tamaño de sandías. Antes de permitirnos el paso, hizo una señal en dirección a mi bolso. Se lo entregué con una sonrisa que esperaba pudiera evitarnos una hora más de fastidios burocráticos. Me ignoró claramente, puso el bolso bocabajo y volcó su contenido encima de un mostrador. Cogió entonces un par de frasquitos de laca de uñas. Los miró con atención y los dejó en un estante que tenía a sus espaldas. Después de aquello, Suraya y yo la seguimos por un pasillo que se tornaba más oscuro a cada paso que dábamos. Me costó reprimir un grito cuando nos detuvimos en una sala para visitar al primer grupo de prisioneras.

Por terribles que fueran las historias que me habían contado sobre la cárcel, no estaba preparada para aquel horror. Fue uno de los peores días de mi vida, y la verdad es que he tenido días realmente malos. La cárcel era un edificio viejo y oscuro, con pasillos largos y húmedos, y con pequeñas celdas en las que se apiñaba un promedio de cinco mujeres. Los ladrones y los asesinos recluidos en la cárcel de Michigan donde yo había trabajado disfrutaban de celdas mucho mejores. Algunas mujeres intentaban coser en viejas máquinas de coser rotas. Y algunas tenían niños viviendo en las celdas con ellas, niños sucios que nos observaban con miradas muertas.

La gigantesca funcionaria de prisiones ordenó a las mujeres que se pusieran en fila para recibir las bolsitas de regalo, un detalle que en aquel momento me parecía un chiste odiosamente malo. Cada vez que una de ellas avanzaba hacia mí, tenía la impresión de que mi corazón iba partiéndose poco a poco. Aquellas mujeres tenían la piel cubierta de heridas y cicatrices, el pelo graso y enredado, y la mirada apagada de un animal muerto. Puedo asegurar que he visitado colonias de leprosos en India donde el aspecto de la gente era bastante mejor. Suraya iba tomando notas y traduciendo, y yo preguntándole los motivos por los que aquellas mujeres estaban encarceladas allí.

Una de ellas estaba presa por haber sido violada.

Otra estaba allí por haber sido violada y porque su marido había matado al violador. Él también estaba encarcelado, pero la condena de ella era mucho más larga.

Varias chicas estaban allí porque habían intentado fugarse con su novio.

Una estaba presa porque se había quedado embarazada de su novio antes de que sus padres pudieran casarla con otro.

Había una mujer que estaba allí por haber intentado matar a su cuñado. Su esposo había muerto y ella se había quedado viviendo en casa de sus suegros con el resto de su familia política. Pero su cuñado había pegado a su hijo y después la había violado a ella. Al final, ella había conseguido rociarlo con gasolina mientras dormía y le había prendido fuego, pero el cuñado no había muerto. Su padre la había visitado en la cárcel y le había preguntado por qué lo había hecho. Cuando ella se lo explicó, fue a visitar a su propio hijo, que estaba ingresado en el hospital, y lo mató de un tiro.

Las historias eran horribles, pero la de la chica que estaba llorando sin parar cerca de mi oreja, la que estaba encarcelada por haber huido de un marido maltratador, me tocó muy hondo. Lloré y lloré, hasta que Suraya empezó a sentirse violenta.

Cuando regresé a la escuela, seguía todavía llorando. Las alumnas se apiñaron a mi alrededor.

—¿Qué sucede, Debbie? —me preguntó Roshanna, abrazándome. Les expliqué que las que me habían inspirado para dar fin a mi problemático matrimonio en Michigan habían sido las valientes mujeres afganas, que mantenían su fortaleza pese a las guerras, los matrimonios forzosos y tantas y tantas formas de confinamiento. Les expliqué que a ellas debía mi libertad. Les dije que las quería, y que querría eternamente a Afganistán por todo ello. Cuando terminé mi discurso, muchas de las chicas lloraban también. Creo que en aquel momento me convertí para mis alumnas en un ser de carne y hueso. A partir de entonces, dejaron de verme como una norteamericana benefactora más, y empezaron a verme como otra más de ellas.

La visita a la cárcel me enseñó también lo excepcional y preciosa que era la escuela de belleza. En ella, las alumnas, con sus uniformes azules, con sus habilidades recién aprendidas y con su creciente profesionalismo, albergaban esperanzas para su futuro. Pero eran chicas que también habrían podido ir a parar a la cárcel, haber quedado recluidas y sin esperanzas. De hecho, aun podían ir a parar allí. Las mujeres seguían siendo enviadas a la cárcel por tener novio o por abandonar a un marido maltratador.

* * *

Las cosas marchaban viento en popa en la escuela, pero la vida en la pensión era cada vez peor. ¿Aquel estúpido gallo que cuando llegué me pareció que le daba al lugar un toque encantador? Me despertaba cada condenada mañana, normalmente justo en el momento en que me había quedado de nuevo dormida después de que el mulá me despertara. Lo miraba encolerizadamente cada vez que me cruzaba con él. Un día pedí a los centinelas de la pensión, los llamados *chowkidors,* que lo sujetaran mientras yo le pintaba las pezuñas de rojo. En la pensión nunca había agua caliente cuando quería ducharme. Al final, un sábado por la mañana temprano, a sabiendas de que en el Ministerio sólo estaríamos yo y los *chowkidors* que vigilaban el edificio, cogí los trastos y me fui a la escuela, pues sabía que allí tendría agua caliente. Pero justo cuando estaba enjabonándome, vi un escorpión en la ducha y me puse a gritar. Uno de los *chowkidors* llegó corriendo blandiendo su ametralladora, pensando que alguien me había atacado. Yo intenté taparme con la toalla mientras él hablaba a gritos en dari e intentaba localizar al intruso… hasta que vio que se trataba de un escorpión. Se derrumbó contra la pared riendo a carcajadas. Entonces cogió un bote de champú y aplastó al escorpión.

Pero el agua fría y el gallo no eran más que pequeñas molestias. El hombre que regentaba la pensión era un viejo desagradable que pretendía obligar a su hija de quince años a casarse con un hombre de más de cuarenta. El futuro marido era muy rico, pues había encontrado la manera de sacar tajada de todo el dinero que entraba en Afganistán para la reconstrucción del país y se decía de él que había acaparado una fortuna de muchos millones. En Kabul se vivía una especie de Fiebre del Oro. Si sabías estafar, podías hacerte con una pequeña fortuna. El propietario de la pensión era avaricioso y quería emparentarse con aquel tipo tan rico, aunque llevar adelante su plan implicara hacer infeliz a su hija. Yo solía encontrarme a la chica llorando en el baño y me contaba que lo que ella quería era estudiar, no casarse. La situación me provocaba náuseas.

La pensión se había convertido además en el centro de todas las fiestas de los afganos que habían vivido en Occidente, y ya empezaba a cansarme de ello. El salón estaba siempre abarrotado de gente bailando o comiendo o sentada en los *toushaks* charlando, compartiendo bandejas de arroz o pedazos de hachís envuelto en azúcar. En su mayoría ni siquiera se molestaban en dirigirme la palabra. De modo que no me quedaba más remedio que hablar con el propietario, que siempre intentaba acorralarme a mí o a cualquier mujer en un rincón, o con alguno de sus amigos. Muchos eran tan espeluznantes como él. Un viernes por la noche hubo una juerga especialmente sonada. Me vestí y bajé. Intenté pasármelo bien... y la verdad es que normalmente soy de las que saben pasárselo bien. Pero los afganos occidentalizados se mostraron tan exclusivistas como siempre. Y el viejo estaba borracho e incluso más desagradable de lo habitual.

Estuve un rato hablando con el único de sus amigos que no era tan cerdo como el resto. Se llamaba Ali y era un afgano de cabello claro, de unos cuarenta y cinco años de edad, que había vivido en Alemania. Nunca supe muy bien cómo se ganaba la vida, pero siempre vestía con ropa buena y se le veía que tenía dinero. Parecía conocer toda la ciudad, pues siempre que yo necesitaba alguna cosa para la escuela de belleza Ali sabía cómo encontrarlo. Era encantador y atractivo, aunque quizá excesivamente encantador para el estado de ánimo que yo tenía en esos momentos. Aquella noche, acabé despidiéndome de él, saliendo de la pensión y cogiendo un taxi para ir a visitar a Roshanna. Cuando regresé a la pensión, la fiesta seguía en marcha. Val y Suraya se habían unido al gentío, pero me limité a saludarlos con la mano mientras pisaba a un afgano borracho que estaba tendido en el suelo junto a las escaleras y subía a mi habitación.

Una semana después, llamaron a mi puerta. Yo estaba en pijama y lista para acostarme, así que dije:

—¿Quién es?

—Somos nosotros —gritó Suraya—. ¡Te hemos encontrado un marido!

—¿Dónde?

—Lo conocimos el viernes pasado en la fiesta y luego pasamos un día con él. ¡Baja!

—¿Un afgano?

—¡Sí! Ven a conocerlo.

Dejé el libro que estaba leyendo.

—Espero que no sea aquel tipo que estaba tirado al pie de la escalera.

Los oí susurrando fuera de la puerta, y entonces Suraya se echó a reír.

—Podría ser aquel tipo, pero ahora está de pie.

—Olvidaos del tema —rogué.

—Es perfecto para ti —insistió Suraya—. ¡Ponte algo sexy y baja!

De modo que salí de la cama, me vestí y bajé a conocer a Samer Mohammad Abdul Khan.

Lo reconocí de inmediato como el tipo que aquel día estaba tirado junto a la escalera. Y de pie, la verdad, es que tampoco me pareció mucho más atractivo. Tenía el pelo negro, un bigotito también negro y una cicatriz irregular en la mejilla. Con la cicatriz y las oscurísimas gafas de sol que llevaba, parecía un miembro de la mafia colombiana. Además, iba vestido con un *shalwar kameeze* también negro y me pregunté si, vestido como iba de aquella manera, era posible que fuera un hombre de ideas progresistas. Cuando Suraya anunció que nos íbamos, Samer, o Sam, tal y como ella lo llamaba, se volvió y echó a andar hacia la puerta delante de mí. El hecho de que me dejara atrás no me impresionó, pero al menos me dio la oportunidad de verle bien el trasero. No estaba mal, aunque con aquellas prendas tan holgadas todo se hacía difícil de adivinar.

Ni siquiera pude decirle hola. Subimos al coche de Sam, también negro, Ali se sentó delante con él, y Val, Suraya y yo en la parte trasera. Suraya me presentó a Sam como su nueva esposa; Ali me presentó a Sam como mi nuevo marido. Todos rieron a carcajadas. Aquello era como un coche lleno de borrachos. En un cuarto de hora llegamos a un restaurante turco. Sam señaló en dirección a una mesa situada en el fondo del restaurante y dijo alguna cosa a los camareros; al instante aparecieron con unas mamparas de madera que dispusieron junto a la mesa. Los conspiradores matrimoniales movieron las sillas para asegurarse de que yo quedaba sentada justo delante de Sam. Él se quitó las gafas de sol y de repente sentí una chispa de interés. Tenía unos cálidos ojos castaños que me recordaban a los de mi padre. Él apartó la vista y yo, de repente, me di cuenta de que era tímido.

Y entonces empezaron las negociaciones.

—Yo sustituiré a la madre de Debbie —ofreció Suraya—. Sam, ¿qué idea tienes respecto a la dote?

Él sonrió y comentó algo, pero Suraya negó exageradamente con la cabeza.

—¿Qué ha dicho? —le pregunté a Ali.

—Ofrece dos camellos.

Suraya empezó a arremeter contra Sam en dari.

—¿Y qué dice ella ahora? —pregunté.

—Dice que tú eres su querida hija y que quiere oro —respondió Ali—. Mucho oro. También una casa y un coche.

Sam extendió las manos, como queriendo defenderse de un ataque físico. Llegaron los camareros con pizza, y Sam le pasó un trozo a Suraya. Luego estuvo mucho rato hablando en dari.

—Dice que entregará oro, tierra y un coche. Que ningún problema —me explicó Ali. Luego les dijo algo a Suraya y a Sam. Todos me miraron y se echaron a reír.

—¿Qué decís? —les grité.

—Ali es muy malo. —Suraya me dio palmaditas en el brazo—. Dice que tendré que pedir menos porque no eres virgen.

Y así continuó durante una hora. Conseguí enterarme de lo más básico. Sam tenía un negocio de perforación de pozos petrolíferos con base en Kabul, pero él y su familia habían vivido los últimos veintisiete años en Arabia Saudí. Era uno de los muyahidines uzbekos que había combatido contra los ocupantes rusos junto al general Dostum, un famoso señor de la guerra afgano. Hablaba perfectamente árabe, dari, turco, uzbeko y pashto, hablaba medianamente hindi y chapurreaba malayo, indonesio e inglés. Se había iniciado en el mundo de los negocios en La Meca, vendiendo pijamas a los peregrinos. Era diez años menor que yo.

Cuando acabamos de cenar, Sam preguntó si nos apetecía ir a tomar un té a su casa. De modo que nos apretujamos de nuevo en su coche y fuimos a su casa, donde Sam tomó asiento en un *toushak* situado lo más lejos posible de mí. Los cuatro siguieron enfrascados con la negociación de mi dote. Nadie se dignaba siquiera preguntarme qué quería yo, así que decidí intervenir.

—No sé cómo funcionan los matrimonios en Oriente, pero yo no lo entiendo de otra manera —le espeté a Sam—. Quiero una pareja en el trabajo y en la vida, y un amante. No pienso quedarme en casa sirviéndote el té.

—He visto este tipo de esposa en televisión, y quiero una así —aseguró Sam a través de Suraya—. No quiero una mujer que no salga de casa.

—No pienso hacerte la colada, ni voy a cocinar ni limpiar. Quiero ganar suficiente dinero para que otros me hagan este tipo de cosas.

—Y no pienso ir al bazar contigo, ni hacerte los recados. Contrataré a alguien para que lo haga.

—Y mejor que no quieras niños. La fábrica ha cerrado.

Él hizo una mueca.

—¿Cómo puedo querer yo niños si ya tengo siete hijas?

Suraya interrumpió para explicar que sí, que en Arabia Saudí tenía una esposa y siete hijas. En la mayor parte de los casos, ése habría sido motivo suficiente para romper el trato.

—Estás loca —le dije, pero entonces Suraya me contó el resto de la historia. Había sido un matrimonio acordado con una chica que él no conocía. Ni siquiera supo cómo se llamaba hasta diez días después de la boda. No la quería, pero no podía divorciarse porque, de hacerlo, ella quedaría ultrajada para siempre e incluso en estado de indigencia, ya que las esposas que pasan por un divorcio no pueden regresar normalmente con sus padres... y en aquella cultura, era evidente que tampoco podía lanzarse a la calle a buscar trabajo. Su esposa se había negado a abandonar Arabia Saudí, donde vivía con los padres de él. Ellos le habían dado su consentimiento para que eligiera una segunda esposa. Según su punto de vista, él era un hombre disponible. Según mi punto de vista, otra esposa y siete criaturas y un pasado sirviendo con las armas a un señor de la guerra era quizá un exceso de equipaje demasiado grande.

Entonces, Sam me miró a los ojos por primera vez en toda la noche.

—Si no te lo tomas en serio, no juegues con mi corazón.

—¡Pero si acabo de conocerte! —exclamé yo.

—¿No vas en serio? —me preguntó, a través de Suraya.

—¡No lo sé!

Sam subió a su habitación y volvió a bajar con un paquete. Era una pieza de seda de color lavanda con margaritas bordadas y muchas lentejuelas. Se trataba de un ritual de cortejo del que nunca había oído hablar, en el que la familia del novio tiene que regalar a la familia de la novia la tela de su vestido de boda. En aquel entonces no tenía ni idea de su existencia. Me quedé allí sentada con aquella tela espantosa y chillona sobre mi regazo e intentando discernir qué se suponía que tenía que hacer con ella, pero Suraya exclamó entonces:

—¡Señora Sam!

Una semana después, Val, Suraya y yo decidimos que estábamos completamente hartos de la pensión. Teníamos continuos problemas estomacales y creíamos que podían ser debidos a la comida que nos servía el viejo, kebabs hechos seguramente con carne de las cabras que pastaban a diario entre los restos de productos médicos y otra basura del hospital. Y Suraya había tenido un roce con uno de los *chowkidors*. La pensión se encargaba de nuestra colada (era parte del acuerdo), pero se entendía que las señoras tenían que ocuparse de lavar su ropa interior. Suraya había lavado y colgado a secar en el exterior todo tipo de prendas de encaje, y las había cubierto con una manta para que nadie las viera. Pero había sorprendido a uno de los *chowkidors* debajo de la manta olisqueando sus prendas. Cuando le mencionamos a Sam, que merodeaba cada día por la pensión, nuestra intención de irnos de allí, nos invitó a trasladarnos a la casa que él tenía alquilada. De modo que Val y Suraya se instalaron en una habitación y yo en otra. De repente, Sam y yo nos convertimos en compañeros casi constantes.

Tampoco es que pasáramos mucho tiempo a solas. El concepto de salir como novios aún no había arraigado en Afganistán. Tal vez en la época del rey las parejas salían juntas antes de casarse, pero la práctica había muerto junto con aquella época. Sam y yo estábamos casi siempre acompañados por Suraya, Val, Noor y un simpático contrabandista de diamantes que habíamos conocido en la pensión del viejo. De verme la gente a solas con Sam o con cualquier otro hombre, darían por sentado que yo era una prostituta. Así que muchas veces comíamos en el campo o en el restaurante turco en compañía de Val y Suraya. Y cuando lo hacíamos, siempre había bromas sobre el posible matrimonio entre Sam y yo. Val y Suraya fingían continuar con sus negociaciones, pues las familias de las novias afganas acostumbran a pasar meses dando la paliza con los detalles de la dote. Con las negociaciones nos reíamos mucho. En una ocasión, estando en el restaurante turco, solté tales carcajadas al ver a Suraya y Sam regateando, que Sam se sintió violento. Se acercó a una mesa llena de afganos y les dijo que yo era un general de las fuerzas internacionales de pacificación, para que así comprendieran por qué actuaba yo con tan mala educación.

Todo el mundo, sin embargo, se comportaba como si Sam y yo estuviésemos comprometidos, aunque yo aún me preguntaba si lo hacían en serio. Sam se plantaba a diario frente al Ministerio de Asuntos de la Mujer para verme, ante las miradas vigilantes de los *chowkidors.* Cada noche estábamos juntos, aunque rodeados por el elenco de personajes que pululaba por su casa. Sam había decidido convertir su casa en una pensión normal y corriente y, en consecuencia, había más gente que tenía habitaciones alquiladas. De vez en cuando, conseguíamos tener unos minutos a solas, pero la situación resultaba frustrante ya que él no hablaba mucho inglés y yo no hablaba dari. Entraba sigilosamente en su despacho cuando nadie me veía, pero muchas veces acababa simplemente viéndolo jugar al solitario en su ordenador. Lo encontraba guapo. Daba la impresión de que tenía un buen sentido del humor, ya que su risa era sana y los afganos siempre se reían con él. No creía que tuviese un lado oscuro escondido, pues lo había visto tanto en compañía de sus amigos, como trabajando en su despacho. Su estado de humor no era cambiante. Sam me gustaba cada vez más, aun sin estar enamorada de él.

Pero todo el mundo hablaba como si fuésemos a casarnos enseguida. Un día, Ali me dijo que iba a iniciar el papeleo necesario para casarnos y me acompañó a un edificio donde me tomaron fotografías y las huellas dactilares. Pocos días después, Val y Suraya me dijeron que me arreglara, que íbamos a ver a un juez por lo del matrimonio. Sam iba vestido con un *shalwar kameeze* oscuro. Yo con un vestido rosa de encaje y un chal también rosa que Suraya me había prestado, pues no había encontrado ningún vestido mío que le pareciese adecuado para la ocasión. Ali vino también con nosotros. Fuimos en coche hasta un viejo y sucio edificio de tres plantas y caminamos por un largo pasillo. El interior estaba oscuro, pues aquel día la luz no funcionaba. Fui observando el interior de las salas por las que íbamos pasando y en todas ellas vi hombres tomando el té y algunos de ellos sentados en cuclillas en el suelo. Finalmente llegamos a la sala donde estaba el juez y tomamos asiento en un sofá roto y con tan poco relleno, que nuestro trasero casi rozaba el suelo. En la mesa estaba sentado un hombre con turbante gris y barba también gris —llegué a la conclusión de que se trataba del juez—, flanqueado por otros dos hombres que bebían té. Todos me miraron con curiosidad.

Cuando finalmente nos acercamos al juez, el hombre examinó lentamente la documentación que Ali le puso delante y empezó a leerla, siguiendo lo escrito con el dedo. Miró entonces la fotografía que me habían tomado unos días antes, y luego a mí. Dijo alguna cosa a uno de los hombres sentados a su lado y el hombre movió afirmativamente la cabeza. Entonces me dijo el juez, a través de Suraya:

—Nunca antes habíamos tenido aquí una extranjera.

Asentí solemnemente. En aquella habitación oscura y sin ninguna gracia me sentía escandalosamente rosa.

—¿Es usted soltera?

—Sí.

—¿Cómo podemos saber que es usted soltera? Necesita un documento de la Embajada norteamericana que especifique que está soltera.

—¡Ellos no tienen ni idea de si estoy o no soltera!

El juez extrajo un cigarrillo del bolsillo.

—Pues necesitamos algún tipo de prueba.

Se me ocurrió una idea y hurgué en mi bolso para encontrar el pasaporte. Le señalé el lugar del visado donde ponía *single entry*[4], es decir, que tenía permiso para entrar en el país una única vez.

—Aquí pone que estoy soltera.

El juez lo confirmó con Suraya y luego dio unos golpecitos en la mesa con el cigarrillo.

—En Afganistán las mujeres no pueden divorciarse de los hombres. ¿Lo sabía?

—Ningún problema —dije—. Si no me gusta, me bastará con abandonarlo.

No sé si Suraya tradujo exactamente mis palabras, pero el juez pareció aceptarlas. Dijo:

—Muy bien, entonces. Repita lo que yo vaya diciendo.

Y mientras repetía sus palabras, me di cuenta de que el juez estaba leyendo el *nika-khat,* el documento legal que nos convertía a Sam y a mí en marido y mujer. Me pregunté cómo era posible que estuviese casándome con alguien con quien ni siquiera podía mantener una conversación, pero seguí repitiendo igualmente las palabras del juez. Unos minutos después, el documento estaba firmado. Nadie dijo nada del estilo: «Y ahora puede besar a la novia». Lo que hicimos Sam y yo, en cambio, fue salir de la sala, enfilar lentamente el largo pasillo e irnos de allí, casados sólo veinte días después de conocernos. Aquella noche teníamos planeada una fiesta para celebrar el cumpleaños de Val, Suraya y el mío —los tres habíamos nacido sobre la misma fecha—, y nos detuvimos para comprar los tradicionales caramelos que se regalan en una boda. Nos paramos también en la escuela para contárselo a las alumnas, que se emocionaron. Roshanna me abrazó con tanta fuerza que casi me ahoga.

—Ahora ya eres una afgana de verdad.

---

[4] Se trata de un juego de palabras en inglés, pues las palabras «soltero/-a» y «único/-a» se escriben y pronuncian igual: *single. [N. de la T.]*

Sam empezó a referirse a Val y Suraya como su suegro y su suegra.

Me puse a pensar en el peor caso posible: me limitaría a regresar a Estados Unidos y jamás le contaría a nadie que me había casado. El problema con eso era que, en caso de hacerlo, nunca podría regresar a Afganistán.

Mi intención era mantener nuestro matrimonio en secreto, al menos por un tiempo. No quería explicar ni a mi familia ni a mis amigos de Michigan que me había vuelto a casar, pues la mayoría de mis relaciones ni siquiera alcanzaban la esperanza de vida de un pececito de colores. Y tampoco quería que corriera la voz por Kabul. Estábamos a punto de graduar a nuestro primer grupo de alumnas de la escuela de belleza y por ese motivo había muchos periodistas rondando por allí. No quería que mi madre, mi abuela y mis hijos se enteraran de la noticia leyéndola en un periódico o viéndola anunciada en televisión.

De modo que todo siguió más o menos igual, al menos aparentemente. Yo compartía mi habitación con otra mujer y Sam permanecía en la suya. Cuando nos reuníamos con todo el grupo en el salón de su casa o salíamos a comer a algún restaurante, nos contentábamos con miradas de deseo. Cuando la casa estaba vacía, nos reuníamos en su habitación y disfrutábamos de deliciosas sesiones de sexo furtivo. Pero pese a que aquella zambullida precipitada al matrimonio me gustaba, seguía teniendo pensado regresar a Michigan un mes después de que se graduaran las alumnas del primer curso. Me imaginaba, sin embargo, que regresaría a Kabul con más regularidad, incluso cuando no hubiera clases en la escuela. Tal vez alternaría dos meses de Afganistán, y de matrimonio, con tres meses de mi antigua vida en casa.

* * *

Francamente, no me quedaba mucho tiempo para pensar en si me había casado con otro bicho raro. Se acercaba la ceremonia de graduación. Los organizadores de la escuela de belleza querían que fuese la mayor fiesta en honor a un grupo de mujeres que jamás se hubiera celebrado en Afganistán. Me ofrecí como voluntaria para su planificación, imaginándome que no necesitaría más de tres días para organizarlo todo.

Me equivoqué.

Necesité dos días enteros para encontrar un lugar donde albergar a doscientas personas, incluyendo los medios de comunicación. Queríamos invitar a todos los políticos y dignatarios de la ciudad, gente que no se desplazaba a ningún lado a menos que su seguridad estuviera garantizada. Inspeccioné un local tras otro, pero siempre había algún problema: demasiado pequeño, demasiado sucio, barrio conflictivo o demasiado caro. Al final me di cuenta de que el restaurante turco, el lugar donde Val y Suraya habían machacado a Sam con los detalles de mi supuesta dote, podía funcionar. Sam y Suraya vinieron conmigo para las negociaciones. Después, lo que me quedaba pendiente era cursar las invitaciones.

En Holland, Michigan, eso no habría sido muy complicado. Pero en Holland, Michigan, tampoco habría invitado a una fiesta al presidente del país. Me imaginaba que invitaríamos a los personajes más importantes de la ciudad, pero en ningún momento caí en que sería una multitud como aquélla… gente de la que ni siquiera conocía los nombres. De modo que elaboré una lista de invitados que era más o menos así:

Presidente Karzai y su gente
Ministro de Asuntos Exteriores y acompañantes
Ministra de Asuntos de la Mujer y acompañantes

Ministra de Hajj (la ministra de asuntos islámicos, muy importante)
Ministro de Transportes
Jefe de las fuerzas internacionales de pacificación de Estados Unidos
Embajadores de Estados Unidos, Canadá, Holanda, Alemania y Turquía, y acompañantes
General Khatol Mohammed Zai, la única general mujer del ejército de Afganistán

De haber estado en Holland, Michigan, habría buscado las direcciones de toda esa gente y habría enviado las invitaciones por correo. Pero en Afganistán no había sistema de correos, y tampoco había manera de localizar las direcciones. Entre Sam, Roshanna y Suraya, conseguimos elaborar un mapa sencillo de la ciudad en el que señalamos los edificios donde seguramente podríamos contactar con toda esa gente. De modo que un día me vestí con mis prendas más conservadoras, me cubrí y me envolví como un paquete que se va a enviar al extranjero, y me dediqué a repartir las invitaciones que había escrito a mano. En todos los lugares fui recibida por centinelas armados que en ningún caso se plantearon dejarme entrar sin cita previa. Y a todos debí de parecerles sospechosa, ya que ni siquiera conocía los nombres de algunos de los dignatarios a los que deseaba invitar. Dejé las invitaciones a los centinelas y les dije si podían proporcionarme, al menos, los teléfonos de los secretarios de los dignatarios.

Después de tres días nadie había llamado para dar la confirmación de asistencia que yo solicitaba en la invitación. Llamé a todos los secretarios y descubrí que nadie la había recibido. De modo que volví a arreglarme y salí dispuesta a repartir de nuevo las invitaciones. Dos días antes de la fiesta, intenté realizar una ronda de llamadas para averiguar quién pensaba venir, pero las líneas telefónicas no funcionaban. De modo que tuve que recorrerme todos los edificios otra vez y pedir una cita rápida con los secretarios para saber más o menos con cuántos asistentes podía contar. Finalmente, volví victoriosa a la escuela de belleza. Al parecer el acto sería un éxito de asistencia, y estarían presentes algunos de los nombres más importantes de Kabul. Las chicas estaban tan emocionadas que me planteé incluso quitarles las tijeras.

Llegó el gran día y la escuela era un caos, con las veinte alumnas y las peluqueras preparándose para la fiesta. Todo el mundo corría de un lado a otro con la cabeza llena de rulos verdes y rosas, maquillándose las unas a las otras, colocándose pestañas postizas. Cada vez que entraba alguien procedente del exterior apenas podía respirar de tan cargado que estaba el ambiente de laca y de polvos. Me maquillé rápidamente y salí antes que las demás para asegurarme de que en el restaurante turco estuviese todo a punto… y llegar y descubrir que no había nada a punto. Así que, ataviada con mis mejores galas (y estoy hablando de un vestido *punjabi* en rosa y oro, zapatos dorados de tacón alto, un peinado tan alto como el de Marge Simpson y unas pestañas postizas que parecían alas de mariposa), me puse a mover mesas de un lado a otro. Acababa de colocarlo todo en su lugar cuando llegó el responsable de la seguridad del embajador holandés. Echó un vistazo al local y me dijo que no era correcto. Las mesas estaban demasiado cerca de las ventanas y la gente importante nunca se sienta junto a las ventanas, pues alguien podría dispararle desde el exterior. Y aun trasladando las mesas al otro extremo de la sala, cosa que hice, tampoco le parecía bien el lugar. No había salida trasera, por si acaso los embajadores y su séquito tenían que efectuar una salida precipitada. Los edificios situados al otro lado del restaurante estaban demasiado próximos y eran excesivamente altos, lo que facilitaba las cosas para que un posible francotirador se estacionara allá arriba y esperara a que su objetivo se pusiera a tiro. ¿Y dónde estaban los guardias de seguridad?

Pues sí, ¿dónde estaban los malditos guardias de seguridad? Sam llegó a tiempo de verme echándole la bronca a gritos al propietario del restaurante. Yo tenía entendido que me había prometido buscar guardias de seguridad adicionales para el acto y él tenía entendido que me encargaría yo. Y si el local no estaba rodeado por guardias de seguridad, ninguno de los dignatarios saldría de su coche. Por suerte, Sam era amigo del jefe de las fuerzas de pacificación turcas quien, muy gustosamente, nos envió treinta soldados. Llegaron sólo minutos antes que los invitados. Los músicos se pusieron a tocar, nosotros empezamos a servir bebidas (nada de alcohol, naturalmente) y justo cuando comenzaba a embargarme una sensación de pánico por pensar en la posibilidad de que hubieran secuestrado a las alumnas, las chicas irrumpieron en la sala como un desfile de debutantes de los años cincuenta. Fue una celebración deslumbrante. A media fiesta, la general Zai preguntó si podía dar un discurso.

—¡Hermanas mías, os saludo! —exclamó desde el centro del salón—. ¡Esta noche me siento orgullosa de llamaros hermanas porque gracias a vuestro duro trabajo y a vuestra perseverancia podremos crear un futuro más bello para Afganistán!

Fue una noche maravillosa. Contemplando la sala, me sentía feliz de ver a todos aquellos hombres y mujeres relacionándose de una manera tan agradable. Exceptuando las fiestas que se celebraban en la pensión del viejo, la verdad es que no había visto aún grupos de hombres y mujeres juntos. Después de que la mitad de los invitados se marchara, me entraron ganas de bailar. Cogí a algunas de mis alumnas de la mano y les pedí que bailáramos para celebrar nuestro gran logro, pero todas denegaron mi invitación. ¡Y eso que elegí a las que en la escuela de belleza bailaban como si estuviesen en un harén! Al final, le di la mano a Topekai y le pedí que bailara.

Topekai había sido mi alumna más destacada, la primera que captó los conceptos de la coloración, y en otros muchos sentidos era también distinta a la mayoría de las mujeres que integraba aquel primer grupo. Su familia era pobre y, como muchas más, se había refugiado en Pakistán para huir de las guerras. Pero el hermano de su marido había emigrado anteriormente a Estados Unidos y les enviaba dinero regularmente, de modo que nunca habían sufrido la pobreza devastadora que muchas de mis otras alumnas habían padecido. Cuando regresaron a Afganistán, su cuñado envió dinero para que su esposo pudiera iniciar un negocio de venta de leña para calefacción. El de Topekai era un buen marido que ayudaba con los niños y que incluso lavaba la ropa cuando ella pasaba muchas horas en la escuela. Topekai siempre me había parecido tan fuerte y serenamente decidida que supuse que no estaría tan limitada como el resto por las restricciones culturales. Cuando le pregunté si quería bailar, miró a su esposo muy seria y él movió afirmativamente la cabeza. Y así fue como bailamos, aunque muy discretamente. Aun así, a nuestro alrededor se formó un silencioso círculo de espectadores y ella se sonrojó.

De haber sabido entonces lo que sé ahora, nunca le habría pedido bailar. Fue un paso en falso cultural. Si Suraya hubiese estado por allí, enseguida me habría dicho que estaba traspasando una barrera muy importante. El marido de Topekai no había consentido porque aprobara que su esposa bailara delante de otros hombres; de hecho, se sentía terriblemente avergonzado por ello. Había consentido sólo porque no quería que yo me sintiese mal y porque yo había ayudado a su esposa a obtener las habilidades necesarias para dirigir con éxito un negocio en un momento en que el de él sobrevivía a duras penas.

Pero todo esto no lo averigüé hasta mucho más tarde. Aquella noche sólo albergaba grandes y delirantes esperanzas. Me quedé en el local hasta muy tarde e hice todo lo posible por mostrarme encantadora con los dignatarios. A primera hora, habían llamado de la Embajada de Estados Unidos disculpando su asistencia debido a que había algún tipo de amenaza terrorista contra los norteamericanos. En ningún momento le di muchas vueltas al tema de mi propia seguridad. Pasé la velada intercambiando miradas con aquel atractivo extranjero que se había convertido en mi marido. Me moría de ganas de que pasara aquel día y todos los invitados volvieran a casa, los medios de comunicación desaparecieran y finalmente pudiéramos disfrutar en privado de nuestra nueva vida juntos. Estaba tan feliz que, hasta que no llegué a casa, no me di cuenta de que los zapatos dorados de tacón alto me habían destrozado los pies hasta hacerlos sangrar.

Crucé el umbral de la puerta de la casa carbonizada inclinando la espalda para no mancharme la ropa con hollín. En el interior no quedaban paredes en pie, sólo se veían formas puntiagudas y angulosas que resaltaban en la penumbra. El ambiente en noviembre era frío y el aire estaba cargado de humo. Enfoqué el haz de luz de la linterna por un agujero que se extendía hasta la buhardilla. Y al hacerlo tropecé con algo que crujió y sobre lo que mi pie resbaló a continuación. Mi madre se agachó para recogerlo. Era una de mis viejas muñecas.

—¡No te preocupes, cariño! —exclamó, como si yo aún tuviese seis años de edad—. Intentaremos arreglarla. —Trató de limpiar el hollín de la cara de la muñeca, pero vi enseguida que tenía los mofletes aplastados por el pisotón.

La destrucción me hacía sentir como si estuviese aún en Afganistán, no de nuevo en Michigan. Hacía escasas semanas que había visitado con un amigo afgano-norteamericano la casa que su familia había abandonado durante las guerras. Incluso los tabiques interiores estaban llenos de agujeros provocados por los lanzacohetes y las ratas huían corriendo al vernos aparecer. Resultaba difícil identificar aquel espacio con una casa, podía haber sido cualquier otro tipo de edificio, pero tenía que creérmelo porque mi amigo me había explicado que en su día fue una de las casas más elegantes de Kabul. Recorrimos todas las estancias y mi amigo me indicó dónde había estado situada la mesa de comedor donde la familia había disfrutado de su última comida allí. Me mostró el lugar donde su padre tenía una preciosa y antigua vitrina procedente del Nuristán donde guardaba su colección de monedas. Todo había desaparecido. Entonces no pude imaginarme qué se sentía ante una pérdida como aquélla, pero ahora empezaba a comprender cómo te sientes cuando tu casa familiar desaparece siendo pasto de las llamas. Allí no quedaban pistas visuales de nuestra vieja vida juntos. ¿Dónde estaba el sillón de mi padre? Él había muerto hacía más de un año, pero mi madre había conservado su sillón en el mismo sitio. ¿Dónde estaba el armario donde guardábamos los adornos de Navidad?

Habían transcurrido pocos días desde la fiesta de graduación y sólo una semana desde mi matrimonio con Sam. Apenas habíamos tenido tiempo para conocernos como marido y mujer cuando recibí el mensaje de correo electrónico de mi madre explicándome lo del incendio. Al día siguiente partí en avión hacia Michigan.

Mi madre se había mudado ya a la casita a orillas del lago Macatawa que yo había alquilado después de divorciarme del predicador. Era la casa de mis sueños, un pequeño bungaló de color azul con un porche y con vistas a los patitos que constantemente chapoteaban por el lago. Lo único que le faltaba era la valla de madera pintada de color blanco. Era el lugar perfecto para que mi madre, mis hijos y yo nos recuperáramos después del trauma que había supuesto el incendio. Mi madre estaba especialmente frágil. Al cabo de pocos días empecé a trabajar de nuevo con ella y me di cuenta de lo mucho que le costaba no echarse a llorar delante de sus clientas. Saltaba cada vez que oía un ruido y se olvidaba de lo que estaba haciendo. El incendio había destruido toda su ropa y pasó semanas arrastrándose de un lado a otro vestida con jerséis y pantalones prestados que le iban enormes.

Aunque yo por aquel entonces apenas conocía a Sam, le echaba terriblemente de menos. Nos llamábamos por teléfono y, en un minuto, agotábamos todas las palabras que conocíamos en el idioma del otro. «Hola, te quiero, te echo de menos, adiós, hasta pronto». Cuando teníamos que decirnos alguna cosa más, yo llamaba a Suraya, ella llamaba a Sam, e ingeniábamos una llamada a tres bandas con traducción. Sam me echaba tanto de menos como yo a él. Había regresado a Arabia Saudí para solucionar algunos problemas relacionados con el negocio de su familia. Cuando terminó con sus asuntos era ya la temporada del *hajj*, la época del año en la que cientos de miles de musulmanes devotos peregrinan a La Meca. Le resultó imposible encontrar un vuelo de regreso a Kabul, pues todas las plazas llevaban meses reservadas. No le quedaba otro remedio que seguir allí con su familia: sus padres, sus hermanos y sus familias, y su otra esposa y sus hijas.

A través de Suraya me dijo que pensaba constantemente en mí.

—Nunca antes había amado a una mujer —confesó—. Esto del amor es muy malo. Me produce dolor en el pecho.

Pero a veces, durante aquellas llamadas, oía a las niñas llorando. A veces oía a una mujer gritando. Me ponía nerviosa pensar que me había casado con un hombre que tenía otra esposa e hijas. Me hacía sentir como si yo fuese su amante, no su esposa. Y no era una sensación agradable.

Aún no había explicado nada de mí a su familia, me dijo Sam. Yo era la combinación de tres cosas que sus padres odiaban: norteamericana, cristiana y peluquera. Y tampoco quería que la vida de su primera esposa fuese peor de lo que ya era. Sus padres la consideraban una inútil por no haberle dado ningún hijo varón y la trataban como una criada. Y si empezaban a albergar la esperanza de que una segunda esposa pudiera darle un hijo varón, podía ser que aún fuesen más crueles con ella. Me comentó que la familia empezaba a sospechar de nuestras llamadas. Pese a estar en el otro lado de la estancia, oían mi voz femenina al teléfono. Sam les dijo que estaba en negociaciones con la Embajada de Estados Unidos en Kabul.

Mi madre también empezaba a sospechar de mis llamadas telefónicas. En una ocasión, llamó un amigo de Sam que hablaba inglés bastante bien y que dejó un mensaje diciendo que llamara a mi marido al día siguiente.

—¿De qué habla? —preguntó mi madre.

Busqué ansiosamente una mentira que sonara razonable.

—En dari se utiliza la misma palabra para referirse al «marido» o a un «amigo» —le expliqué—. Por eso a veces piensan que en inglés también sucede lo mismo.

Podría haberle explicado entonces lo de mi matrimonio, pero no lo hice. Aún no quería que nadie lo supiera. No sabía si casándome con él había cometido el mayor error de mi vida, u otro de los mayores errores de mi vida. Y además, empezaba a sentirme a gusto en Michigan. Echaba de menos a Sam, pero estar de nuevo con mi familia y mis amigos era estupendo. Mis hijos estaban bien y yo estaba viviendo en la casa de mis sueños. Cuando mis clientas se enteraron de mi regreso, empezaron a acudir en manada al salón, por lo que iba muy bien de dinero. Pregunté a mis clientas cuánto tiempo podría estar fuera sin que ellas me abandonaran por otra peluquera. Me dijeron que podían sobrevivir sin mí unos dos meses. Pasaron tres meses sin que me diera cuenta de ello: tres meses en Estados Unidos en mi casita y con mis seres queridos, dos meses en Afganistán con mi marido secreto y una implicación continua con la escuela de belleza.

Pero hacia el final de mi estancia, empecé a sentirme ansiosa por regresar a Afganistán. Si alguna de las responsables de la organización de la escuela de belleza no regresaba pronto allí, temía que todos nuestros esfuerzos por conseguir dinero, construir la escuela y llenarla de productos servirían únicamente para ayudar a las veinte chicas que acababámos de licenciar. Sabía que había centenares de chicas más deseosas de asistir a la escuela. Habían ido pasando por allí para suplicarnos una plaza para el siguiente curso. Sabía también que los nuevos edificios que se estaban construyendo en Kabul no permanecerían vacíos mucho tiempo, independientemente de quién fuese su propietario. Noor me decía que en Kabul no quedaba dinero para cubrir nuestros gastos y que en el Ministerio de Asuntos de la Mujer empezaba a haber quejas por el impago de facturas. Por otro lado, los organizadores me decían que en Nueva York tampoco había dinero. Alguien tenía que volver allí para asegurarse de que la escuela seguía con vida hasta que encontráramos más subvenciones. Parecía evidente que ese alguien iba a ser yo. Finalmente, le di la noticia a mi madre, que se limitó a sonreír.

—Todos nos habíamos imaginado ya que volverías allí enseguida —declaró.

De modo que puse un cartel de «EN VENTA» en mi coche y llegué a un acuerdo con mi ex marido para que me pagara la parte que me correspondía de nuestra casa. Con ese dinero, más las donaciones de mi clientela, me fui de compras para la escuela de belleza. Compré muchos productos que íbamos a necesitar para el segundo curso: más tinte, peróxido, bigudíes para la permanente, peines y cepillos, botes de laca, papel de plata y algunas cabezas de maniquí. Llené casi una maleta entera con cosas que había echado muchísimo de menos en Kabul, como desodorante, tampones, toallitas desechables y cinta adhesiva. Llené otra maleta con veinte kilos de cera, consciente de que sería un gran éxito entre las novias afganas y las occidentales que quisieran depilarse. Mientras no llegaran más subvenciones, esperaba ganar dinero para poder pagar las facturas trabajando en el salón de la escuela, fuera de las horas lectivas. Prácticamente toda la ropa que tenía no era lo bastante recatada para lucirla en Afganistán, donde las prendas de las mujeres tienen que cubrir el trasero y los brazos, de modo que la dejé en casa. Metí en la maleta la colección de ranas de peluche que mi padre me había ido regalando con los años, así como mis cojines favoritos, un par de botellas de tequila y preparado para elaborar margaritas. Todo lo imprescindible.

* * *

Al salir del avión en Islamabad, Pakistán, me encontré con un mar de humanidad que me resultó muy familiar. Era un mar oscuro, compuesto mayoritariamente por hombres vestidos con chaquetas oscuras, salpicado aquí y allá por turbantes blanquísimos y algunos sombreros de oración blancos. Después de unos cuantos empujones, la muchedumbre se canalizó en largas filas para pasar las aduanas. Ya en el otro lado, busqué un par de hombres que cargaran con mis seis maletas y me dirigí a la sala de espera. Recorrí con la mirada todas las caras barbudas y finalmente encontré la que estaba buscando. Se trataba del simpático contrabandista de diamantes que había conocido en la pensión de aquel viejo desagradable en Kabul. Me esperaba con un libro de poesía bajo el brazo.

Tal vez pueda parecer extraño que hubiera hecho buenas migas con un contrabandista, pero durante los años de guerra, y por una simple cuestión de supervivencia, muchos afganos se dedicaron al contrabando de todo tipo de cosas. Ni Sam ni yo lo conocíamos mucho, pero durante mi última estancia en Kabul le había cogido cierto cariño. Era un contrabandista de diamantes muy rico. En una ocasión, se presentó en la pensión con pastel y unas botellas de whisky caro para celebrar su cumpleaños. Después de unas cuantas copas, se había pasado la noche entera cantando baladas afganas. Val y Suraya se habían planteado por un momento casarme con él, pero el hombre tenía ya tres esposas y no hablaba ni una palabra de inglés. Era propietario de dos casas en Pakistán (una en Islamabad y otra en Peshawar), pero en aquellos momentos estaba pasándolo mal porque uno de sus cargamentos de diamantes había sido confiscado en Irán. Aun así, durante mi estancia en Islamabad, se mostró atento y obsequioso. Era el típico anfitrión afgano, que trata a sus invitadas, y especialmente a las esposas de sus amigos, como si fuesen hermanas. Me llevó a una preciosa pensión muy antigua e insistió en pagar todas las cuentas. Mientras yo decidía cómo llegar a Kabul, me asignó como cuidador a un hombre muy guapo que hablaba inglés. No creo que Fahim, mi cuidador, hubiera pasado nunca mucho tiempo a solas con una mujer y creo que, en cierto sentido, se enamoró locamente de mí. Todavía hoy en día me llama de vez en cuando después de tomarse unas cuantas copas.

Después de pasar unos días mirando tarifas de vuelos a Kabul, decidí realizar el viaje por carretera. Pese a haber vendido el coche (el dinero de la casa no lo recibiría hasta pasado un tiempo), no me quedaba mucho dinero después de haber comprado el billete de avión hasta Pakistán y todos los productos para la escuela de belleza. De hecho, disponía solamente de trescientos dólares para desplazarme hasta Kabul. Había comprado un billete de avión hasta Islamabad pensando que sería más barato volar hasta allí y luego conseguir una reserva en uno de los vuelos especiales que había para personas que trabajaban en las ONG desplazadas a Kabul. Esos vuelos costaban sólo cien dólares y yo podía acceder a ellos como voluntaria de PARSA, que estaba registrada como ONG. Pero una vez en Islamabad, me enteré de que en los vuelos especiales para miembros de ONG sólo estaban permitidos veinte kilos de equipaje. Yo viajaba con diez veces aquel peso, como mínimo. Coger un vuelo regular podía costarme cientos de dólares, y cientos de dólares más pagar por exceso de equipaje. Al final me di cuenta de que la única manera de que yo, mi cera, mis rulos, mis ranas de peluche y mi tequila llegáramos a Kabul era por carretera.

Desplazarse en coche de Pakistán a Afganistán podía parecer fácil de entrada, pero significaba tener que cruzar el paso Jiber. Se trata de un estrecho puerto de montaña situado en el macizo del Hindu Kush que lleva siglos siendo utilizado, pero que queda tan alejado de los centros de gobierno de los países, que siempre ha tenido reputación de ser un lugar salvaje y sin ley. Atravesar el paso puede ser peligroso para cualquier viajero, pero sobre todo para una mujer norteamericana que viaja sin la compañía de su marido. El contrabandista de diamantes pasó varios días reuniendo una escolta para mí. Mientras él estaba en Peshawar ocupándose de este asunto, Fahim, mi guapo cuidador, me acompañaba de compras y a comer. Un día, mientras estábamos en un restaurante, Fahim recibió una llamada en su teléfono móvil. Después de unos minutos de conversación me explicó que el contrabandista de diamantes (él le llamaba *hajji,* un título honorífico para cualquiera que haya realizado el peregrinaje *hajj* a La Meca) decía que teníamos que irnos rápidamente de allí.

—¿Ha encontrado alguien que me acompañe para cruzar el paso?

Fahim negó con la cabeza.

—La mujer del *hajji* necesita uvas. Tenemos que ir al mercado.

Le di unas cuantas vueltas a su respuesta. Había conocido a algunas de las esposas del *hajji,* y en la casa vivían además más mujeres, mujeres sanas y robustas.

—¿Qué pasa? ¿Acaso se les han roto las piernas a todas? —pregunté.

Él volvió a negar con la cabeza.

—No, no, no. No deben salir de casa.

Me quedé pasmada. Allí estaba yo, después de haber viajado sola por medio mundo y preparándome para atravesar el paso Jíber, considerado ampliamente como uno de los lugares más peligrosos que existen. Y resultaba que la esposa del *hajji* lo llamaba a Peshawar, y luego él llamaba a Fahim a Islamabad, para que pasase por el mercado a comprarle uvas. Me pregunté qué debía de pensar de mí aquella gente.

El contrabandista de diamantes me llevó por fin en coche hasta Peshawar, que se encuentra a unos cincuenta y cinco kilómetros de la frontera con Afganistán. Me dejó al cuidado de una persona realmente odiosa para mí, un viejo talibán que había tenido la desgracia de conocer en Kabul. Se distinguía por magrear tanto a hombres como a mujeres en cuanto encontraba la oportunidad para hacerlo. Cuando Sam y yo queríamos liarla con alguno de nuestros amigos, bastaba con asegurarnos de que en una fiesta se sentaran a su lado. En Kabul no sólo era promiscuo, sino que además bebía como un cosaco. Pero en su casa en Peshawar se comportaba como un santo y se mostraba austero. Me recibió en su mansión, que resultó ser una de las casas más grandes que he visto en mi vida. Señaló entonces en dirección a una mujer envuelta en un chal oscuro que rondaba por allí.

—Mira qué vieja está mi mujer —señaló, acariciándose la barba. Siempre se acariciaba la barba de un modo que me producía escalofríos—. Necesito una más joven, quizá americana, como tú.

Muy incómoda, entré en el salón y me quité el pañuelo que me cubría la cabeza. Tan pronto aquel hombre salió de la estancia, entró una de sus esposas y volvió a ponerme el pañuelo en la cabeza. Nunca había estado en una casa en cuyo interior las mujeres tuvieran que llevar también la cabeza cubierta.

Esperaba poder marcharme de allí al día siguiente, pero cada día que pasaba el viejo talibán me decía:

—Mañana, mañana.

Así fue como acabé pasando mucho tiempo con las mujeres de la casa. Algunas eran tan horripilantes como el viejo. Su hermana no paraba de robarme cosas de la maleta fingiendo que eran regalos para ella. Con aquellas artimañas, acabó haciéndose con mi linterna de lectura y con un par de zapatos. Pero el resto de las mujeres eran personas tristes, simplemente. Su vida era muy aburrida: cocinaban, limpiaban y pasaban el resto del tiempo sentadas en la parte de la casa destinada a las mujeres y pintándose con *henna* las manos y los pies. Cuando me marché, estaba tan pintarrajeada de *henna* que parecía un payaso de circo. Cuando estaban seguras de que nadie las oía, me preguntaban cómo pensaba montármelo para salir de Pakistán. Una de las hijas del viejo me dijo que la habían obligado a casarse con un hombre que vivía en Londres y que sólo se desplazaba a Pakistán para visitarla cada dos años y dejarla embarazada. Otra de sus hijas me explicó lo mucho que le habría gustado continuar con sus estudios, igual que había hecho su hermano. La chica albergaba esperanzas de estudiar medicina si su padre no la obligaba a casarse. Pero aun consiguiendo el título, me explicó, él nunca la dejaría irse de casa. Me ponía enferma pensar que la chica supiese ya que no le aguardaba otro futuro que el de vivir encerrada dentro de las cuatro paredes de una casa.

Uno de los pedantes hermanos del viejo trataba constantemente de arrastrarme hacia un debate sobre las diferencias entre la cultura occidental y la cultura oriental.

—Nuestras mujeres viven felices —insistía—. Míralas. No tienen estrés, no tienen tensiones, como les sucede a las occidentales.

Ha sido la única vez que alguien ha intentado discutir este tema conmigo. Yo no quería desafiarlo en la casa de su familia. Pero me dije para mis adentros: «¡Mira, tío, tu mujer acaba de deslizar una nota en mi bolsillo contándome lo desdichada que es! El único motivo por el que sigue aquí es porque la tienes cautiva en una jaula de oro».

Por fin llegó el día en que el viejo me dijo que tenía preparado mi viaje por el paso Jiber. Dijo que me acompañaría su yerno, pero a un precio bastante elevado. Me habría gustado llamar a Sam para preguntarle si era un precio justo o debía regateárselo, pero el viejo no me permitiría hacerlo. Tenía la sensación de que no quería que hablase con Sam, pues sabía que se pondría furioso al ver que trataban a una invitada de un modo tan poco afgano. Ni siquiera al contrabandista de diamantes en horas bajas se le habría ocurrido cobrarme por el viaje. De modo que le dije al viejo que accedía al trato, pues habría hecho prácticamente cualquier cosa con tal de salir de su casa.

Al día siguiente, el yerno aparcó un gran coche blanco delante de la casa y ordenó a gritos a los criados que cargaran en él mis seis maletas. Se las llevaron de mi habitación antes de que me diera tiempo de guardar en ellas mi almohada favorita, por lo que salí de la casa con ella bajo el brazo. Me dijo que me cubriera con un velo negro que tengo al estilo *ninja,* con el que sólo se me ven los ojos, y que no se me ocurriera abrir la boca en el transcurso de las ocho horas siguientes. No podía permitir que nadie se diera cuenta de que era extranjera. Y así fue como iniciamos viaje hacia el paso Jiber. El tráfico era cada vez más abundante, las carreteras más empinadas y llenas de baches, y tenía la sensación de que las montañas que nos rodeaban nos miraban airadamente.

Pasamos por delante de uno de esos camiones pintados de vivos colores que tanto me gustaban. Era uno de esos semirremolques parecidos a los camiones de helados, con toda su superficie pintada, lleno de espejos, campanillas y adornado de todas las maneras posibles para proporcionar a sus placas de aislamiento, o a sus cajas de resonancia, o a lo que fuese, un típico aspecto carnavalesco. Éste estaba volcado en un lateral de la carretera. Pese a la nieve que caía fuera, el yerno estaba sudando.

—No hable —ordenó—. No mire a nadie. Aquí es donde los talibanes están protegidos, donde los vendedores de opio están protegidos, donde viven los bandidos. Aquí no existe la ley. Ni ley afgana, ni ley paquistaní.

Seguimos avanzando hasta un lugar donde el paso se estrechaba hasta alcanzar una anchura de unos doce metros para desembocar luego en una concurrida sección de la carretera flanqueada por tiendas. Vi ametralladoras colgadas en un escaparate, granadas expuestas en otro. Me imaginé que, de tener suficiente dinero, allí podías comprar incluso una bomba nuclear. Y entonces llegamos a lo que es la frontera en sí.

Me había imaginado algo con un aspecto similar al de la frontera que separa Estados Unidos y Canadá: una pequeña caseta donde te preguntan qué vas a hacer al otro país y cuánto tiempo piensas quedarte allí. Pero excepto en las películas de catástrofes, en las que la gente huye de una inundación o de una erupción volcánica cargada con todas sus pertenencias, o cargándolas a lomos de mulos que avanzan sujetos con cuerdas a su cintura, jamás en mi vida había visto nada parecido a aquella frontera. Tuvimos que aparcar el coche y salir. En el momento en que me hundí en el barro con mis zapatos de tacón alto (nadie me había dicho que tendríamos que caminar), vi a un chiquillo con una carretilla abriéndose paso entre el gentío en dirección a nosotros. Cargamos todas las maletas en la carretilla y el chico las sujetó con cuerdas para que no se moviesen. El yerno echó a caminar por delante de mí dando grandes zancadas y tuve que esforzarme por seguir su ritmo, sin soltar en ningún momento mi almohada. A cada paso, mis pies se hundían hasta la altura del tobillo. Tenía que tirar con fuerza para liberarlos, confiando en todo momento en no perder los zapatos. Temía que me arrollara el gentío si se me ocurría agacharme para recoger un zapato caído. Temía también perder al yerno entre tanta chaqueta oscura y tanto turbante, si se me ocurría quitarle los ojos de encima por un instante.

Llegamos finalmente a un control, donde un funcionario me pidió el pasaporte. Se lo entregué sin abrir boca y él levantó las cejas al verlo.

—¡No le está permitido venir hasta aquí sin la protección de un guardia armado! —anunció—. ¡Es muy peligroso!

—Pero ya estoy aquí.

—Debería tener un guardia armado.

—Disculpe. —Bajé la vista—. La próxima vez, respetaré las reglas.

Agitó el pasaporte.

—¿Es de verdad usted?

Moví afirmativamente la cabeza, cubierta aún con el velo negro que únicamente dejaba ver mis ojos. El funcionario selló el pasaporte y entré caminando en Afganistán.

El yerno había desaparecido, pero conseguí encontrar un taxi que me llevara hasta Kabul. Estaba ya ocupado por tres pasajeros, pero el chófer cargó gustosamente todas mis maletas y les dijo a los hombres que iban en la parte trasera que me hicieran espacio. Pasé las cinco horas siguientes apoyada en la portezuela del vehículo con la cara y la cabeza completamente tapadas y sin decir palabra. Me moría de ganas de ir al baño y le indiqué con gestos al chófer que necesitaba bajar del coche. Finalmente se detuvo en un lastimero local de carretera. Exceptuando una pequeña colisión con otro coche, el viaje terminó sin contratiempos. Ni bandidos, ni francotiradores, ni talibanes persiguiéndonos a bordo de sus vehículos todoterreno de color blanco. Cuando nos acercamos a Kabul y empecé a ver cosas que me resultaban familiares, me levanté el velo y encendí un cigarrillo. ¡Vaya cara pusieron aquellos hombres! No pude evitar echarme a reír.

El taxi me dejó en la pensión de Sam. No estaba muy segura de a quién encontraría allí, pero Ali apareció enseguida en la puerta, vestido con el estilo informal que los ejecutivos norteamericanos suelen utilizar los viernes. Salió corriendo para ayudarme con las maletas. Los hombres afganos no están acostumbrados a que las mujeres los abracen, pero me imaginé que Ali estaba bastante occidentalizado. Y yo no pude evitarlo después del mal rato que había pasado en el

Jiber. Ali me devolvió el abrazo y me ayudó a instalarme. Entró en la cocina para preparar té, salió poco después con el té y un surtido de galletas dispuestas en una de esas preciosas bandejas de color turquesa típicas del diminuto pueblecito de Istalif, en las montañas que rodean Kabul. Estuvimos sentados charlando hasta que empezó a ponerse el sol.

—Me alegro de que estés de vuelta —comentó. El color castaño claro de su mirada era similar al color del té que me calentaba la mano—. Ahora, esta casa parece un hogar.

Sonreí.

—También me lo parece a mí.

—¿Quieres llamar a tu marido? —Marcó unos números en su teléfono móvil y sonrió al oír la voz de Sam. No escuché lo que le dijo, pues estaba en el otro extremo de la sala y, de todos modos, tampoco lo habría entendido, pero sí escuché el inconfundible tono festivo de Sam. Ali me pasó el móvil y se quedó observando mientras Sam y yo repasábamos nuestra lista de palabras. Oí un alboroto de voces en el otro extremo de la línea y Ali movió la cabeza de un lado a otro. Sam seguía sin poder encontrar vuelo hacia Kabul, pese a que iba cada día al aeropuerto y hacía cola con la esperanza de que algún peregrino hubiese decidido prolongar su estancia por más tiempo y dejara su asiento libre. Pero había cerca de treinta mil *hajjis* intentando regresar y sólo un vuelo diario. Sus perspectivas de poder estar pronto conmigo eran escasas.

* * *

—*Salaam aleichem!* —le saludé a la sorprendida mujer que aporreaba las teclas de una vieja máquina de escribir. Acto seguido le entregué una muestra de gel de peinado y continué avanzando por el pasillo hasta el despacho siguiente.

Justo después de mi llegada, insistí en pasearme por el Ministerio de Asuntos de la Mujer para demostrar a todo el mundo que estaba de vuelta y preparándome para reabrir la escuela. Después, Noor y yo pasamos dos días entrevistando a las mujeres que integrarían el siguiente grupo. Una de las primeras que cruzó la puerta fue Baseera, vestida aún con el burka. No la reconocí hasta que lo dobló por encima de su cabeza y vi aquellos espléndidos ojos verdes.

—Bienvenida de nuevo a Afganistán —exclamó en inglés, muy orgullosa de sí misma.

Me emocioné al verla otra vez. Enseguida le comenté a Noor que ya conocía su historia.

—Por lo que a mí se refiere, queda incluida en el grupo —anuncié.

La edad del resto de las mujeres que pasó por allí oscilaba entre los catorce y los cuarenta y ocho años. Eliminé de entrada a algunas de ellas. Había unas cuantas chicas realmente encantadoras por debajo de los dieciocho, pero les dije enseguida que no íbamos a considerar su candidatura. Les dije que lo que debían hacer era volver a la escuela y aprovechar al máximo sus estudios. A modo de respuesta me miraron con ojos enormes, trágicos, perfilados con kohl, y le supliqué a Noor que les explicara que lo único que yo pretendía era hacerles un favor. A punto estaba de rechazar a una chica de dieciocho años por los mismos motivos, cuando se echó a llorar. Se puso a contar su historia, tan tímidamente que incluso hablaba con el velo tapándole la boca. Los talibanes habían asesinado a su padre y su hermano era el cabeza de familia. No sabía ni leer ni escribir porque su hermano no le había permitido ir al colegio pero, en cambio, le había dado permiso para asistir a las clases de la escuela de belleza. Decidí al instante aceptarla, aunque no encajara con el perfil de mujer que habíamos considerado que podía sacar más partido de las enseñanzas de la escuela. No me importó que no tuviera las habilidades necesarias para entrar, o que luego acabara convirtiéndose en la peor peluquera de la ciudad. Lo único que importaba era que me estaba partiendo el corazón, y que aquél era el único medio del que yo disponía para ayudarla.

Había muchas historias convincentes. Siempre las hay. La siguiente chica tendría unos veinte años. Su madre había muerto y una mina terrestre había dejado a su padre sin piernas. Ella era la única que podía mantener a la familia. ¿Cómo no aceptarla también?

Al final elegimos a veintisiete mujeres para la segunda promoción, que empezaría en el plazo de un mes, a finales de marzo de 2004. Dijimos a todas las entrevistadas que colgaríamos una lista con los nombres seleccionados en la puerta de la escuela. Me imaginé que aquel día tendría que esconderme dentro de la escuela —de todos modos, había mucha limpieza que hacer— para no enfrentarme a la desilusión de todas las que no conseguirían entrar. Pero cuando llegó el día y Noor entró en la escuela, las cincuenta mujeres irrumpieron detrás de él. Una multitud de emociones de todo tipo. Algunas bailaban eufóricas, otras lloraban o me seguían por todas partes, intentando defender su caso en un idioma que yo no comprendía aún. De haber tenido dinero, las habríamos admitido a todas. Era evidente que necesitaban esa oportunidad. Pero en aquellos momentos, ni siquiera tenía claro que tuviéramos dinero suficiente para las veintisiete que acabábamos de elegir.

Cuando por fin llegué a casa aquella noche, me sentía fatal. Aquellas caras tristes me obsesionaban. Lo único que deseaba era meterme en la cama con un libro y tomarme un par de margaritas. Pero cuando abrí la puerta de casa, me encontré con una jovencita de unos catorce años de edad sentada en el sofá. Se puso de pie de un salto en cuanto me vio entrar, tirando al suelo una taza de té que se sostenía en precario equilibrio sobre el brazo del sofá. Se agachó de inmediato sobre el líquido derramado e intentó fregarlo con su pañuelo. Justo en aquel momento, bajó Ali corriendo del piso de arriba. Durante un segundo vi que estaba incómodo, pero enseguida se acercó a mí para coger la caja que yo llevaba.

—Es mi sobrina —confesó—. Se llama Hama.

—Dile que no se preocupe por lo del té.

—Ven —le dijo él a la chica.

La chica se acercó a él, su cabeza ligeramente inclinada y su bonito cabello de color castaño deslizándose del pasador que lo sujetaba para caer en mechones sobre su cara. Me miró a través de los rizos y sonrió. A continuación, extendió el brazo y me estrechó la mano. Era diminuta, y también lo era su mano, sus uñas del tamaño de las lágrimas.

—¡Deja que te pinte estas uñas! —Simulé que le pasaba un pincelito por las uñas y la chica rió.

—Quería asistir a tus clases, pero no la has aceptado —espetó Ali, con cierto tono de reproche—. Te dije que iría a la entrevista.

No me acordaba de este detalle, pero igualmente negué con la cabeza.

—Es demasiado joven, Ali. Tendría que estar en el colegio.

—Tiene veinte años —aseguró él—. Su padre está enfermo y no puede trabajar, y su madre también está enferma. Yo me he encargado de atenderla, pero quiere ir a tu escuela.

—¡No tiene veinte años!

—Sí, veinte —prometió él, aunque sin mirarme a los ojos.

Cogí a la chica por la barbilla.

—¿Cuántos años tienes? —le pregunté. Gracias a las entrevistas que había realizado en la escuela, había aprendido a decir la frase en dari.

Hama extendió los cinco dedos de una mano, después los de la otra, y luego otra vez los cinco de la primera. Moví la cabeza de un lado a otro.

—Quince años es demasiado joven, Ali. Dile que tiene que ir al colegio.

La chica nos iba mirando, y entonces me cogió la mano. Su rostro risueño se desmoronó y se echó a llorar.

—Por favor —rogó—. Por favor, escuela de belleza.

Le acaricié la cabeza y devolví el pasador a su debido lugar. Le sequé las lágrimas con la mano. Era tan joven que no me habría sorprendido que aún jugase con muñecas, si es que las tenía. Pero aun así, me veía incapaz de insistir en que pasara tres años más haciéndose mayor. Se la veía tan desesperada que me pregunté si tres años más siendo una jovencita podrían ser para ella una opción.

De modo que le dije:

—A lo mejor.

* * *

Después de encender el cigarrillo, sacudí la cerilla para apagarla pero la llama siguió allí. La acerqué a una gota que transpiraba por un lateral del vaso de margarita y la vi extinguirse con un siseo. Levanté entonces el vaso para mordisquear la costra de sal del borde y me di cuenta de que Sam, en el otro lado de la habitación, estaba mirándome. Su mirada de desdén era inequívoca.

—No pienses que voy a olvidarme de mis cócteles sólo porque ahora te haya dado por la religión —murmuré para mis adentros mientras él se aproximaba.

Sam había regresado por fin a Kabul. Había montado tal escándalo en el aeropuerto de Arabia Saudí, que al final le habían permitido viajar en la cabina del piloto. Tuvimos un reencuentro feliz, pero la tensión de las semanas posteriores había destruido por completo aquella felicidad. Para empezar, el hombre que había regresado de Arabia Saudí no tenía nada que ver con el hombre con quien me había casado. Cuando lo conocí era un hombre al que le encantaba la fiesta, siempre era el primero a la hora de levantar una copa para brindar y contar un chiste. Pero allí, en La Meca, había estado excesivamente expuesto a los peregrinos. Ahora rezaba cinco veces al día y ponía mala cara si me veía beber o fumar. Me daba un poco de miedo, pero Roshanna me había asegurado que todos los *hajjis* regresaban igual y que la situación no duraría mucho tiempo. Además había otros problemas, enormes. En su ausencia, su socio en el negocio de perforación de pozos se había hecho con todo el dinero de su cuenta corriente y había huido del país. Los ladrones le habían robado parte del equipo y tres de sus trabajadores habían sido secuestrados. Por un lado, él estaba intentando salvar su negocio mientras, por el otro, yo intentaba reabrir la escuela. Las respectivas expectativas culturales que nos habían llevado al matrimonio se convirtieron pronto en gigantescos obstáculos. Yo sabía que aquellas expectativas en conflicto sólo podían solucionarse con toneladas de paciencia, pero ni el uno ni el otro teníamos precisamente mucha. Estábamos agotando nuestra paciencia en otras empresas.

La verdad es que me había imaginado que Sam sería mi aliado durante los preparativos para el segundo curso. Siempre se había mostrado como un defensor acérrimo de la escuela, pero en aquellos momentos estaba tan irritable que no resultaba de gran ayuda. Y cada vez se me hacía más complicado ir al Ministerio de Asuntos para la Mujer. La secretaria de la ministra me preguntaba a diario si había llegado ya el dinero de las subvenciones. Yo le garantizaba que estaba al caer. Me preguntaba por qué estaba tardando tanto pero, por suerte, no me presionaba mucho. Mientras, Topekai y tres de mis mejores alumnas del primer curso venían cada día a ayudarme. Me sentía agradecida por su ayuda y su compañía, pero también me sentía fatal por no poder pagarlas. Ellas me decían siempre: «No pasa nada, no pasa nada», pero yo sabía que necesitaban un sueldo desesperadamente. Mi intención era contratarlas como profesoras en cuanto recibiera la subvención, pero seguía sin tener noticias de Nueva York respecto a las nuevas donaciones… y seguía sin tener dinero.

Desesperada, pedí a una de las mujeres occidentales que trabajaba en una ONG en Kabul que hiciera correr la voz de que en el salón de la escuela de belleza ofrecía también mis servicios como peluquera. La clientela empezó a llegar. Aquello me ayudó a conseguir dinero para poder pagarle algo a Topekai y las demás chicas, pero la cantidad no sería suficiente para mantener en funcionamiento la escuela una vez se iniciara el nuevo curso. Las chicas me veían preocupada y a menudo las oía hablar entre ellas en voz baja. Un día llegaron a la escuela cargadas con unas bolsas enormes y pesadas y con una expresión de orgullo en su cara. Me hicieron sentar en una de las sillas destinadas a las clientas y empezaron a sacar servilletas, delantales y fundas de almohada bellamente bordadas a mano, el trabajo que ellas hacían en su casa por las tardes.

—Para que lo vendas —señaló Topekai—. Utiliza el dinero para la escuela.

Me eché a llorar. Yo, que había ido a Afganistán para ayudarlas, era tan pobre que iba a acabar vendiendo las labores de las chicas para sobrevivir.

Mi único consuelo durante aquella época tan difícil fue Hama, que siempre corría por casa cuando yo llegaba después del trabajo. Era la única que tenía una sonrisa para mí, pues Sam seguía preocupadísimo con su negocio y con los trabajadores secuestrados. Sus familiares se presentaban por casa día sí, día no, para ver si teníamos noticias, pero seguíamos sin saber nada. Sam recurrió a funcionarios de todo tipo, pero nadie se preocupaba por el destino de aquellos hombres. Además, la casa siempre estaba llena de gente y aquello empezaba a volverme loca. Ali tenía una habitación y, en cierto sentido, había asumido la responsabilidad de alquilar las demás habitaciones. Incluso en una de ellas teníamos alojada una familia con siete miembros. El resto estaba alquilado a hombres que se pasaban la noche entera de juerga. No me gustaba cómo miraban a Hama. Y a ella tampoco le gustaba. Cuando los hombres se ponían a beber, ella se pegaba a mí de tal modo que yo ni siquiera podía ir al baño sin que Hama me acompañase. Al final, siempre acababa llevándola a mi habitación para alejarla de aquellos tipos. Se sentaba en mi regazo y me abrazaba como una niña asustada. Incluso olía a miedo. Yo conseguía convencerla para que se despegara de mí enseñándole juegos, pintándonos las uñas, cualquier cosa con tal de olvidar a esos hombres.

Pero olvidar a los hombres era difícil. Si no estaba en la escuela de belleza, lo único que veía era hombres. Era la primera vez que no convivía con occidentales, y especialmente con mujeres occidentales, y empezaba a sentirme dolorosamente aislada. Cada día iba andando hasta el Ministerio para Asuntos de la Mujer, consciente de que era una de las pocas mujeres que paseaba por la calle. Era como si las demás mujeres que salían de su casa fueran como hojas, arrastradas enseguida por el viento sin que nadie se percate de su presencia. A Topekai y las demás chicas las acompañaban al trabajo, y siempre se iban puntualmente a las tres y media de la tarde, mucho antes de que empezara a ponerse el sol. Yo solía quedarme hasta más tarde para cortarle el pelo a alguna clienta o para limpiar. Enseguida me di cuenta de que si salía cuando ya empezaba a oscurecer, era la única mujer en la calle. Los hombres también se daban cuenta de ello y se quedaban mirándome.

Por la mañana se lo contaba a Topekai.

—Estoy empezando a pensar que esto tendría que llamarse «Hombrestán», no Afganistán —le comenté un día—. El ambiente está demasiado cargado de testosterona.

Ella me miró con sus profundos ojos oscuros.

—No te entiendo.

—Esto... —E hice un movimiento con los brazos, como indicando el mundo que había más allá de las puertas del salón—. Esto es «Hombrestán», no Afganistán.

—¡Sí! —Su cara se iluminó al captar lo que yo quería decirle, como la luz cuando entra por la ventana—. ¡Muy «Hombrestán»!

Una noche, me despedí de los *chowkidors* del Ministerio de Asuntos de la Mujer, eché a andar, y cuando sólo había caminado media manzana me encontré rodeada por cinco jóvenes. Me dijeron algo en francés, luego en inglés, pero yo me limité a ignorarlos y seguí andando con la cabeza gacha. Dos de ellos me cogieron entonces por los brazos y me acorralaron. Miré a mi alrededor en busca de alguien que pudiera socorrerme, pero en aquel momento no se veía a ningún peatón por la calle. Sólo había coches, sus haces de luz borrosos por la persistente polvareda. Nadie vendría en mi rescate. Aquélla era, sin embargo, el tipo de situación para la que me había entrenado cuando trabajaba en la cárcel en Estados Unidos, de modo que conseguí deshacerme de su agarre con bastante facilidad. Los chicos se pusieron entonces a gritar y me empujaron contra la puerta de un edificio. Sabía que, si no quería verme metida en un problema serio, tenía que actuar con rapidez. Mandé toda mi rabia hacia mi brazo y hacia mi puño cerrado, y el golpe que le asesté a uno de ellos en el plexo solar lo mandó directo al suelo. Y grité... grité todas las palabrotas en dari que a mis alumnas les encantaba enseñarme. Mis atacantes retrocedieron. Uno de ellos se echó a reír. No se trataba de concederles tiempo para que se reagrupasen, de modo que me lancé como una bala contra ellos. Dieron media vuelta y empezaron a correr hasta doblar una esquina, perdiéndose la oportunidad de verme tropezar con una piedra y caer en la cloaca.

Cuando llegué a casa, Sam y Ali se quedaron mirando mi falda descosida, la huella del golpe que tenía en la cara, la porquería pegada a mis zapatos, y me preguntaron por lo sucedido. Cogieron inmediatamente sus fusiles —allí todo el mundo tenía fusiles— y salieron por la puerta. Creo que para Sam habría tenido un efecto terapéutico disponer de un objetivo en el que descargar toda su frustración, pero me sentí aliviada cuando supe que no habían encontrado a aquellos tipos.

Entonces, de repente, el problema de la donación se arregló. Hacía un tiempo que había venido una periodista a entrevistarme y cuando le expliqué mis desgracias con el tema del dinero, me sugirió que lo intentara con una ONG alemana que subvencionaba proyectos educativos para mujeres. Respondieron enseguida y me ofrecieron fondos para subvencionar los dos cursos siguientes. El dinero no sólo era suficiente para pagar los sueldos de las profesoras, las comidas y el transporte de ellas y de las alumnas, sino que además servía para que cada alumna recibiera una pequeña remuneración por asistir a las clases.

Fui corriendo al despacho de Sam, donde lo encontré sentado y con el teléfono móvil en la mano.

—¡He conseguido dinero! —voceé.

Pero su teléfono sonó en aquel momento y él me dio la espalda mientras le gritaba a alguien en árabe. Me fui entonces al salón, donde encontré a Hama hojeando una de las revistas que solía llevar al salón y me puse a bailar con ella.

* * *

En la puerta de la escuela de belleza habían colgado un letrero gigantesco que me impedía la entrada. Me acerqué para leerlo, pero estaba escrito en dari. Retrocedí, pero noté una presión en la nuca y al volverme despacio vi que se trataba del *chowkidor* del Ministerio de Asuntos de la Mujer que me apuntaba con su ametralladora. El vigilante bajó un poco el arma y se pasó la lengua por los labios. Tendría unos diecinueve años de edad y era un chico muy dulce que, cuando yo pasaba junto a él, siempre quería practicar conmigo las pocas palabras de inglés que sabía. Pero ahora parecía incapaz de recordar ninguna y tartamudeó algunas frases en dari.

—Dice que lo siente, pero que tendrá que dispararte si entras en la escuela —me aclaró una de mis nuevas alumnas, que hablaba inglés. Las demás alumnas y las profesoras habían formado un corrillo y mostraban caras compungidas, como si estuviesen a la espera de entrar en un funeral. Baseera había asomado la cabeza por debajo del burka y estaba llorando. Sólo Hama permanecía a mi lado.

—Dile que tengo que sacar todas mis cosas de ahí. —Me crucé de brazos y clavé mis zapatos de tacón alto en el césped.

Entonces se oyó la voz de alguien que gritaba desde el interior del edificio y mi alumna me lo tradujo.

—Aseguran que tienes que irte ahora mismo.

—No pienso irme hasta recoger mis cosas.

—Dicen que todo lo que hay aquí dentro pertenece al Ministerio.

—¡Todas esas cosas son donaciones para la escuela de belleza y no pienso dejarlas aquí! —Grité tanto que creo que debieron oírme por todo el recinto. Empezó a congregarse un auténtico gentío. Empleados del Ministerio, gente que simplemente pasaba por la calle, la mujer que normalmente mendigaba entre el tráfico... todo el mundo quería ver a aquella norteamericana que tanto lío estaba montando. Entonces, en el momento en que se abrió una puerta del otro extremo del patio y apareció la secretaria de la ministra, todo el mundo se quedó en silencio.

La verdad es que aquel enfrentamiento me lo veía venir. El día después de enterarme de que había conseguido una nueva subvención, Roshanna y yo fuimos al Ministerio de Asuntos de la Mujer para darle la buena noticia a la secretaria de la ministra. Observé su cara mientras Roshanna iba explicándose, esperando que se iluminara un poco. Pero la mujer respondió secamente y con un largo discurso. La sonrisa de Roshanna vaciló.

—La ministra está enfadada porque has tardado cinco meses en empezar el segundo curso —tradujo Roshanna.

Siguió entonces otro chorreo de palabras cortantes por parte de la secretaria, y Roshanna acabó asintiendo.

—La ministra no comprende por qué ha habido problemas de dinero, pues la escuela de belleza ha recibido mucha publicidad.

Un nuevo chorreo, después del cual Roshanna respiró hondo.

—Y la ministra ha recibido quejas diciendo que en la escuela se ríe demasiado. Y la gente se ha quejado porque asomando la cabeza se puede ver a las mujeres sin el pañuelo.

En el transcurso de las tres semanas siguientes había intentado solucionar el malentendido. Había ido tres veces a decirle a la secretaria de la ministra que nos quedaba alguna plaza libre en la clase. Le sugerí que si la ministra tenía alguna chica en mente para asistir a las clases de la escuela, estaríamos encantadas de aceptarla en el próximo curso. Le ofrecí también peinar gratuitamente a todas las empleadas del Ministerio. La última vez, Roshanna vino conmigo. Me di cuenta de que sus ojos se abrían de par en par al ver un documento sobre la mesa de la secretaria. Cuando salimos, me dijo:

—¡Piensan desalojarte! ¡El documento decía que van a recuperar el edificio y a quedarse con todos tus productos!

Llamé y visité a todos mis conocidos, buscando a alguien que tuviera la influencia suficiente como para defender con éxito nuestra causa frente al Ministerio de Asuntos de la Mujer. Una de mis clientas era una mujer afgano-norteamericana que tenía en Kabul tanto poder político como familiar. Empezó a trabajar su red de contactos. Cuando recibí su llamada de respuesta, yo estaba segura de que me diría que había encontrado el hilo adecuado del que tirar. Pero su voz sonó de lo más lastimero.

—Lo tienes perdido —me ratificó—. Te lo quitarán todo.

—Hemos pagado por este edificio y se supone que lo tenemos por dos años. ¡Firmaron un contrato!

La mujer suspiró.

—Hagas lo que hagas, hazlo enseguida.

Naturalmente, lo primero que hice fue gritar como una loca. Todos los que estaban en casa corrieron a esconderse para ponerse a salvo. Me arrojé en la cama y lloré pensando en tanto trabajo duro, en todos los maravillosos productos que las empresas del sector habían donado, en toda la confianza que las alumnas y la gente de mi ciudad habían depositado en mí. Me pasé una hora llorando, o tal vez seis… perdí la cuenta. Entonces dejé de llorar y me decanté por el camino de la rabia, mucho más gratificante. Mis padres me habían criado para que fuera una mujer fuerte, una luchadora, y estaba decidida a ser fuerte.

—¡Antes pasarán sobre mi maldito cadáver que quitarme la escuela! —le juré a mi almohada.

Era viernes, el principio del fin de semana en Afganistán, y se suponía que las clases en la escuela tenían que empezar aquel sábado. Ali y yo pedimos cinco taxis. Sam regresaba de una reunión cuando se los encontró aparcados delante de la pensión y le expliqué cuál era mi plan.

—¡Estás loca! —exclamó—. Olvídate de luchar contra el Ministerio de Asuntos de la Mujer. Te meterán en la cárcel. —Pero él era un luchador, igual que yo. En ese sentido, éramos tal para cual. Le expliqué mi plan. Le dije que consiguiera un camión y algunos hombres y se reuniera conmigo en las proximidades del Ministerio. Sam encontró un camión, se acercó a una mezquita y lo llenó de hombres que merodeaban por allí en busca de trabajo. Aparcamos todos cerca del Ministerio, pero de tal modo que los *chowkidors* no pudieran vernos.

Mi plan se basaba en el hecho de que la escuela de belleza tenía dos puertas. Una de ellas quedaba en el interior del recinto del Ministerio, y era la puerta que normalmente utilizábamos a modo de acceso después de cruzar las verjas. Pero había otra puerta de entrada a la escuela, muy pequeña y que se encontraba en la pared exterior del recinto, a unos diez metros de distancia de la verja principal. Utilizábamos esa puerta cuando la verja estaba cerrada o si en el patio del recinto se celebraba alguna actividad. Abrí la puertecita y entramos en silencio en la escuela. Ali desplegó en el suelo sábanas y mantas y empezamos a colocar sobre ellas los botes de champú, acondicionador, tinte y demás productos, y a cargar los paquetes en los taxis y el camión. Desplegué en el suelo todos mis pañuelos y los llené con los productos de maquillaje y las lacas de uñas, y los cargamos también en los vehículos. Luego cogí las cabezas de maniquí que tenía colocadas en las estanterías y a cada hombre le entregué dos. Los hombres reclutados en la mezquita abrazaron las cabezas con cara de perplejidad y salieron de puntillas a la calle cargados con ellas. Había llevado también mis maletas y algunas cajas, que llenamos con todo lo que quedaba. Cuando terminamos, lo único que quedaba en la escuela de belleza eran las sillas, un televisor para pasar vídeos y los espejos.

Sam pidió prestado dinero a un conocido y se marchó de inmediato a buscar una pensión que poder alquilar. Queríamos algo que fuese adecuado no sólo como nuevo local para la escuela, sino también como despacho para él y como nuestra casa. Era imposible ubicar la escuela en la pensión donde vivíamos en aquel momento y, además, estábamos cansados de la gente que se alojaba allí. Nos gustaba Ali, pero no los hombres a quienes había ido alquilando las habitaciones. Tal vez parezca una locura la decisión de trasladarlo todo de aquella manera, pero, francamente, los afganos lo hicieron sin derramar ni una sola gota de sudor. Se habían visto obligados tantas veces a huir de conflictos y penurias que eran realmente unos ases en cuestiones de mudanzas rápidas. Nuestro único problema era el problema constante y de siempre: el dinero. Los propietarios de Kabul suelen exigir seis meses de alquiler por adelantado y no estábamos muy seguros de poder encontrar enseguida alguna cosa que estuviera dentro del rango de precios que podíamos pagar. Si trasladábamos la escuela de belleza fuera de las dependencias del Ministerio, su funcionamiento resultaría también más caro. Como compensación por los cincuenta mil dólares que Belleza sin Fronteras había gastado en la construcción de la escuela dentro del recinto, el Ministerio se hacía cargo de la factura de luz, agua, calefacción y seguridad.

El sábado por la mañana, la pequeña Hama (a quien había decidido incluir en el curso) y yo entramos cogidas del brazo en el Ministerio de Asuntos de la Mujer como si nada hubiese pasado. Baseera, Topekai y mis demás alumnas y profesoras ya estaban esperándome, apiñadas junto a la puerta con grandes sonrisas. Si se dieron cuenta de que el local estaba limpio, no dijeron nada. Y tampoco importaba que no tuviéramos productos con los que trabajar, pues mi idea era que el primer día de clase fuera meramente orientativo. Hablé sobre mis expectativas. Les dije que había muchas mujeres deseosas de entrar en el programa y que no toleraría ni el robo, ni los retrasos no justificados, ni el abstencionismo. Les dije que cada una de ellas recibiría un neceser con todo el material necesario para los tres meses del curso, y que dicho neceser no saldría del edificio bajo ningún pretexto. En el primer curso habíamos tenido problemas porque las chicas habían perdido o roto algunas cosas, un lujo que no podíamos permitirnos. Estaba tan absorta en mi visión de cómo iba a funcionar aquel segundo curso, que llegué casi a olvidar la crisis que acechaba al otro lado de la puerta.

Pero la crisis estaba ya en marcha. Tenía a la secretaria de la ministra cuadrada delante de mí, gélida pero educada. Primero nos saludamos formalmente —tres besos en las mejillas—, un requisito que jamás se evita en Afganistán, ni siquiera ante tu peor enemigo. Y después empezó a desgañitarse y a despotricar en dari. La alumna encargada de la traducción no podía ni seguirle el ritmo. Las demás nos limitamos a mirar cómo aquella mujer hablaba y hablaba sin parar, agobiándose cada vez más y gesticulando con tanta fuerza que a punto estuvo de caerse de sus elevados tacones. Se dirigía tanto a la muchedumbre allí congregada, como a mí. De repente, todo el mundo se me quedó mirando, boquiabierto.

—¿Qué ha dicho? —pregunté a mi horrorizada alumna.

—Dice que no eres buena profesora y que el Ministerio tiene pensado abrir su propia escuela aquí. Dice que has robado tanto a las empresas extranjeras de productos de belleza como a los afganos. Dice… —mi alumna empezó a sollozar— … dice que te va a agarrar del pelo para sacarte a rastras de aquí y que serás arrestada y expulsada del país.

La secretaria se volvió y me miró fijamente.

—¿Por qué será que tengo la impresión de que estas mujeres me importan más a mí que a ti, pese a que aquí la norteamericana soy yo y la afgana eres tú? —Se lo dije con lágrimas en los ojos. Ella dio un paso al frente, como si fuera a pegarme.

Y de pronto apareció Sam a mi lado. ¡Era como si acabara de llegar la caballería! Mantuvo una apresurada conversación con mis alumnas para ponerse al corriente de lo que sucedía y luego me hizo salir a la calle. Yo estaba histérica, pero él mantenía la calma. Encendió un cigarrillo para cada uno y luego fuimos a visitar a prácticamente cualquier persona en Kabul que pudiera interceder al respecto, desde funcionarios del gobierno hasta Mary MacMakin. Al final, hubo tantas querellas interpuestas contra el Ministerio de Asuntos de la Mujer, que acabaron claudicando. Nos devolvieron todas nuestras cosas y yo me disculpé por cualquier falta de sensibilidad cultural por mi parte que pudiera haber contribuido a la disputa. En resumidas cuentas, el Ministerio de Asuntos de la Mujer quería nuestro edificio, nuestros productos y controlar además la escuela. Conservaron el edificio y nunca he vuelto a poner un pie allí.

La aparición de Sam en el Ministerio se debió a que quería informarme de que había encontrado una casa. Se trataba de una espaciosa casa de huéspedes con paredes enyesadas, conocida como la «Casa del Pavo Real», con un pequeño edificio adosado que daba a la calle y que sería perfecto para instalar la escuela de belleza. El pago por adelantado de los primeros seis meses de alquiler ascendía a veintidós mil dólares, pero con todo el dinero del que disponíamos, más una cantidad adicional por parte de Noor y Ali, conseguimos reunir el importe total y firmar un contrato por un año. Confiábamos en poder llenar las habitaciones con huéspedes de pago y en que habíamos realizado una buena inversión. Tanto Sam y yo, como Ali, decidimos trasladarnos a vivir allí.

Antes de mudarnos, Sam y yo fuimos a inspeccionar el edificio que queríamos utilizar como escuela. Durante la visita, cogí un zapato viejo que había entre los escombros y lo tiré a una pequeña dependencia que había en la parte trasera. Apareció entonces de repente una mujer asustada, con los ojos abiertos de par en par. Era ancha de hombros y corpulenta, con una cara redonda y de pómulos altos que me hizo pensar enseguida en los indios americanos. Iba muy sucia, la cara y los brazos embarrados, una túnica informe hecha jirones y llena de manchas. Pensé que se trataría de una indigente, pero Sam la interrogó y averiguó que venía con la casa. Un poco como el fregadero y los lavabos.

—Se llama Shaz —presentó Sam—. Podría trabajar limpiando la escuela y la pensión.

—¿Cuánto tendríamos que pagarle?

—Ochenta dólares al mes, me imagino. —Salió de allí para comprobar el funcionamiento de un interruptor.

—*Salaam aleichem* —saludé a Shaz—. Me llamo Debbie.

Ella se quedó mirándome y volvió a recluirse en su pequeña habitación.

Al día siguiente, Sam contrató hombres en la mezquita para que derribaran los tabiques, construyeran un cuarto de baño y los desagües de los lavacabezas, montaran estanterías y me ayudaran a pintar. Shaz me ayudó también con la pintura y me quedé encantada al ver la energía y la fuerza que empleaba para trabajar. Pero las paredes estaban tan agrietadas que la pintura normal y corriente no hacía más que destacar sus defectos. Al final, envié a Shaz a una obra que había en marcha en la acera de enfrente con el encargo de que me trajese un cubo de arena. Vertí la arena en mi cubo de pintura, lo mezclé bien, pinté una franja y evalué el resultado. Me volví para ver qué opinaban mis ayudantes de aquella textura improvisada. Los hombres se habían quedado boquiabiertos y con las brochas suspendidas en el aire. Creo que pensaron que me había vuelto loca, pero vi a Shaz sonreír por vez primera. Tenía varios dientes de oro, un contraste sorprendente con su cara sucia y su monótona vestimenta.

Unos días después, sin embargo, cuando trasladamos el mobiliario del Ministerio de Asuntos de la Mujer a la nueva escuela en la «Casa del Pavo Real», casi me vuelvo loca. Después de entrar un cargamento de cajas, oí un extraño ruido al otro lado de la ventana y salí a ver qué pasaba. Encontré a una vaca joven atada al guardabarros de un camión aparcado. Mordisqueaba el perfil de la rueda delantera y mugía con tanta fuerza que no pude evitar echarme a reír. No sabía por qué estaba atada delante de nuestra nueva casa, pero a aquellas alturas ya había aprendido que en Afganistán siempre podía suceder cualquier cosa. La acaricié un ratito y luego volví a entrar para seguir desembalando cajas. Seguía oyendo el mugir de la vaca, un sonido que me tranquilizaba. Era un sonido que había escuchado en Michigan cuando era pequeña y tenía un millón de mascotas.

Cuando volví a salir a la calle a buscar otra caja, casi resbalo con lo que parecía un río de sangre. Alguien había sacrificado a la vaca justo delante de la puerta de casa. Y la estaban despiezando a escasos metros de distancia. No podía permitirme el lujo de correr a mi habitación y esconderme en su penumbra. Tuve que seguir moviendo cajas durante lo que quedaba de día, vigilando de no manchar de sangre el interior o mirar la cabeza de la pobre vaquita, yaciendo sin vida encima del bulto arrugado de su piel vacía.

Capítulo
6

Revolví los armarios de la cocina hasta que al final encontré una pequeña bandeja de galletas envuelta en una servilleta. Quité la servilleta y entré corriendo en el salón.

—*Salaam aleichem* —saludé por cuarta o quinta vez al hombre que deambulaba de un lado a otro enfrente de las ventanas que daban a la calle. Se volvió para mirarme, un extremo de su turbante negro oscilando encima de su cabeza, el otro retorcido en su mano. Luego pasó rozándome para subir corriendo a mirar la calle desde la ventana de su habitación. Unos minutos después, bajó corriendo de nuevo y salió dejando abierta la verja que daba a la calle. Habló con nuestro *chowkidor*, que se encogió contra la pared como si el hombre del turbante negro sacara fuego por la boca.

Entonces llamaron del Ministerio de Comercio.

—El seminario de negocios ha terminado tarde —informó la mujer al otro lado de la línea—. El tráfico está muy mal, por lo que imagino que Nahida tardará en llegar a casa.

—¿Y qué hago yo con su marido? —le pregunté—. Se está volviendo loco.

—¡Tranquilícelo! —exclamó la mujer—. Busque a alguien que se lo explique, de lo contrario le pegará.

—¿Le pegará aquí, en mi presencia?

—Es talibán, ya sabe… son muy estrictos con sus esposas.

—¿Talibán? —Sentí que se me secaba la boca. Me imaginé que si no encontraba algún modo de complacer a aquel tipo, acabaría llevándome al desierto a lomos de un camello y en un viaje sin retorno—. ¿Alguna cosa más que olvidara contarme sobre él?

—Está enganchado al opio. Mejor que se mantenga alejada de él si ve que tiene ganas de salir fuera a fumar.

Cuando Sam y yo nos pusimos al frente de la «Casa del Pavo Real», había mucha gente entrando y saliendo para montar fiestas, pero no teníamos huéspedes. Nuestros primeros huéspedes de verdad fueron una mujer llamada Nahida y su esposo, un hombre de mal carácter y con la cara llena de cicatrices, procedentes de la ciudad de Herat.

Mi experiencia en el mundo de los negocios se limitaba al sector de la peluquería. No conocía en absoluto un negocio en el que se supone que tienes que dar de comer a los clientes y mantener la casa limpia para ellos. Además, quería que mi pensión ofreciera servicios que pudieran hacerla atractiva a periodistas y otros clientes occidentales, pero para conseguirlo se necesitaba mucho trabajo. Imaginé, no obstante, que poco a poco iría poniendo la pensión al día.

Entonces recibí una llamada de una ONG con base en Herat, una ciudad situada al oeste de Kabul, cerca de la frontera entre Afganistán e Irán. Los responsables de la ONG me explicaron que una chica de veintiún años llamada Nahida había acudido a ellos suplicándoles que la ayudaran a entrar en la escuela de belleza. Conocía la existencia de la escuela a través de un familiar que vivía en Kabul y se moría de ganas de asistir a las clases y luego abrir una peluquería en Herat. Su mayor obstáculo no era ni la distancia ni el dinero; era su marido. La ONG había hecho todo lo posible por encontrar una manera de apaciguar al marido y posibilitar la asistencia de Nahida a la escuela. Habían hablado con los familiares de Nahida en Kabul, que les habían prometido que Nahida, su esposo y su hijo podían instalarse a vivir con ellos sin cobrarles nada a cambio. La ONG había prometido también enviarla a clases de gestión de negocios y ayudarla después a abrir su propio salón en Herat. Al marido, que estaba por aquel entonces sin trabajo, le había empezado a sonar bien el asunto. Pero le preocupaba la moral que pudiera reinar en la escuela de belleza y el carácter de la gente que la dirigía, por lo que la ONG me sugirió que los alojara una semana en la «Casa del Pavo Real» para que el marido se quedara tranquilo en ambos sentidos.

¡Hablando de presión! Disponía de sólo una semana para asegurarme de que la pensión funcionara lo suficientemente bien como para recibir clientes y, especialmente, para garantizar al marido mi respeto por la forma de hacer de los afganos. Cuando inauguramos la pensión, faltaban aún muchas cosas. Había camas, pero no teníamos ni almohadas ni mantas; había cacerolas, pero no teníamos vasos. Y lo que es peor. No teníamos ni tetera, ni tazas de té. Para un afgano no hay prácticamente nada más importante que el té. Sam y yo nos fuimos de compras, pero yo no tenía ni idea de qué comprar. Ni tampoco tenía idea de cómo preparar el té cuando tuviéramos en la pensión todo lo necesario para prepararlo. Estaba acostumbrada a hervir el agua y echarle una bolsita de té, pero sabía que los afganos preparaban el té siguiendo un proceso mucho más elaborado. Simplemente por el sabor, eran capaces de adivinar si el proceso se había seguido correctamente. Empezaba a sentirme nerviosa por la semana que tenía por delante con Nahida y su marido, y la preparación del té fue el primer gran obstáculo.

Para empeorar las cosas, la pareja llegó con dos días de antelación. Aún sin siquiera haber dormido nosotros una sola noche en la pensión, Sam y yo nos dispusimos a recibirlos. Nos esperaban en compañía de nuestro *chowkidor*, uno de los tres trabajadores de Sam que había sido anteriormente secuestrado. Había sido encontrado sano y salvo, junto con los demás, en una cueva vigilada por diez talibanes. Después de tres meses de cautiverio estaba tan traumatizado que no podía seguir trabajando en la perforación de pozos, por lo que Sam decidió contratarlo como vigilante. Pero su trauma le impedía incluso hacer eso. Pasaba la mayor parte del tiempo sentado en la mesa de la cocina llorando. Me dio la impresión de que aquel día había estado llorando de nuevo, pues tenía los ojos rojos y hablaba hipando. El marido de Nahida lo miró encolerizado y luego se volvió hacia mí, como si tuviera ya decidido que yo sería una mala profesora para su esposa. Pero Nahida, una chica de piel de color caramelo y ojos negros de mirada resuelta, me cogió las manos y me besó.

—Gracias por recibirnos —agradeció.

Sam salió a comprar kebabs, arroz y *nan* para cenar. Nahida eligió enseguida la habitación con dos camas individuales, y ella y su marido se instalaron allí. Mientras ellos estaban arriba, yo intenté poner el té en marcha. Tardé un rato en encender la cocina de gas, pues hasta entonces sólo había utilizado la eléctrica. Después me quedé un rato mirando el cazo con agua y la lata del té, intentando discernir si debía echar el té en el agua antes o después de que entrara en ebullición. Oí una comedida tos a mis espaldas y me volví. Era Nahida, con la cabeza aún completamente cubierta.

—¡Deja que te ayude! —dijo, y se encargó del asunto. Lo hizo con mucho cariño, tratando en todo momento de que yo no me sintiese una incompetente. Pese a que Sam no se había casado conmigo por mi destreza en la preparación del té, sabía que se sentiría avergonzado si le servíamos un té malo al talibán. Me sentí muy agradecida a Nahida por su ayuda, aunque viéndola moverse por la cocina con aquella tranquilidad, resultado de mucho tiempo de práctica, me pregunté sobre el porqué de una conducta como la suya, típica de una mujer madura. Era como si le hubiesen arrancado la juventud por completo. La verdad es que aquella primera noche no tuvimos muchas oportunidades para entablar conversación. Comimos y luego nos sentamos en el salón para ver una película de Bollywood. Subí el volumen para no oír a nuestro *chowkidor,* que seguía llorando sentado en la cocina.

Al día siguiente, Nahida tenía que asistir a un seminario de negocios en el Ministerio de Comercio. Sam tenía que trabajar fuera de casa y el marido de Nahida se quedaría conmigo en la «Casa del Pavo Real» mientras yo seguía enfrascada en mi tarea de preparar el local de la escuela de belleza. Yo intenté mostrarme educada si coincidíamos en la misma estancia, pero él me daba la espalda secamente cada vez que me veía. Creo que estaba alarmado ante mi descaro de ir por casa con la cabeza descubierta. El marido fue poniéndose más nervioso a medida que avanzaba el día.

Después de recibir la llamada del Ministerio de Comercio, me acerqué con cautela al marido e intenté explicarle el problema. El hombre se limitó a fruncir el ceño al oírme hablar con mi escaso dari, de manera que llamé por teléfono a Sam y le expliqué lo que pasaba.

—Habla con él —le supliqué, y le pasé el teléfono al talibán. El hombre mantuvo un momento el auricular pegado al oído y lo soltó transcurridos unos segundos, dejando caer el teléfono en la mesa. Creí que iba a pegarme, pero justo en aquel momento entró Nahida corriendo por la puerta y empezó a hablarle casi sin aliento. Él arremetió contra ella antes de que le diera tiempo a quitarse los zapatos y la arrastró hacia su habitación. Volví a llamar a Sam.

—¡Tienes que venir ahora mismo! —grité—. ¡Le va a sacar las tripas!

—¡Ya voy, ya voy! —me gritó Sam a modo de respuesta—. Estoy ya en nuestra calle.

Oía al talibán vociferando y a Nahida gritando. Sonó como si acabara de partir una silla contra la pared. Sam llegó en aquel momento y llamó al marido. Sorprendentemente, el hombre dejó de pegar a Nahida y bajó.

—Rómpele las piernas —susurré, pero Sam ignoró mi comentario. Tenía razón: de haberlo hecho, al final sería Nahida quien más acabaría sufriéndolo. Subí a su habitación y la encontré temblando en la cama. Me la llevé a mi dormitorio y nos pasamos la noche entera hablando.

Nahida me explicó que su mala suerte había empezado al nacer en una familia con cuatro chicas y sólo un chico. En un país donde las chicas no pueden trabajar, tener muchas hijas está considerado como una adversidad. Pero en su familia nunca se sintió incómoda. A pesar de ser muy pobres, sus padres eran personas cariñosas y tuvo una infancia feliz. Entonces llegaron al poder los talibanes. Su familia intentó esconder a las chicas, pero un vecino que quería ganarse el favor de los talibanes delató a la familia y habló de las preciosas hijas solteras que escondían. Así fue como un día aquel policía talibán de cuarenta y cinco años de edad llegó a su casa y exigió a sus padres que se la entregaran. Ni siquiera ofreció una dote a cambio, pese a que en Afganistán esto se considera un robo descarado. Su única oferta fue que si el padre de Nahida accedía a la boda, le perdonaría la vida. Nahida tenía sólo dieciséis años y odiaba al talibán, pero también quería proteger a su padre. Accedió al matrimonio.

Cuando el talibán la llevó a su casa después de la boda, Nahida se quedó sorprendida al descubrir que ya tenía otra esposa, una mujer mayor que estaba furiosa por tener que soportar a una joven en su casa. La primera esposa había dado cinco hijas al talibán, y el hombre esperaba que Nahida le diese un hijo. En Afganistán, los hijos varones son mucho más valiosos porque después de casarse siguen viviendo con sus padres y colaboran en su manutención. Y así fue como Nahida se convirtió en esclava no sólo del talibán, sino también de su primera esposa. Era una esclava rebelde, pues prefería recibir una paliza antes que hacer algo que no le apetecía hacer. Durante un tiempo se negó a mantener relaciones sexuales con aquel hombre, y recibía una paliza cada vez que se negaba.

—Mira las cicatrices —me indicó, como si me enseñara sus trofeos. Se retiró la túnica y se inclinó. Tenía la espalda emborronada con marcas de todos los tamaños posibles, algunas lisas y ya descoloridas, otras que apenas si estaban curadas. Me enseñó las quemaduras de cigarrillo que tenía en los pies y en el vientre, en lugares que quedaban ocultos y que nadie podía ver.

Nahida esperaba que el talibán se hartara de su rebelión y se divorciara de ella. Pese a que el divorcio estaba considerado como lo más vergonzoso que podía sucederle a una mujer, lo veía como una alternativa preferible a aquel matrimonio. Pero entonces se quedó embarazada y dio a luz a un hijo varón. Bajo su punto de vista, aquello era lo peor que podía sucederle. De pronto se convirtió en la esposa favorita y supo que su marido nunca la dejaría marchar. Se sentía tan miserable que pensó en suicidarse. Incluso hubo un día en que vertió gasolina sobre su propia ropa para prenderse fuego. Podría decirse que la inmolación estaba de moda en Herat entre las esposas desesperadas. Pero entonces vio a su pequeño mirándola, y no tuvo valor para hacerlo.

Más adelante, Nahida se dio cuenta de que podía aprovechar su nuevo estatus para conseguir un poco de libertad. Cuando los talibanes fueron derrocados, le dijo a su esposo que buscaría trabajo y que él no podría impedírselo. Se dedicó a pasear por Herat intentando encontrar extranjeros. Cuando oía a un grupo de gente hablando en inglés, lo seguía y convencía a sus integrantes para que la ayudaran. Sabía que ningún afgano podría ayudarla. Era una chica inteligente y pronto aprendió a defenderse con los ordenadores y a hablar inglés. Consiguió ahorrar un poco de dinero bordando labores en casa y vendiéndoselas a los extranjeros. Lo único que quería ahora era huir de su marido.

—Me viola una y otra vez, me pega, y su primera mujer me pega también, sus hijas me escupen —concluyó, acariciando una de las cicatrices que tenía en la planta del pie—. Sólo estoy feliz cuando él está fumando opio. Cada noche rezo para que se muera.

A medida que iba transcurriendo la semana, más temía que Sam y yo no fuéramos a superar la prueba. Nahida se dio cuenta de que yo era una inútil en la cocina de modo que, cuando podía, entraba a hurtadillas y preparaba una buena comida para que luego yo pudiera servirla fingiendo haberla preparado. Pero el talibán siempre estaba enfadado por alguna cosa. Rápidamente llegó a la conclusión de que odiaba a Sam, pues él era pashtun y Sam era uzbeko, y durante la guerra habían combatido en bandos opuestos. Intenté todo lo posible para apaciguar al marido de Nahida, consciente de que si aquel hombre me odiaba nunca permitiría que Nahida se apuntase a mi tercer curso. Pero nada funcionaba. Siempre estaba gritándole a Nahida, o fumando opio, o fingiendo no verme cuando se ponía a mirar la televisión.

Dos noches antes de su partida, yo estaba acostada en la cama soñando que me caía por las escaleras. Sam me despertó zarandeándome. Cuando abrí los ojos, vi que él estaba en el otro lado de la habitación buscando su arma, pero yo seguía sintiéndome zarandeada.

—¡Un terremoto! —chilló Sam—. ¡Sal enseguida!

La montaña de libros que tenía en la mesita de noche cayó al suelo y el jarrón que tenía en la ventana se partió. Grité y salté de la cama, el susto más grande de toda mi vida. Hacía frío, estaba oscuro y el suelo temblaba bajo mis pies. Oía gente en el exterior gritando y llorando, y estaba segura de que la casa acabaría derrumbándose sobre nuestras cabezas en cualquier momento. Ya empezaba a imaginarnos a todos sepultados bajo los escombros y al *chowkidor* llorón intentando desenterrarnos con una pala. Corrí por el pasillo oscuro y choqué contra alguien, luego bajé corriendo las escaleras y salí por la puerta principal.

Nos congregamos en el patio delantero, a la espera de ver qué ocurría a continuación. Con un gemido prolongado y estremecedor, y con un fuerte estrépito a continuación, se derrumbó una esquina de la casa vecina a la nuestra. Y mientras seguíamos esperando y tiritando y escuchando los gritos de la gente que corría por las calles, el temblor cesó. Conseguí dejar de llorar —había estado sollozando hasta entonces—, y poco a poco todo el mundo se puso a reír y a hablar, como hace la gente cuando se da cuenta de que, finalmente, no va a morir. Entonces nos miramos, y casi nos morimos del bochorno. Nahida y su marido estaban completamente vestidos, incluso él con su turbante y ella con el pañuelo cubriéndole la cabeza. Sam y yo íbamos en ropa interior, una superficie enorme de nuestra piel desnuda y con carne de gallina brillando bajo la luz de la luna. Chillé e intenté taparme.

El talibán, muy elegantemente, volvió la cabeza hacia el otro lado, y Sam salió corriendo en busca del *chowkidor*. El pobre hombre le tenía miedo a todo, pero entró corriendo de nuevo en la casa y salió cargado con sábanas para taparnos. Supongo que verme casi desnuda le asustó aún más que el terremoto. No queríamos regresar a casa tan pronto, y entonces apareció alguien con una bandeja con té y galletas. No recuerdo quién era. Nos quedamos todos sentados en el césped hasta las cinco de la mañana.

De algún modo, aquello lo cambió todo. El talibán decidió confiar en nosotros. Cuando Nahida acudió a clase al día siguiente, su marido fue a trabajar con Sam y le hizo algunos recados. Al marcharse, el talibán me dijo que había decidido dar permiso a Nahida para que regresara al cabo de tres meses y asistiera a la escuela de belleza. Ella estaba radiante de felicidad. Se quitó un pequeño anillo con amatistas que llevaba y me lo deslizó en un dedo.

—Para que pienses en mí hasta que regrese —dijo dándome un beso de despedida.

* * *

Roshanna y yo nos situamos a la derecha de la cabeza de maniquí, Topekai y las otras dos profesoras, a la izquierda. Baseera, Hama y todas las alumnas enfrente de nosotras estaban sentadas tímidamente en sillas de plástico de color verde. Formé un círculo con los dedos y los coloqué en el nacimiento del pelo del maniquí, justo por encima de la frente.

—Esto es lo que llamamos la parte «frontal» de la cabeza —anuncié.

Roshanna lo tradujo en dari para Topekai y las demás profesoras, y entonces ellas presentaron el concepto a las alumnas con sus propias palabras. Seguí moviendo el círculo formado con mis dedos por diversas zonas de la cabeza de maniquí con la intención de destacar las distintas partes de la cabeza: la parte superior, la coronilla, la parte trasera, la nuca, el lado derecho y el lado izquierdo.

—Antes de pasar a las permanentes y los peinados, tenéis que conocer bien las distintas partes de la cabeza. Más adelante, cuando yo os diga «separad el cabello desde la coronilla hasta la nuca en el lado derecho», tendréis que saber muy bien de qué estoy hablando.

Esperé a que Roshanna tradujera mis palabras a las profesoras. Cuando hubo acabado, Topekai me obsequió con una luminosa sonrisa y empezó a explicar la lección con sus propias palabras, tocando con sus largas y elegantes manos las distintas partes de la cabeza del maniquí. Las otras profesoras añadieron sus comentarios. Cuando vi que las alumnas movían afirmativamente la cabeza, le susurré al oído a Roshanna que mi plan estaba funcionando por fin. Había decidido aprovechar la segunda promoción para formar también como profesoras a las alumnas más brillantes del primer curso. Resultaba tan engorroso como una carrera de sacos con tres piernas, pero funcionaba. Me daba cuenta de que las alumnas comprendían a la primera los conceptos y que progresaban rápidamente. Suponía que cuando estuviéramos por la tercera o cuarta promoción, Topekai y las demás profesoras ya no me necesitarían ni a mí, ni a ninguna traductora.

Todas las alumnas prestaban atención excepto Hama, que no paraba de mirar el teléfono móvil que llevaba en el bolsillo.

—Guarda el móvil en el bolso, por favor —le pedí, recordándome que no debía volver a aceptar a chicas de quince años en la escuela. Topekai le lanzó a Hama una mirada de desdén. Me imaginé que estaría pensando lo mismo que yo.

Durante mi segundo curso implementé también otros cambios. Quería que las profesoras asumieran otras responsabilidades más allá de la enseñanza. Supuse que desarrollarían mejor sus habilidades para gestionar el negocio si aprendían a dirigirlo. Esto significaba que tenían que llegar a la escuela con antelación para asegurarse de que hubiera gasolina suficiente para que el generador funcionara cuando nos quedáramos sin electricidad. Teniendo en cuenta que al día disponíamos únicamente de cuatro horas de electricidad, el generador era un elemento crucial. Las profesoras tenían que asegurarse además de que se hubiera bombeado agua suficiente para llenar el depósito del tejado y no quedarnos sin agua a mitad de clase. Siempre daba la casualidad de que los grifos se quedaban secos justo en el momento en que las chicas realizaban su práctica de champú y luego no había forma de aclarar cabezas. Cuando hacía frío, necesitábamos leña para la calefacción. Si a media jornada nos quedábamos sin gasolina, agua o leña, quería que las profesoras se encargaran de encontrar la solución.

Las chicas tardaron un tiempo en cargar sobre sus hombros con estas y otras responsabilidades, en parte porque la mayoría tenía escasa experiencia en el proceso de toma de decisiones. A eso se le sumaban cuestiones culturales que a mí me costaba comprender. Parecía como si tener que pensar en asuntos tan mundanos como la luz y el agua, o en que el suelo estuviese siempre limpio y las estanterías ordenadas, les hiriese el orgullo. Ellas daban por sentado que Shaz, o cualquier persona de una casta inferior, debería encargarse de ello. Además, para obtener más gasolina, agua o leña, las chicas tenían que salir a la calle y hablar con el *chowkidor*.

Se sentían muy incómodas (incluso Topekai, tan brillante y segura de sí misma, se sentía incómoda) si se veían obligadas a tener que hablar con hombres que no fueran de su familia. Tardaban mucho tiempo en decidir quién salía a hablar con él y, luego, la persona elegida siempre tenía que ir acompañada por otra. Mi personalidad es tan distinta que me resultaba muy difícil tener paciencia con ellas. Yo actúo casi siempre sin pensar. Me limito a *hacer* las cosas, a veces con resultados desastrosos.

Un día, cuando se nos fue la luz, decidí simplemente ignorar a las profesoras. Me limité a sentarme en mi habitación, beber mi té, incluso encendí la lamparita a pilas que tenía en la mesilla y me puse a leer. Topekai fue la que finalmente llamó a mi puerta.

—*Bakh niest*, Debbie —dijo, excusándose—. No podemos hacer las prácticas de corte.

—Llevamos tres horas sin *bakh* —voceé—. ¡Ocúpate tú del tema!

La chica suspiró, se cubrió la cabeza con el pañuelo y salió a hablar con el *chowkidor*.

Cuando aquel verano iniciamos las clases de la tercera promoción, las profesoras ya habían aprendido a conseguir que en el local nunca faltara gasolina, agua y leña. Decidí entonces que podían asumir más responsabilidades, de modo que al principio del curso les entregué una cantidad de dinero. A partir de aquel momento se encargarían de comprar todo lo que la escuela pudiera necesitar, como jabón para las manos o toallas nuevas. Lo único que les pedía era que hiciesen un seguimiento de las facturas. Sus habilidades como gestoras del negocio siguieron aumentando. Cuando en otoño iniciamos el cuarto curso, les dije que no me llamaran a menos que el edificio estuviera incendiándose. Les dije que podían ocuparse de todo, y así lo hicieron.

Durante la segunda promoción empecé también a cambiar el temario para que, una vez graduadas, las alumnas pudieran satisfacer mejor las necesidades de sus clientas afganas. Cuando en 2002 diseñamos el temario original de la escuela de belleza, reservamos dos semanas a la formación sobre maquillaje. Tardé muy poco en darme cuenta de que los conceptos occidentales de maquillaje no tenían ningún sentido en Afganistán. Según los estándares afganos, las mujeres norteamericanas se maquillan tan poco que parecen hombres... y hombres poco agraciados, además. Cuando alguna clienta norteamericana salía del salón después de que la hubiésemos acicalado para asistir a una fiesta, y en el caso de que la clienta en cuestión no les hubiera dejado elaborar un peinado y un maquillaje sofisticado, oía a mis alumnas cuchichear entre ellas. Sin las mejoras que ellas podían aportar, la veían prácticamente con el mismo aspecto que pudiera lucir una campesina dedicada a criar pollos.

De modo que para el segundo curso me concentré en ayudarles a aplicar mejor el maquillaje al estilo afgano. No podía evitar que las novias quisiesen seguir luciendo el aspecto de una *drag queen,* pero pensé que, como mínimo, podría ser una *drag queen* más atractiva y exclusiva. A lo largo del segundo curso, enseñé a las alumnas a utilizar el maquillaje para realzar las mejores facciones de cada novia. Cómo perfilar una cara rellenita y mejorar los pómulos, o cómo conseguir que una nariz grande parezca más pequeña. Cómo iluminar una piel sin que parezca que le ha caído encima un cubo de harina. Cómo coordinar el maquillaje con el color de un vestido. Un día utilicé a Baseera como modelo y les demostré cómo un planteamiento más personal podía conseguir que sus ojos verdes parecieran jade, su cabello cobre pareciera fuego y sus labios cobraran un aspecto tierno y dulce en lugar de chillón.

Quería también que mis alumnas tuvieran libertad para experimentar y explorar con sus propias ideas sobre la belleza, una circunstancia excepcional para ellas. Tenían la creencia de que todas las novias debían seguir el mismo estilo de peinado y maquillaje. Pero yo era de la opinión de que si mis alumnas querían destacar como profesionales, y también ganar más dinero, tenían que apartarse de la fórmula convencional. De modo que dediqué un día entero a hablar sobre creatividad. Me conecté a Internet, imprimí copias de cuadros realizados por artistas famosos y les demostré los diversos enfoques con los que se podía abordar un retrato o una naturaleza muerta. Les pasé a mis alumnas vídeos de desfiles de moda en los que aparecían modelos luciendo blusas adornadas con rocas lunares o zapatos hechos con desatascadores. De acuerdo, tal vez no exactamente eso, pero la verdad es que se veían verdaderas locuras. Les expliqué que la creatividad era la euforia mental. Les expliqué que podían dar rienda suelta a su imaginación y sentirse como si cabalgaran entre las estrellas.

—No sois sólo esteticistas y peluqueras —les aseguré—. ¡Sois artistas!

Entregué entonces a cada una de ellas una cabeza de maniquí para que hicieran gala de su creatividad. Les dije que quería que maquillasen y peinasen las cabezas con algo que fuese realmente creativo... y no necesariamente bello.

—Haré venir a un grupo de expertos para determinar quién ha realizado la cabeza más creativa —informé—. La ganadora obtendrá un premio especial cuando llegue el momento de su graduación. —Roshanna tradujo mis palabras. La clase se convirtió en una explosión excitada de parloteo antes de que Topekai y las profesoras tuvieran oportunidad de decir nada más.

* * *

Cuando caminábamos hacia el mercado, me di cuenta de que los hombres me miraban incluso más de lo que era habitual. A lo mejor no me había vestido con la suficiente modestia, o a lo mejor estaba gesticulando demasiado y mirando demasiadas cosas, o tal vez no mostraba un aspecto adecuadamente humilde. Tenía la sensación de tener ante mí una hilera de hombres andrajosos con turbante y mirándome con mala cara. Y entonces oí que alguien gritaba desde debajo de la arcada de un edificio:

—Fesha! Mordagaw!

No sabía qué querían decir aquellas palabras, pero Sam se volvió de repente, como si alguien le hubiera disparado con un dardo. Enseguida localizó a los hombres que estaban gritando y se abrió camino entre la multitud. Uno de los hombres se escabulló enseguida, pero Sam consiguió agarrar al otro y lo arrinconó contra la pared del edificio. Le dio un puñetazo y el muro quedó salpicado de sangre. Yo seguía entre el gentío, gritándole que parara. Cuando por fin lo soltó, se acercaron algunos hombres para llevarse a la víctima. Sam regresó hasta donde yo me había quedado, mientras la gente se apartaba para abrirle paso.

—Nos vamos —anunció, peinándose su alborotado pelo. Actuaba como si la pelea no hubiese sido para él más que una pequeña molestia.

—¡Has estado a punto de arrancarle la cabeza a ese tipo!

—Es mi trabajo. —Sam miró con el ceño fruncido las magulladuras que empezaban a hincharse en la mano que había utilizado para pegar al hombre—. Te ha llamado prostituta y a mí, tu chulo.

A partir de aquel momento, ya nadie más se atrevió a mirarnos. Observé la espalda de Sam mientras avanzaba hacia el coche dando grandes zancadas y recordé las historias que me había contado sobre sus días y sus noches combatiendo contra los rusos. Había matado a hombres, y la primera vez le había turbado de tal manera que había estado dando vueltas por el campamento hasta conseguir dedicarse solamente a la cocina. Pasaron meses antes de que pudiera volver a entrar en campaña. Yo nunca había presenciado el más mínimo atisbo de violencia durante el tiempo que llevábamos de convivencia. Se mostraba hospitalario con los desconocidos, bondadoso con los pobres y los débiles, y amable conmigo. Le encantaban las películas tontas de Bollywood, en las que sus protagonistas bailan por las montañas y se cantan canciones de amor. También le gustaban las películas de *Rambo* —Sylvester Stallone tenía un apasionado grupo de admiradores en Afganistán— y sentía un gran cariño por su ametralladora. La verdad es que no conocía a muchos afganos que no tuvieran armas. Una de mis clientas del salón de la «Casa del Pavo Real» era la educada y elegante esposa de un diplomático y político afgano. Sabía que llevaba una pistola en el bolso; y lo sabía por el grito que dio un día cuando una de mis alumnas cambió su bolso de lugar.

—¡Cuidado! —exclamó la mujer—. Ahí dentro hay un arma.

La vida anterior de Sam como guerrero nunca me había preocupado, pero en aquel momento me sentí un poco asustada. Incluso su aspecto entre todos aquellos hombres con turbante y sandalias le daba un aire amedrentador: con su traje negro de estilo occidental y sus gafas de sol, parecía el tipo malo de la película.

Se volvió hacia mí y me miró impasible.

—No podemos venir juntos al bazar. Demasiados problemas y algún día podría acabar matando a alguien.

Se acabó ir de compras con los muyahidines. Se acabaron las ideas románticas sobre Sam y yo explorando juntos la ciudad. Estaba terriblemente ocupada con el segundo curso y la pensión, pero en los momentos libres que mis negocios me dejaban, me sentía sola y añoraba un compañero. Tenía además ganas de salir y conocer más la ciudad. Me habría encantado ir al *mandai* (el gigantesco mercado al aire libre cerca del río Kabul que se extiende a lo largo de manzanas y manzanas), porque de entrada sonaba muy divertido; además, necesitaba suministros para el salón y había vendedores ambulantes que vendían productos que necesitaba.

—¿No podríamos pararnos y comprar alguna cosa?

—No es posible.

—¿Así que nunca podré ir al *mandai*?

—Te dejaré el coche. Puedes ir con Roshanna.

Sam cumplió con su promesa de dejarme el coche. Estaba un poco nerviosa ante la idea de conducirlo, de modo que la primera vez que me puse al volante lo hice con un puñado de extranjeros que estaban de visita. Yo no tenía ni idea de por dónde moverme, de modo que seguimos a una furgoneta por toda la ciudad. La furgoneta avanzaba dando tumbos por calles abarrotadas y en el interior del coche todos gritaban mientras yo intentaba circular entre carromatos, asnos y peatones. Además, como mujer conductora, atraía la atención de todo el mundo (había coches que también llevaban mujeres en su interior, pero prácticamente nunca en el puesto del conductor y ni siquiera sentadas en el asiento delantero). ¡Incluso hubo hombres que se cayeron de la bicicleta al verme! Me gritaban: «¡Te quiero, señor!». La primera vez que oí a alguien decir aquello, pensé que, a pesar del lápiz de ojos, los pendientes y el pañuelo que me cubría la cabeza, alguien me había confundido con un hombre. Entonces, alguien me explicó que el dari no tiene palabras para distinguir entre sexos, y que «él», «ella» y «ello» son una única palabra. ¡Eso explicaba las confusiones que solía tener el pobre Sam con los pronombres! Rápidamente me acostumbré a que se dirigieran a mí como «señor», o a que hablaran de mí como «él».

Pese a que conducir por Kabul era la experiencia que más miedo me había dado en la vida —era como estar en una montaña rusa que se sale de sus raíles—, fui mejorando poco a poco mi conducción. Empecé a sentirme a gusto siendo una de las pocas mujeres de la ciudad sentadas al volante de un coche. El policía que dirigía el tráfico en la rotonda se acostumbró a verme y levantaba la mano para detener el paso a los demás coches cuando yo pasaba por allí. En una ocasión, se acercó a mi ventanilla y me hizo señas para que parase. Entonces me preguntó si me apetecía un poco del té que conservaba caliente en un termo junto a la acera. No pude evitar echarme a reír. Había más de un kilómetro de atasco y a cada segundo que pasaba la situación empeoraba por mi culpa, pero el policía seguía emperrado en su oferta y, de hecho, ya me estaba sirviendo una taza de té. Ésta es una de las cosas que me encantan de los afganos. Siempre tienen tiempo para el té.

Pero la novedad de la conducción se desvaneció rápidamente. Era imposible relajarse un segundo y, además, a mí siempre me había gustado conducir con una taza de café a mi lado y fumando un cigarrillo. Por otro lado, el teléfono móvil sonaba a menudo y no me quedaba otro remedio que atenderlo. Una llamada solía ser síntoma de una situación de caos en la escuela o en la pensión, o señal de que una clienta había logrado superar el tremendo tráfico de la ciudad y estaba esperándome, desesperada, para que le retocase las raíces antes de irse de vacaciones. Un día, entre el teléfono móvil, el café y el cigarrillo, a punto estuve de atropellar a un búfalo asiático. Aquel día decidí dejar de conducir por Kabul.

Le pedí entonces a Sam que me buscara un chófer que estuviese preparado siempre que yo quisiera salir. Me moría de ganas de regresar al *mandai*, pero no quería ir sola. Todo tipo de gente me había advertido de que ir sola allí no era en absoluto seguro y, además, yo no dominaba lo bastante el dari como para poder regatear con éxito con los vendedores. Yo quería precios afganos, no los elevados precios que me pedirían por ser extranjera. De haber estado Ali en la ciudad, le habría pedido que me llevara, pero estaba de viaje. La pequeña Hama habría estado encantada de acompañarme, pero apenas hablaba inglés y no podía ayudarme con el regateo. Al final convencí a Roshanna (que, cuando no estaba ayudándome con las clases, intentaba poner en marcha su propio salón) para que me acompañara. Me vestí con mi falda más larga y más oscura, me calcé zapatos oscuros y me puse incluso un burka, confiando que con todo ello nadie adivinara que era extranjera.

El chófer aparcó cerca del río. Se trata de una zona, por cierto, donde las facciones muyahidines combatieron tan encarnizadamente, que los edificios que flanquean ambas orillas del río Kabul estaban repletos de agujeros como recuerdo de ello. Me costaba entender cómo algunas casas se mantenían todavía en pie. Roshanna y yo bajamos del coche y emprendimos la marcha cogidas del brazo. El chófer nos seguía a unos cinco metros de distancia, para garantizar nuestra seguridad. Cruzamos un estrecho puente sobre el hediondo río, donde había algunas mujeres agachadas haciendo la colada. El *mandai* empezaba justo donde acababa el puente.

La gente vendía objetos expuestos sobre mesas, sobre mantas extendidas en el suelo, en carromatos y carretillas, en tenderetes y establecimientos. Expuestos incluso sobre sus propios cuerpos… había un tipo que llevaba una cantidad impresionante de llaveros sujetos al jersey. Imaginé que algunos de aquellos vendedores debían de ser ilegales, pues justo en aquel momento apareció un policía con una porra y empezó a amenazar a unos chiquillos que pretendían vender unos cuantos ceniceros expuestos sobre una toalla y a un hombre que llevaba colgando del brazo media docena de sujetadores de encaje. Yo quería detenerme a mirarlo todo, pero Roshanna no paraba de decirme:

—Mejor que vayamos rápido y no nos entretengamos.

Pero me resultaba imposible ir rápido. Había tantísima gente que daba la sensación de que justo en aquel momento se hubiera acabado un espectacular desfile. Y había tantas cosas que era como si un almacén enorme hubiera explotado y todos sus productos hubieran caído del cielo. El burka ofrece escasa visión periférica, por lo que tenía que irme parando de vez en cuando para poder girarme y verlo todo. Había todo tipo de cosas agrupadas de cualquier manera. Roshanna tiró de mí para conducirme hacia una calle secundaria y enseñarme un patio rodeado por tres pisos de tiendas donde vendían flores artificiales: rosas gigantes, larguísimas guirnaldas de amapolas, incluso árboles de Navidad. Pasamos por delante de una serie de tiendas adosadas las unas a las otras donde vendían máquinas de coser mecánicas, todas ellas con preciosos dibujos dorados en los laterales. Pasamos por delante de otro grupo de tiendas donde sólo vendían cuchillos y tijeras, y luego por delante de otro grupo de tiendas donde sólo vendían productos de higiene infantil. Naturalmente, había una zona enorme donde únicamente vendían pañuelos para la cabeza.

Cuando pasábamos por delante de un puesto con largas tiras de dátiles secos colgadas de un bastidor de madera, noté como si me pellizcaran el trasero. No me lo tomé a mal. Pensé que el *mandai* estaba tan abarrotado que alguien había tropezado conmigo por error. Aceleré un poco, pero entonces volví a notarlo… y esta vez como si alguien estuviese metiéndome mano.

—Me parece que alguien acaba de meterme mano en el culo —le susurré al oído a Roshanna. Ella tiró de mí para que siguiera caminando.

Pero entonces volví a notarlo. Definitivamente, ahí detrás había alguien sobándome. Me volví para mirar y vi a un hombretón horroroso pegado a mis talones. Le lancé una mirada asesina a través de la ventanilla del burka y di por sentado que se lo tomaría como una advertencia para no seguir molestándome. Pero tan pronto como le di la espalda, el hombre volvió a tocarme. Me volví rápidamente, levanté el burka y le arreé un bofetón en la cara.

Roshanna quería que se la tragase la tierra. Los vendedores de las tiendas salieron corriendo a la calle presas del pánico. Yo me puse a gritar con todas mis fuerzas, y a utilizar lo mejor posible todas las palabrotas que había aprendido en dari para explicar al público que aquel tipo estaba tocándome el culo y que yo no estaba dispuesta a permitirlo. El hombre había caído al suelo y todo el mundo se arremolinaba a nuestro alrededor para intentar comprender lo sucedido. Oí que Roshanna les explicaba en dari que el hombre estaba tirándome de la manga.

—¡No estaba tirándome de la manga! —repliqué yo—. Estaba tocándome el culo, Roshanna. —Pero explicarlo con aquellas palabras era una vergüenza para Roshanna, de modo que seguió explicando a todo el mundo que el hombre me tiraba de la manga. Entonces Roshanna me arrastró lejos de allí.

—Son cosas que suceden a menudo en el *mandai* —me explicó—. Cálmate, por favor, y enseguida volveremos a casa.

—Creía que tenían prohibido tocar a cualquier mujer que no fuera su esposa.

—Y así es, pero lo hacen.

—¿Y no se hace nada cuando esto ocurre?

Roshanna negó con la cabeza.

—Es demasiado violento.

Seguimos caminando un rato en silencio. Estaba demasiado enfadada para interesarme por el carnaval de productos que me rodeaba. Estaba rabiosa pensando que Roshanna y todas aquellas mujeres tenían que aguantar que los hombres les metieran mano en el *mandai*. Recordé a todas aquellas mujeres que había visto en la cárcel y que se habían atrevido a desafiar el orden sexual reinante teniendo novio o huyendo de un mal marido. ¿Por qué los hombres del mercado podían romper las reglas tan fácilmente? Recordé las cicatrices que tenía Nahida en la espalda y experimenté una nueva oleada de rabia, esta vez en su nombre.

Roshanna y yo nos detuvimos para comprar papel higiénico y sentí de nuevo una mano en el trasero. Me volví y vi que se trataba otra vez de aquel tipo horroroso. Nos había seguido hasta allí. Vi también a un policía entre el gentío, de modo que agarré al hombre por la camisa y empecé a tirar de él, gritando otra vez con mi pésimo dari que aquel tipo me había tocado el culo. El policía me escuchó tan sólo unos segundos, cogió entonces su porra y se puso a pegar al hombre. Observé la escena con satisfacción, como si aquella pequeña compensación sirviera para ayudar a equilibrar la balanza entre hombres y mujeres. Pero Roshanna me agarró del brazo y tiró de mí en dirección al coche.

—Lo siento, Debbie, pero nunca volveré a venir contigo al *mandai* —enunció. Y aunque volví a pedírselo muchas veces, siempre se negó, con cariño, con elegancia, pero siempre se negó tajantemente.

* * *

Me arrodillé en el baño junto al *bokari,* una estufa de leña cuyo aspecto podría recordar al de una papelera metálica decorativa. Me acompañaba Shaz, mi ama de llaves con dientes de oro. La estufa servía para calentar tanto el baño como el agua, y yo, con la intención de disfrutar de un baño caliente, había llenado de humo la planta superior de la pensión. Shaz abrió la ventana para que saliese el humo, después abrió la portezuela que había en la parte delantera del *bokari,* puso más papel envolviendo la leña y echó un poco más de gasolina. Cuando arrojó en el interior una cerilla encendida, me retiré hasta la pared más alejada y me acerqué de nuevo en cuanto vi el fuego avivarse. Me di cuenta de que, por la parte curva del conducto de metal a través del cual el *bokari* descargaba los vapores en el exterior, volvía a filtrarse humo, pero Shaz tenía respuesta para todo. Salió corriendo del baño y regresó con unos paños mojados. Envolvió entonces la parte curva del conducto caliente con los paños, que chisporrotearon hasta quedarse adheridos a las fisuras del metal. En cuestión de minutos, el humo se había esfumado. Podría disfrutar por fin de mi baño sin asfixiarme.

Aquél era el típico esfuerzo heroico que me impedía desprenderme de Shaz. Trabajaba como una máquina industrial cuando se trataba de fregar suelos... una máquina defectuosa, sin embargo: restregaba algunas partes del suelo hasta llegar casi a los cimientos y otras las ignoraba por completo. Corría por la pensión dejando a su paso una estela de tazas rotas, o de lámparas destrozadas. Teóricamente, se encargaba de plancharnos la ropa, pero a veces se olvidaba del tema. A lo mejor, siendo como era tan desaliñada, ni siquiera comprendía por qué la gente hacía esas cosas. Sam abría el armario, empezaba a sacar de allí camisas y más camisas arrugadas, y me preguntaba entonces por qué no buscábamos una limpiadora mejor. Teóricamente, Shaz tenía también que encargarse de limpiar cada mañana los baños de la escuela y de la peluquería. Pero por muchas veces que se lo dijera, yo seguía viendo a clientas saliendo del baño con una educada expresión de contrariedad.

Llegué a la conclusión de que uno de los problemas podía ser que Shaz tenía demasiado trabajo. Cuando nos mudamos a la «Casa del Pavo Real», su principal ocupación era mantener limpia la pensión. Pero cuando la escuela inició sus actividades, la cantidad de trabajo aumentó. No sabía cómo podría hacerlo todo, de modo que le dije a Sam que le comentara a Shaz que intentaríamos buscar a alguien que la ayudara. Al día siguiente, Shaz apareció con una mujer mayor que se parecía tanto a ella que le dije a Sam que le preguntara si se trataba de una hermana o una prima.

Después de una breve discusión, Sam se volvió hacia mí y me dijo:

—Es su madre.

Me quedé pasmada. La otra mujer sólo parecía unos años mayor que Shaz.

—¿Cuántos años tienes? —le pregunté con signos a Shaz.

—Veinticinco —reveló.

Y yo que había dado por supuesto que Shaz tenía al menos cincuenta años… ¡que era mayor que yo!

—¡Quiero saber más cosas! —le dije a Sam cuando lo vi acercarse a la puerta—. Quiero conocer toda la historia.

—Tendrás que pedírselo a Roshanna —sugirió Sam—. Shaz no explicará a ningún hombre todos esos detalles sexys que tú pretendes conocer.

De modo que tuve que esperar a que Roshanna pasara por la «Casa del Pavo Real» a última hora de la tarde. Y entonces me fui con ellas a mi habitación.

Shaz y su madre eran de la tribu de los hazara. Los talibanes, que eran mayoritariamente pashtus, sentían un desdén especial hacia los hazara y los despreciaban por considerarlos gente ignorante, no muy superiores a los asnos, que sólo servían para realizar los trabajos más nimios. La familia de Shaz permaneció en Kabul durante la guerra pero, con la llegada de los talibanes, huyeron a las montañas, pues se rumoreaba que los nuevos gobernantes pensaban masacrar a todos los hazara. Shaz y su familia estuvieron un año viviendo en una cueva, buscando comida en las granjas, e incluso robando cuando no tenían qué comer.

Me sorprendió ver a Shaz sonreír mientras relataba esta parte de la historia. Resultaba que por aquel entonces estaba casada con un buen hombre, a quien amaba profundamente. A pesar de las penurias vividas, sus recuerdos de aquellos años eran felices. Entonces, un día, su marido tropezó con un grupo de talibanes y lo mataron. Cuando ella y los miembros de su familia se enteraron de que los talibanes habían abandonado el poder, descendieron de las montañas y encontraron parientes que estuvieron ayudándoles durante un tiempo. La familia de Shaz decidió casarla de nuevo con un hombre cuya primera esposa todavía no le había dado ningún hijo. Pero Shaz tampoco pudo concebir con aquel hombre, que acabó divorciándose de ella. Luego su familia la casó con un tercer hombre que vivía con otra esposa en la ciudad de Kunduz, al norte de Kabul. El hombre no quería que ella se mudara a vivir a la casa que compartía con su primera esposa, de modo que Shaz siguió viviendo con su madre. El hombre esperaba que Shaz le diera un hijo, por lo que la visitaba de vez en cuando en Kabul para mantener relaciones sexuales. Intentó también que ella le diera dinero. Shaz solucionó este problema yendo a la calle del Oro y cambió sus ahorros por anillos y pulseras, pero él ni siquiera lo tuvo en cuenta. Shaz tampoco había podido concebir un hijo con aquel hombre. Se restregó los ojos con las manos sucias mientras le explicaba a Roshanna que temía que también él acabara divorciándose de ella.

Por lo tanto, decidí continuar con Shaz, pasara lo que pasara. Al fin y al cabo, yo dirigía un programa cuyo objetivo era, supuestamente, ayudar a las mujeres, y no tenía por qué limitarme a ayudar tan sólo a las peluqueras. De estar en mis manos, quería ayudar también a mujeres pobres y con menos facultades, como Shaz.

Pero su trabajo no mejoraba. Seguía rompiendo cosas. O, a veces, las cosas desaparecían y yo no estaba segura de si ella las había tirado por haberlas roto o si alguien me las había robado. Me costaba creer que Shaz me robara, pues a menudo me traía cosas valiosas que yo había dejado en el lugar equivocado. Pero llegó un día en que me desapareció un anillo de oro de la mesita de noche y exigí saber qué había pasado. Shaz, su madre, nuestro *chowkidor,* el cocinero… la casa entera se vio atrapada en un ir y venir de acusaciones hacia el uno y el otro. Al final, Sam sugirió que fuéramos a visitar a un mulá con poderes mentales del que había oído hablar. Se trataba de que todos los sospechosos se presentaran frente al mulá para declarar su inocencia, después de lo cual aquel hombre decidiría quién decía la verdad. Tenía ganas de que llegara el día de ir a visitar al mulá con poderes psíquicos, pero la madre de Shaz anunció que había encontrado el anillo en el suelo del salón de belleza. Nunca llegué a conocer la verdad sobre lo sucedido.

Entonces tuvimos otro problema con Shaz. Un día, una de las alumnas entró corriendo y llorando en el salón, con los brazos cruzados sobre el pecho. La cogí, la hice acostarse y grité:

—Me parece que sufre un infarto.

Topekai y Baseera se acercaron para hablar con la chica, y ella les explicó que Shaz le había toqueteado el pecho.

—No —contradije—, me cuesta creer que Shaz haga una cosa así. O de hacerlo, estaría simplemente jugando.

—Pero otras dos alumnas se acercaron y me contaron que Shaz también se lo había hecho a ellas, y que les había tocado no sólo el pecho, sino también la entrepierna. Una de ellas se levantó la túnica para que pudiera verle la parte lateral de un pecho. Tenía moratones.

Llamé a Roshanna y le pedí que viniese a verme. Cuando al día siguiente llegó Shaz, la senté y le expliqué lo que me habían contado mis alumnas.

—Eso es acoso sexual —le expliqué—. Si fueses hombre, podrían meterte en la cárcel por ello.

Roshanna tradujo mis palabras, pero Shaz negó con la cabeza, tremendamente confusa.

—Dice que ella no hace esas cosas —tradujo Roshanna—. Dice que las chicas cuentan mentiras sobre ella.

No sabía qué pensar. Durante las siguientes semanas, pregunté continuamente a mis alumnas si los hechos se habían repetido. Varias veces me respondieron que sí, que Shaz las había tocado. Yo no quería creerlo, porque me recordaba a aquel tipo horroroso que me sobó en el *mandai*. Pensé que era posible que Shaz estuviera tan necesitada de sexo o de cariño que manosear a las demás chicas era su única manera de saciar su apetito. Intenté racionalizar su comportamiento porque seguía queriendo ayudarla. Pero llegó entonces un día en que vi con mis propios ojos a Shaz acechando a una de mis alumnas por detrás mientras la chica estaba calzándose, hasta llegar a tocarle los pechos. La alumna se agazapó y se puso a llorar. Atravesé corriendo la estancia y arrinconé a Shaz contra la pared.

—Se acabó —concluí—. Estás despedida.

Despedirla me dejó muy abatida. Incluso las profesoras y las alumnas se pusieron tristes. Shaz formaba parte de la familia; era como el niño malo a quien todo el mundo sigue queriendo. Pasamos una semana deprimidas por su ausencia. Una de mis clientas, que es psicóloga, me preguntó qué sucedía y le expliqué la situación.

—Es muy probable que alguien haya estado haciéndole lo mismo a ella durante toda su vida —expuso aquella mujer. Y entonces Shaz regresó. Se pasó el día entero deambulando delante del edificio y asomando la cabeza apesadumbrada cada vez que el *chowkidor* abría la verja. Finalmente, salí a la calle y la hice pasar. La abracé y nos echamos a llorar las dos.

—No vuelvas a hacerlo nunca más —le pedí.

Por alguna razón, el despido la cambió. Empezó a recordar que tenía que limpiar los baños todos los días. Dejó de romper tantas cosas. Llevaba la ropa y el pelo más limpios. Me sentí aliviada, pues me había encariñado con Shaz y necesitaba aquella prueba visual de que su vida podía mejorar, igual que la vida de mis alumnas y profesoras estaba mejorando.

Entonces, un día, Sam tropezó con la madre de Shaz cuando ésta iba a abrir la verja. Se le cayó un objeto al suelo. Era una de las linternas que guardábamos junto a la cama para cuando teníamos que ir al baño a media noche. La despidió allí mismo y las súplicas de Shaz no consiguieron hacerle cambiar de opinión.

—Si roba cosas pequeñas, llegará un día que nos robe las más grandes —enunció Sam.

* * *

Nahida, su marido talibán y su hijo regresaron a Kabul justo antes del inicio de mi tercer curso. Mientras ella absorbía todo lo que mis formadoras y yo podíamos enseñarle, estuvieron todos ellos viviendo con sus familiares. Sabía que Nahida iba a ser una de mis mejores alumnas. Me habría gustado que se hospedara en la «Casa del Pavo Real» para poder verla más a menudo fuera del horario lectivo. Sam y yo invitábamos con frecuencia a Nahida y su marido a cenar en casa. Nahida vibraba con sus planes de negocio. ¡Tenía ideas magníficas! Su esposo permanecía sentado, callado como un pedrusco.

Cuando Nahida se fue, seguimos en contacto por teléfono y correo electrónico. El salón que abrió tuvo un éxito enorme en sólo unos pocos meses. Mandó imprimir tarjetas y las repartía en las bodas. Distribuyó folletos anunciando una oferta de dos cortes al precio de uno si una clienta le traía a una amiga. Empezó a ganar mucho dinero y su marido se sentía satisfecho. Pero no por ello pasó a ser mejor esposo. Seguía pegándola porque ella, que no quería tener más hijos, se negaba a mantener relaciones con él, quien se negaba a utilizar métodos de control de natalidad. La pegaba por múltiples motivos, y cuando no se le ocurría una razón, la pegaba por ser inteligente, joven y bonita. Y, sobre todo, por ser mujer.

Cuando mis amistades de Michigan me preguntaban cómo podían colaborar con Afganistán, yo siempre tenía una lista interminable de cosas que podían hacer o enviar. Pero siempre les pedía que rezaran por Nahida, para que sobreviviera a aquel matrimonio.

Nahida escondía parte del dinero que ganaba, de modo que, en realidad, su marido no estaba totalmente al corriente del alcance de su éxito. Trabajaba tan duro y sufría tantas palizas, que incluso la primera esposa empezó a sentir lástima por ella. Nahida decidió entonces ofrecerle regalos a la primera mujer: caramelos para las niñas, perfume, un vestido nuevo si tenían que ir de boda, incluso un televisor. Con el tiempo, las dos esposas acabaron siendo como hermanas. De pronto, la primera esposa se quedó embarazada y dio a luz un hijo varón. Nahida pensó enseguida que aquel niño era su billete de salida de aquel matrimonio. Era lo que más deseaba en el mundo. Le suplicó a la primera esposa que convenciera al marido de que se divorciase de ella.

—Dile que soy mala, dile que le avergüenzo trabajando fuera de casa, dile que se divorcie de mí porque sólo le causo problemas —le imploró Nahida.

—Lo intentaré —le prometió la primera esposa.

La primera esposa empezó a susurrarle al oído al talibán. Le hizo notar los muchos fallos que tenía Nahida como esposa y le comentó que todo el vecindario se reía de él porque era incapaz de controlarla. Le dijo que ni siquiera ella podía soportar vivir bajo el mismo techo que aquella advenediza irrespetuosa. El talibán prestó atención a los comentarios de su primera esposa y pegó a Nahida más si cabe en un intento de obligarla a convertirse en mejor esposa.

Pero al final, para complacer a su primera mujer, accedió a divorciarse de Nahida. Y pese a que los padres casi siempre se quedaban con los hijos después de un divorcio, accedió incluso a que Nahida se llevara a su hijo, «el engendro de esa mujer mala», según palabras de la primera esposa. Nahida se instaló de nuevo en casa de sus padres, encantados de su regreso. Ahora es la orgullosa dueña de su propio salón y tiene varias empleadas. Exporta pañuelos de distintas provincias, trabaja como traductora y ofrece conferencias en seminarios para mujeres. Siempre me cuenta que le trae sin cuidado volver a casarse y, lo que es más importante, que no tiene ninguna necesidad de hacerlo.

Capítulo
7

A finales de primavera, perdí de repente la mitad de la subvención que recibía de la ONG alemana, que se había comprometido a pagar el segundo y el tercer curso. La ONG estaba patrocinada por el gobierno alemán, que había visto recortado su presupuesto, de modo que la mala noticia acabó repercutiéndome. Había aceptado ya la candidatura de veinticinco chicas para el siguiente curso, pero sólo tenía presupuesto para una docena y media. Yo no soy una persona especializada en recaudar fondos para fines sociales. No tengo ni idea sobre cómo redactar solicitudes para obtener subvenciones, ni sobre cómo funciona el proceso para recibir fondos para un proyecto. De modo que volví a recurrir a la única manera que conozco de obtener dinero. Decidí que aprovecharía las instalaciones del salón y les pediría a Topekai y a algunas de mis alumnas aventajadas, como Baseera, que se quedaran unas cuantas horas al finalizar·las clases para ayudarme con nuestra clientela de pago. Me imaginé que con los beneficios que obtuviera del salón podría financiar el curso siguiente, pues las occidentales que viven en Kabul podían regalarse muy pocos lujos y estaban ansiosas por dejarse mimar un poco.

Preparé unos folletos de propaganda y los repartí por los lugares que más frecuentaban los extranjeros, como los restaurantes occidentales y el establecimiento donde compran bebidas alcohólicas. A las clientas que ya tenía les pedí que se llevaran folletos e hicieran correr la voz en sus recintos. Pronto empezaron a llamar muchas clientas nuevas para pedirme cita. El reto siguiente era, en una ciudad donde no existen indicaciones de tráfico ni rótulos con el nombre de las calles, explicarles cómo llegar hasta la «Casa del Pavo Real». De modo que mis instrucciones eran más o menos como siguen:

Diríjase al cibercafé próximo a la rotonda de Shar-e-Now, situada cerca del hospital de urgencias que tiene una pintura roja y blanca en la pared. Gire la primera a la derecha y se encontrará en la calle principal de Share-e-Now. Antes de llegar al edificio donde antes estaba el cine y que fue destruido por un bombardeo, verá un edificio de color amarillo. Gire a la derecha y siga adelante hasta cruzar una calle que está siempre llena de vacas muertas. Continúe hasta pasar por delante de la casa del antiguo jefe de la milicia y en la siguiente calle gire a la izquierda. Verá una garita pintada a rayas azules y blancas y un cartel con la palabra «ASSA» escrita en letras negras. Justo delante, hay un edificio de color gris donde siempre hay muchos afganos merodeando, una sastrería, un recinto con una verja azul y, en la esquina, un pozo con una bomba de extracción manual. Mi pensión es la de la verja de color azul. Si me avisa con antelación de su llegada, verá que soy la extranjera con un pañuelo amarillo en la cabeza que le espera junto al pozo hablando por el teléfono móvil. Seguramente estaré rodeada por algún grupito de gente.

El salón empezó a estar muy frecuentado, lo que significaba que Topekai, Baseera y Bahar —otra alumna brillante del segundo curso— estaban expuestas a una cantidad importante de gente extranjera. Al principio, yo tenía la sensación de que todas las occidentales que pasaban por el salón las sorprendían de una forma u otra.

Un día llegó una mujer que quería depilarse a la cera la línea del bikini.

—¿Acaso va a casarse? —me preguntó Topekai, asumiendo erróneamente que las norteamericanas pasábamos también por la depilación prenupcial.

Negué con la cabeza.

—Se marcha una semana de vacaciones a Chipre con su novio.

Otra mujer llegó a mi puerta y montó todo un espectáculo para quitarse el pañuelo que le cubría la cabeza y el abrigo largo que llevaba puesto. A continuación, tensó la camisa para que todas las presentes pudiéramos admirar la pequeña prominencia de su vientre.

—¡Estoy embarazada! —gritó llena de júbilo.

Bahar sonrió de oreja a oreja.

—¿Está feliz su marido? —preguntó.

—Oh, no estoy casada —le respondió la mujer—. Voy a tenerlo sola.

Llegó otra mujer y se presentó como miembro del cuerpo diplomático de una de las embajadas. Cuando se quitó el abrigo, las peluqueras afganas se miraron entre ellas y tuvieron que agachar la cabeza para ocultar sus risas. La mujer llevaba una blusa que dejaba al descubierto sus michelines y una minifalda horrenda que apenas cubría su enorme trasero. ¡Incluso yo me quedé pasmada! Mientras le cortaba el pelo, seguí oyendo las carcajadas de mis chicas en el pequeño almacén. Cuando se marchó, asomé la cabeza en la habitación para ver a qué venían tantas risas. Y me encontré a Baseera con la falda subida hasta la altura de los muslos, un montón de toallas remetidas en su ropa interior y paseando arriba y abajo.

—¡Soy una diplomática! —decía, contoneándose por la habitación—. ¡Soy una *gran* diplomática!

Poco a poco, mis chicas fueron acostumbrándose a las curiosas maneras de las extranjeras y aprendieron a mantenerse imperturbables y a tener un comportamiento profesional. Yo sabía que aquello les iría muy bien, pues si aprendían a servir las necesidades de las extranjeras, acabarían ganando mucho dinero.

Pero de vez en cuando me encontraba en la incómoda situación de tener que rechazar clientas, pues yo era la única peluquera en quien confiaban para el corte y el color y no disponía de tiempo suficiente para atenderlas a todas. En Estados Unidos, las chicas tienen un año entero de formación en la escuela de belleza. Después suelen pasar años trabajando en peluquerías rápidas antes de obtener un puesto en un buen salón. Cuando entran allí, y antes de pasar a tener su propia clientela, trabajan unos meses sólo lavando cabezas o ayudando a las estilistas con más experiencia. Mis peluqueras afganas tenían sólo doce semanas de formación en la escuela de belleza y unas cuantas horas de aprendizaje en el salón, lo que equivalía a decir que no estaban todavía preparadas para ofrecer a las clientas occidentales la calidad que ellas esperaban. Pero yo estaba segura de que con lo tremendamente motivadas que estaban, podían realizar un buen trabajo si conseguían practicar un poco más. Por eso me concentré en convertirlas en peluqueras más vendibles. Si llegaba una clienta que quería un corte y reflejos, le decía que yo le haría el corte y que Bahar se encargaría de ponerle las mechas… que lo hacía mejor que yo, y era verdad. Decidí también ofrecer más servicios. Había descubierto una camilla de ginecología en el fondo del contenedor, al que seguía realizando visitas semanales para ir a buscar productos. No tenía ni idea de qué hacía allí aquella camilla, pero me di cuenta de que podía utilizarla para masajes, tratamientos faciales e incluso para pedicuras. Una fisioterapeuta canadiense había enseñado técnicas de masaje a Topekai y Baseera, por lo que la camilla resultaba estupenda. Empecé a comentar a la clientela que también realizábamos masajes y pedicuras. La sección de cuidados personales del salón, sobre todo las pedicuras, empezó a funcionar de maravilla. En un periodo de dos semanas, trabajamos en pies procedentes de Bosnia, Australia, Londres, Estados Unidos, Alemania, Francia, Suiza, Rusia y Filipinas.

Empezamos también a tener algún que otro escarceo en el negocio de la novia afgana tradicional. Un avance sorprendente, pues nunca me había planteado llegar a dedicarme al maquillaje nupcial. Era lo que estaba enseñando a hacer a mis alumnas, y el aspecto *drag queen* no era precisamente mi especialidad. Pero resultaba que había bastantes mujeres afganas que habían vivido durante años en Occidente, habían regresado a su país y aquí se habían comprometido. Sus padres querían que pasaran por el proceso del compromiso afgano tradicional y por todo el ritual de la boda, pero a esas chicas la idea del maquillaje exagerado y el peinado de mil metros de altura les producía náuseas. La primera afgana occidentalizada que se encontró en este aprieto me suplicó que me ocupara de los detalles de su boda. Accedí a su propuesta, pero a cambio de unos honorarios elevados, pues decidí cobrarle trescientos dólares a ella por el maquillaje y diez dólares a cada integrante de su séquito nupcial. La tarifa habitual para una novia afgana oscilaba entre los cien y los ciento sesenta dólares, pero yo quería establecer unos precios elevados para no correr el peligro de que mi salón entrara en competencia con los de mis alumnas. Aquella primera novia llegó al salón en compañía de todas sus parientes y amigas y estuve cerca de cinco horas trabajando en su maquillaje. Podría haberlo hecho en dos, pero al parecer el método tradicional alarga el proceso hasta cinco horas y lo convierte en todo un acontecimiento. El día de su boda, la novia le explicó a todo el mundo que yo la había maquillado, y a partir de entonces empecé a recibir muchas llamadas de novias que se encontraban en sus mismas circunstancias.

Pero incluso con este negocio adicional, seguía sin ganar lo bastante como para cubrir todos los gastos de la escuela. Había recibido muchas llamadas de hombres que querían venir, pero las había rechazado siempre por el simple hecho de que en Afganistán los hombres tienen prohibida la entrada en los salones de belleza. Pero tropecé con tantos extranjeros que me suplicaban un corte de pelo, y también alguna que otra manicura, que empecé a sentir lástima de ellos. Afganistán puede llegar a ser una experiencia tremendamente intensa para los extranjeros que llevan mucho tiempo allí. Están constantemente encerrados en los recintos de su embajada o de su ONG, y cuando salen de aquellas cuatro paredes para realizar algún trabajo en el exterior, nunca saben si su vehículo será el que precisamente acabe atrayendo una bomba. Siempre que salgo en coche y vislumbro uno de esos todoterrenos con tracción a las cuatro ruedas perteneciente a una ONG importante, o un tanque de las fuerzas internacionales de pacificación, le digo al chófer que se mantenga a cierta distancia de seguridad por si acaso el vehículo resultara ser el blanco de algún atentado. Por eso me daban pena aquellos hombres que lo único que pedían era disfrutar de un pequeño lujo. Sabía también que podían ser una fuente importante de ingresos. Empecé a trabajar con ellos a última hora de la tarde y por las noches, después de cerrar tanto la escuela como el salón y cuando todas las chicas se habían marchado ya a su casa.

Pero justo cuando todos estos esfuerzos para expandir el negocio del salón empezaban a dar sus frutos, el clima de seguridad en Kabul se enrareció de verdad. Volvía a ser temporada de elecciones, pero esta vez había mucho más en juego. En octubre, los afganos y las afganas elegirían a su nuevo presidente por votación secreta. Había casi una veintena de candidaturas y muchas hostilidades entre las distintas facciones que presentaban candidatos. En algunas áreas, había además un trasfondo de recelo pues temían que Estados Unidos fuera a amañar las elecciones para conseguir la victoria de su candidato favorito, el actual presidente, Hamid Karzai. Y, naturalmente, los talibanes se oponían a las elecciones, ganase quien ganase. Se había producido un aumento en el número de secuestros y de atentados y de la violencia en general, y la Embajada de Estados Unidos aconsejaba discreción a los norteamericanos.

Las Naciones Unidas disponían de un sistema de alarma para sus empleados y la mayoría de ONG y embajadas de la ciudad seguían su ejemplo. «Ciudad Verde» significaba que podías moverte prácticamente por todos lados, «Ciudad Blanca» significaba que sólo podías desplazarte a unos pocos lugares muy seguros fuera de tu edificio y «Ciudad Roja» significaba, básicamente, que tenías que plantearte la evacuación. Durante aquellos meses, en las Naciones Unidas estuvieron prácticamente todo el tiempo en Ciudad Blanca. Pese a que la «Casa del Pavo Real» no ofrecía las características de seguridad requeridas por el código Ciudad Blanca (no había alambradas de tejido hexagonal coronando los muros del recinto, ni ventanas controladas por cámaras, ni barricadas antimisiles en la azotea del edificio), había extranjeros que seguían apañándoselas para llegar hasta mi salón.

Yo hacía caso omiso a las alertas. Tenía la sensación de que no era necesario vivir con miedo, siempre y cuando fueras cauteloso y respetuoso con la cultura del país. Mi principal reacción a las alertas de Ciudad Blanca era el fastidio, pues eran malas para el negocio. Había muchas clientas que no conseguían sortear con éxito los obstáculos que suponían las restricciones impuestas por la Ciudad Blanca. Llamaban para cancelar sus citas y se lamentaban por tener que permanecer encerradas en sus recintos. Después de recibir varias llamadas de ese tipo, se me ocurrió una idea.

—¿Y si vamos nosotras? —pregunté—. Si puedes programarnos varias clientas seguidas, cogeré el coche de Sam y llenaré el maletero con todo lo necesario. Las chicas y yo podemos ofreceros nuestros servicios en vuestro recinto durante toda una tarde.

Enseguida empezamos a realizar escapadas regulares a las distintas ONG de la ciudad. Nuestras clientas nos estaban tan agradecidas, y tan felices por poder divertirse un poco, que nos dejaban espléndidas propinas. Después de una de esas escapadas, las chicas saltaban en sus asientos al ver la gran cantidad de dinero que habían ganado en propinas… y eso era además de lo que yo iba a pagarles por el trabajo realizado. Le pregunté a Baseera cuánto había conseguido en propinas.

—¡Cincuenta dólares! —Sus ojos verdes resplandecían—. ¡Mi marido no gana eso ni en dos semanas!

* * *

Sam no dejaba de mirarme mientras yo intentaba leer un libro. Estábamos en nuestra habitación y el televisor estaba encendido, pero Sam no seguía el drama de Bollywood que se emitía. Se quedaba mirándome a la más mínima oportunidad, aunque lo negara cuando lo sorprendía haciéndolo.

—¿Qué sucede? —le dije por quinta vez—. ¿Por qué me miras así?

Sam suspiró y empezó a dar golpecitos con el bolígrafo en la taza de té, como si fuera un huevo que intentara romper.

—Tengo que mandar dinero a casa —dijo por fin.

—¿Por qué?

—Necesita ir al médico.

—¿Tu padre?

—No, ella. Ella necesita ir al médico.

—¿Quién es ella? ¿Tu madre, tu hermana, tu hija…?

—Mi esposa.

—¿Está enferma? —De tener que pensar en ella, me resultaba más fácil imaginármela consumiéndose víctima de una enfermedad mortal y esfumándose por completo de la periferia de mi vida.

Él negó con la cabeza y volvió a suspirar.

—Está embarazada.

Me sentí como si acabara de lanzarme desde un avión.

Aquella primavera estaba trabajando tantísimo —escuela por la mañana, clientela en la peluquería por las tardes— que cada noche atravesaba tambaleándome el recinto para ir por fin a nuestra habitación y esperar que mi querido marido me mimase un poquito. Pero rápidamente aprendí que si quería alguna muestra de cariño por su parte lo mejor era arrinconarlo contra una pared y ahogarlo con un beso de tornillo. Y eso, por supuesto, no era precisamente lo que yo tenía en mente. Para hacerle justicia a Sam, debo decir que seguía pasando una mala racha con sus negocios.

De todas maneras, cuando la situación empezó a mejorar, su actitud no es que cambiase mucho. Entre nosotros existían diferencias culturales tan complicadas como cruzar a pie la cordillera del Hindu Kush. Y ninguno de los dos tenía idea de cómo solucionarlo.

Nos peleábamos mucho. De hecho, una de las nuevas palabras en inglés que Sam aprendió por aquella época fue «dinosaurio», el nombre con el que me llamaba cariñosamente, pues decía que yo peleaba como si fuera uno de ellos. Los actos de cariño —o más bien, de falta de cariño— desencadenaban una riña tras otra. Por ejemplo, teníamos muchas noches de gritos y lágrimas porque yo entraba en la habitación y le daba un beso, y él se apartaba de mí con una mirada de consternación. Al final le pedimos a Roshanna que nos tradujera aquel problema. Resultó ser que yo le daba un beso después de que él hubiera realizado su rutina de limpieza ritual en preparación para la oración de la noche. Si le daba un beso, Sam tenía que volver a calentar agua y repetir el proceso.

Pero incluso en los casos en que yo le tocaba antes de haberse aseado para la oración, Sam solía mostrarse bastante insensible. No comprendía por qué yo quería que hiciéramos manitas o abrazarlo o besarlo o acariciarlo. Nunca lo había hecho con su esposa afgana, y su padre jamás lo había hecho con su madre. No creo que Sam hubiera visto en su vida a un afgano comportarse de aquella manera con una mujer. Los hombres afganos pasean por la calle dándose la mano entre ellos. Es normal verlos abrazándose o incluso unos acariciando los brazos de otros, pero jamás verás a un hombre haciéndole esas cosas a una mujer. En una ocasión, Sam y yo íbamos a algún lado en coche y se me ocurrió acariciarle el brazo. Él se puso colorado como un tomate y me apartó la mano.

—¡Ahora no es momento para sexo, Debbie! —refunfuñó entre dientes.

—Tampoco yo tengo ganas de sexo en este momento —le comenté, aunque quién sabe… a lo mejor me habría apetecido si no me hubiese dado la sensación de que lo único que quería él era saltar del coche—. Sólo quiero arrumacos.

—¿Qué son «arrumacos»? —me preguntó exasperado. No le daba la gana captarlo.

Y como sucede con la mayoría de las mujeres, yo deseaba que mi marido fuese también mi media naranja, no sólo cariñoso físicamente, sino que se interesase también por mis ideas y mis sentimientos más profundos. Era complicado de por sí por la barrera que suponía el idioma, pero yo estaba decidida a intentarlo. Perseguía a Sam por el recinto de casa con mi diccionario dari-inglés, intentando averiguar cómo se decía «Estoy deprimida» o «En esta época del año echo mucho de menos a mi padre». Sam escuchaba mis mortificantes frases y se quedaba mirándome, sin comprender nada. Al final decidió que tenía que buscar a algunos extranjeros que se ocuparan de absorber mi exagerada necesidad de conversación. Uno de ellos fue un joven fotógrafo llamado David, que tenía una habitación alquilada en la «Casa del Pavo Real». Sam le dijo a David que le pagaría cuatro dólares la hora (unos doscientos afganis) si se dedicaba a hablar conmigo. Y creo que la tarifa era aún más alta si las horas de conversación tenían lugar después de la puesta de sol.

Por otro lado, me estaba volviendo loca porque en la «Casa del Pavo Real» me sentía como si estuviese encerrada en una cárcel. Al menos antes, cuando la escuela estaba instalada en el Ministerio de Asuntos de la Mujer, caminaba un poco para ir y volver de la pensión en la que vivía entonces. Pero ahora todas mis actividades tenían lugar dentro de los muros de nuestro recinto. Estaba desesperada por ver otros lugares y otras caras pero, por otro lado, tampoco quería salir sola. No hablaba dari, ni sabía moverme por la ciudad, y las alarmas de seguridad estaban activadas. Sabía perfectamente que las peluqueras estábamos dentro de la categoría de «objetivo blando», pues éramos un blanco fácil e íbamos desarmadas, de modo que debía andarme con cautela. Pero Sam no sólo se mostraba reacio a ir a cualquier parte conmigo, sino que además se mostraba reacio a que yo pasara el rato con los afganos que acudían a la pensión a visitarlo. Cuando llegaban, me pedía que me encerrara en la habitación hasta que se fueran. Lloraba mucho por todo aquello. Estaba segura de que le daba vergüenza que lo vieran conmigo. Finalmente me lamenté a Roshanna de este hecho. Y me dijo:

—¡Oh, no, Debbie! Con esto te demuestra que te quiere tanto que no desea que otros hombres te miren.

Pero por mucho que Roshanna suavizara las cosas, las peleas continuaban. A menudo, Sam me trataba más como a una criada que como a una esposa, pues ése era el único modelo que conocía. Era imprescindible corregirlo enseguida en este sentido. Así que cuando él me pedía que le preparara el té o fuera a buscarle los zapatos, yo le respondía rápidamente:

—¿Acaso te has roto las piernas?

En una ocasión, comentó con un grupo de amigos extranjeros que era más fácil tener cien esposas afganas que una sola esposa norteamericana.

—A mil esposas afganas les dices que se sienten, y se sientan —informó—. Le dices a una esposa norteamericana que se siente, y te responde: «Vete a la mierda».

A veces, sólo a veces, bromeábamos sobre estas diferencias culturales. Y a veces nos gritábamos en nuestros respectivos idiomas y uno de los dos acababa durmiendo en la sala. De vez en cuando yo salía por la puerta dando un portazo para huir… de él, de la pensión, de nuestra estrecha habitación, de Ali, de David, de los demás huéspedes, de todo. Eso era lo que hacía en Holland, Michigan, siempre que me peleaba con alguien: dar un largo y agradable paseo bajo las estrellas para recuperar mi equilibrio emocional. Al menos, con esto conseguía que Sam reaccionase. La primera vez que lo hice, él salió corriendo detrás de mí, presa del pánico.

—Por favor, entiende que éste no es un buen lugar para estar enfadada —me dijo, arrastrándome de nuevo hacia la pensión—. Karzai controla el día, pero los talibanes siguen controlando la noche.

Una mañana, después de dormir en la sala de estar, decidí que ya había tenido suficiente. Llamé a Roshanna, le dije que abandonaba a Sam y le pregunté si podía instalarme en su casa con ella y su familia. Ella vino corriendo a la pensión y me encontró metiendo todos mis trastos en mis dos maletas y envolviendo en mis pañuelos las cosas que no cabían en ellas. Se echó a reír al ver la montaña de pañuelos abultados, pero al verme sentada en el suelo y llorando, decidió sentarse a mi lado. En pocos minutos, ella estaba llorando también. Ésta es otra de las cosas que me encantan de los afganos: nunca te dejan llorar sola. Intentó consolarme, pero en aquellos momentos yo estaba inconsolable.

—Me marcho —sollocé—. Abandono a Sam y la escuela y Afganistán. Me apetece darme un baño caliente y, maldita sea, ¡comer beicon!

Cuando Sam volvió a casa nos encontró a las dos sentadas en el suelo llorando. Se quedó en el umbral de la puerta y asimiló la escena con una expresión de amarga sorpresa. Creo que debió de pensar que a mis hijos o a mi madre les había sucedido alguna cosa. Entonces Roshanna decidió hablar a solas con él. Pasó casi una hora entera explicándole lo duro que resultaba para mí tanto este país como mi nuevo matrimonio. Luego volvió a entrar con un recipiente con agua. Lo siguiente que recuerdo es que Roshanna me lavó la cara y me peinó. Me eligió un vestido y me ayudó a vestirme. Sam le había dado dinero para llevarme a un buen restaurante y también permiso para utilizar su coche y su chófer. Fuimos a comprar más pañuelos, y luego pasamos horas sentadas en el restaurante. Me di cuenta de que mi principal problema en aquel momento quizá no era Sam. A lo mejor lo que sucedía era que echaba en falta ese tipo de compañía que sólo se obtiene con una amiga. Roshanna y yo habíamos estado tan ocupadas —ella con su nuevo salón y yo con la escuela y el salón—, que aun trabajando juntas para formar a las maestras llevábamos siglos sin divertirnos juntas.

Aún no sé si Sam y yo habríamos superado aquel periodo de tiempo si Val y Suraya, mis amigos de la antigua pensión, no hubieran regresado a Kabul. Se instalaron con nosotros en la «Casa del Pavo Real» y, poco a poco, Sam empezó a comprender mejor mi concepto de marido occidental. Los cuatro pasábamos mucho tiempo juntos riendo y hablando en la sala de estar, y me di cuenta de que Sam observaba a Val y lo imitaba. Si Val le acariciaba el hombro a Suraya, Sam me acariciaba a mí el hombro. Si Val le daba la mano a Suraya, Sam buscaba la mía. Empezamos a bromear con él al respecto, de modo que un día decidió devolvérnosla ignorando categóricamente todo lo que Val hacía. Pero cuando Suraya se sentó en el regazo de Val, Sam se levantó y se dejó caer sobre mi regazo.

Poco a poco, con la ayuda de nuestros amigos, Sam fue relajándose en compañía de la mujer extrovertida, emocional e independiente con quien se había casado. Y cuando yo comprendí mejor la cultura sexual con la que me había casado, dejé de tomarme tan personalmente sus déficits como marido, o por lo menos lo intenté. Pese a sus modales bruscos, aprendí a quererlo cada vez más. Y por difícil que fuese nuestro matrimonio, siempre fui perfectamente consciente de que nunca habría sido capaz de mantener la escuela abierta de no haber sido por la ayuda de Sam. Me obligaba a recordarlo cada vez que me venían ganas de lanzarle algo a la cabeza. Me obligaba a recordar los miserables pasados de mis alumnas y el orgullo y la esperanza que mostraban ahora sus rostros. Me obligaba a recordar que si seguía lanzándole objetos cuando me enfadaba, al final no nos quedaría nada. De hecho, ya no teníamos linternas que funcionaran porque ya se las había arrojado todas. De modo que la batalla entre nosotros, lo que él llamaba la guerra afgano-norteamericana, acabó apaciguándose, al menos por una temporada. Volvimos a convertirnos en esa especie de socios, tanto a nivel sexual como a otros niveles, que habíamos sido en la época en que Val y Suraya concertaron este matrimonio.

Pero cuando Sam me comunicó que su primera esposa estaba embarazada, me derrumbé. Había querido negar por completo la existencia de aquella mujer. No había querido ni pensar en la posibilidad de que Sam se hubiese acostado con ella cuando yo estaba en Michigan y él en Arabia Saudí. Ahora tenía la sensación de que me había engañado. Cogí su tazón de té, lo lancé contra la pared y se desintegró en centenares de diminutos fragmentos que parecían dientecillos.

—¿De cuánto está? —le pregunté.

—De cinco meses.

Conté mentalmente hacia delante. Aquello significaba que iba a tener el bebé en octubre. Si aún seguíamos casados por aquel entonces, sería el mes en que celebraríamos nuestro primer aniversario. Mi cumpleaños era, además, a finales de octubre. Odiaba la idea de que aquella mujer, con su nuevo hijo, fuera a desgraciar ese mes tan lleno de fechas importantes para mí.

Pasé las noches siguientes durmiendo en la sala de estar. Pero, no sé muy bien cómo, Sam y yo conseguimos superarlo. Al final comprendí que la situación también era complicada para él. Conseguimos recrear de nuevo nuestra extraña forma de felicidad, aunque seguía sin soportar la idea del mes de octubre que se avecinaba.

* * *

Pero muy pronto recordé que en Afganistán sólo están permitidos periodos de felicidad muy breves. Es como si fuera una más de las condiciones de vida de este país, como el polvo y el viento. Justo cuando has bajado el ritmo para disfrutar del paisaje, te encuentras con un nuevo horror esperándote a la vuelta de la esquina. Lo que sucede es que no tenía ni idea de que el horror estaría esperándome en mi propia casa.

Un día, al regresar de la escuela de belleza, me encontré a Sam sentado en la cama, con la cabeza entre las manos. Como nos sucede a la mayoría, el dominio del idioma extranjero le fallaba a Sam siempre que tenía algo muy importante que comunicar. Barbotó alguna cosa sobre Ali y la pequeña Hama, pero tuve que preguntarle repetidamente de qué me estaba hablando.

—Él la besa —explicó Sam—. A ella. Ali la besa.

No podía imaginarme por qué estaba tan alterado por un beso.

—Mi tío también me besaba cuando era pequeña. Era inofensivo.

—¡No es el beso de un tío! —Me empujó contra la pared, posó su boca sobre la mía y luego se apartó—. Así es cómo besa Ali.

Al parecer, había entrado en la habitación de Ali sin llamar —Sam nunca llama— y los había sorprendido. Si Sam había albergado de entrada alguna duda respecto a la naturaleza del beso, se desvaneció al instante en cuanto vio dónde tenía Ali posada la mano (sobre la camisa de Hama) y por la expresión de terror reflejada en la cara de la niña. Sam no sabía cómo se decía «pechos» en inglés… en nuestro código sexual eran «manzanas y naranjas». Mencionó algo sobre las manzanas y las naranjas de Hama, pero sin el más mínimo matiz jocoso.

Me senté en la cama a su lado, pasmada. Siempre me había sentido incómoda viendo cómo Hama seguía a Ali por toda la casa, pero era simplemente porque yo no quería que la chica estuviese sola en una habitación llena de visitas masculinas. De modo que intentaba tenerla a mi lado el máximo tiempo posible. Ali no me ponía pegas. Animaba a Hama a estar conmigo y le decía que yo era como su tía. La verdad es que me sentía más bien como su madre, pues se aferraba a mí como una niña pequeña. Sólo se relajaba cuando estaba en la escuela de belleza.

—¿Le has dicho que le matarías si vuelve a tocarla?

Sam negó con la cabeza.

—Ali no es de la familia. Tampoco Hama. Estas órdenes sólo pueden darse en el seno de la familia.

Salí como una bala en busca de Ali, pero no estaba en su habitación. De modo que me agencié un vaso de whisky, una cajetilla de tabaco, un montón de revistas, y decidí esperarlo. Llegó hacia las once de la noche, remolcando a Hama. El rostro de la chica se iluminó al verme en el sofá y corrió a sentarse a mi lado. Le acaricié la mejilla. Llevaba los labios pintados con carmín rojo, los ojos maquillados con kohl y sombra, todo ello tan chillón e innecesario sobre su hermosa carita que casi parecía una niña-actriz actuando en un vodevil. Le pedí que fuera a la cocina a prepararnos un poco de té. Obedeció sin rechistar.

—¿Qué estás haciendo con esta niña, Ali? —le pregunté—. ¿Eres de verdad su tío? ¿Su tío por consanguinidad?

—No, por consanguinidad, no. —Palpó sus bolsillos en busca de un cigarrillo. Me negué a ofrecerle uno de los míos—. Soy un amigo de la familia.

—Si la besas y la tocas no eres ningún amigo. Lo único que conseguirás es arruinar su reputación y nunca podrá casarse.

—Pero, Debbie, escúchame. —Sonrió y extendió las manos—. Voy a casarme con Hama.

Sentí náuseas y me puse más rabiosa, si cabe, que nunca. Estaba segura de que mentía.

—Le llevas como mínimo treinta años, Ali. Eres demasiado mayor. Y aun en el caso de que realmente fueras a casarte con ella, no tendrías por qué andar tocándola de la manera en que Sam te vio hacerlo hasta después de casaros. Tal vez yo no sea más que una norteamericana estúpida, pero eso lo sé perfectamente.

Ali se sonrojó.

—Lo que yo pueda hacer con Hama lo hago con la bendición de sus padres.

—No quiero que vuelvas a traerla a esta casa. No la quiero en tu habitación ni con tus amigos. En cuanto termine su jornada en la escuela, la quiero directamente de vuelta en casa de sus padres.

Sabía que Ali estaba enfadado, pero no discutió conmigo. Justo en aquel momento llegó uno de los huéspedes, Ali se volvió y empezó a gritarle alguna cosa en dari.

—Llévala a su casa. —Entré en la cocina y vi a Hama de pie junto al fregadero, asustada por las voces que se oían en la sala. Le dije que se fuera a casa y que se mantuviera alejada de Ali. Seguramente no entendía muy bien qué sucedía, pero se dio claramente cuenta de que yo estaba muy disgustada. Ali la llamó entonces desde la sala y ella salió corriendo hacia allí.

Sam y yo decidimos que teníamos que averiguar más cosas sobre Ali. Y en cuanto empezamos a preguntar no pararon de salir a la luz historias desagradables sobre aquel tipo. Me puse enferma sólo de pensar que por culpa de haber estado tan ocupados —y por ser tan confiados— no habíamos podido averiguar antes más cosas sobre él. Corrían rumores de todo tipo sobre sus asquerosas actividades. Esto explicaba el lado misterioso de Ali. Por qué aparentemente no tenía trabajo, pero siempre tenía dinero. Por qué conocía afganos bien relacionados repartidos por toda Europa y Oriente.

Pero poco podíamos hacer al respecto. Ali era nuestro socio en la pensión de la «Casa del Pavo Real», y estábamos vinculados a él hasta el vencimiento del contrato de alquiler. Ni siquiera podía insistirle para que dejara de venir a la casa con Hama, pero dejó de hacerlo. Yo la veía a ella en la escuela cada día —me aseguraba de que tuviese siempre un medio de transporte que la trajese y llevase a casa de sus padres— y ella se mostraba como siempre cariñosa y feliz. Un día, me la llevé aparte y le pedí a Roshanna que viniera con nosotras para traducir.

—¿Te toca Ali en sitios feos? —le pregunté.

La chica bajó la vista.

—Cuéntamelo, Hama. Cuéntame qué hace.

Se puso a llorar. Señaló los pechos y la zona púbica.

—¡No le dejes hacerlo, aunque sea un amigo de la familia!

Ella movió afirmativamente la cabeza y se abalanzó sobre mí para abrazarme. Cuando regresó a la clase, le dije a Roshanna que no comentara nada de lo que había escuchado con las profesoras ni con las demás alumnas.

—Ya lo saben, Debbie —me confirmó—. Saben que hace cosas feas con ese hombre.

—¿Y cómo lo saben?

—¡De muchas maneras! —Roshanna empezó a contarlas con los dedos de la mano—. Está con él hasta altas horas de la noche. Incluso tú, cuando llegas a la escuela, nos cuentas que Hama está presente en las fiestas. Las buenas chicas no van de fiesta con hombres hasta altas horas de la noche.

—Supongo que debería habérmelo imaginado —murmuré.

—Se depila las cejas —continuó Roshanna—. Eso sólo lo hacen las mujeres. Y él le ha regalado un teléfono móvil que utiliza sólo para citarse con ella. Ya ves que nunca pierde tiempo llamando a nadie. Es sólo para él, para tenerla localizada.

Ali seguía intentando mostrarse encantador conmigo pero yo lo evitaba. Y eso le ponía furioso. Jamás me demostró su rabia, pero lo oía gritándole a Sam... en realidad, gritándole a cualquiera que se cruzara en su camino. Siempre estaba rodeado por un grupo de hombres que pasaban el rato en su habitación y en el salón de la casa. Un día me di cuenta de que habían venido acompañados por una mujer. Ali la presentó como su prometida, pero al cabo de un rato comprendí que tenía que tratarse de una prostituta. Su teléfono móvil debió de sonar sesenta veces en una hora, y las llamadas eran siempre de hombres. Lo supe porque me lanzó el teléfono una de esas veces y me pidió que lo respondiera por ella mientras estaba en el baño. Me alegré de que tuviese una mujer que lo mantuviera ocupado... y alejado de Hama.

Nuestro teléfono satélite sonó en plena noche. Oí a Sam tirar el teléfono al suelo sin querer y palpar luego a tientas hasta encontrarlo. Cuando por fin respondió, lo hizo en uzbeko y luego cambió enseguida al inglés. Me senté, mi corazón latiendo con fuerza. Si mi familia tenía algo tan importante que decir que ignoraba la diferencia horaria de nueve horas y media, es que tenía que tratarse de algo malo.

—Hola, mamá —saludó mi hijo Zachary—. Últimamente lo estoy pasando mal. Me preguntaba si podría ir a vivir contigo.

—Por supuesto. —Bostecé y me dejé caer de nuevo sobre la almohada—. ¡Vente a Afganistán!

Por la mañana volví a llamarlo para comentar los detalles. Confiaba en que Afganistán le influyera en el mismo sentido en que me había influido a mí: que le ayudara a olvidar sus problemas y empezara a preocuparse más por los demás. Le hice una reserva de vuelo y emprendió enseguida el viaje. A aquellas alturas, mi familia había descubierto ya lo de mi matrimonio con Sam. Tal y como me temía, lo habían leído por casualidad en un periódico. Creo que mi madre se sintió aliviada al saber que no estaba sola en Afganistán. Y así fue como Zach vino a vivir con nosotros a la «Casa del Pavo Real» y empezó a trabajar como voluntario impartiendo clases de arte e inglés en un orfanato para niños. Durante un tiempo me olvidé del problema de Hama y me solacé con la visión de mi querido hijo y su cabeza llena de rizos castaños. Zach llevaba apenas un día en Kabul cuando empezaron a aparecer por casa otros chicos de su edad para preguntarle si quería practicar algún juego con ellos, o ir al cine, o a tomar el té. Supongo que no había por allí muchos chicos norteamericanos de su edad y que todo el mundo sentía curiosidad. Entonces, varias noches después de su llegada, mi hijo asistió a una fiesta que se celebraba en la escuela de belleza. Su presencia era excepcional, pues los hombres solían tener la entrada prohibida en la escuela o en el salón. Después de la fiesta, Zach empezó a hablar muy animado sobre una hermosa chica pelirroja. Le enseñé fotografías de mis alumnas, y él señaló con el dedo la carita de Hama.

Al día siguiente, en la escuela, bromeé con Hama al respecto. Le dije que Zach la había encontrado muy guapa. Algunas de las demás chicas bromearon también con ella, pero entonces sorprendí a Topekai susurrándole algo al oído a Roshanna.

—¿Qué dice? —le pregunté en voz baja.

—Le preocupa que no comprendas que Hama no es una chica. —Roshanna me cogió del brazo porque se dio cuenta de que yo empezaba a mosquearme—. Que no es una chica, en el sentido de que no es pura. Piensa que no deberías permitir a tu hijo interesarse por ella.

Crucé la estancia con la mirada y vi que Topekai nos miraba con una expresión lúgubre.

—No es bueno —espetó en voz alta—. Sólo problemas.

Pero vi que Hama se sentía feliz con el interés demostrado por Zach. Pensé que para ella era importante saber que había otro tipo de hombres que la encontraban bonita. No quería que pensase que Ali la tenía atrapada o manchada para siempre por los actos que había cometido sobre ella.

Pero unas semanas después, Hama apareció en la escuela con un ojo morado y el labio partido. Se cubrió la cara con las manos y entre los dedos abiertos musitó que Ali se había enterado de lo de Zach y la había pegado. Entró en la escuela seguida por una mujer menuda envuelta en un gigantesco pañuelo azul. Era la madre de Hama. Cuando se retiró el pañuelo, me di cuenta de que en su día debió de tener una cara bonita, pero que había envejecido muy mal. Tal y como sucede con muchas mujeres afganas, parecía tener el doble de la edad que en realidad tenía. Venía a suplicarme que salvara a su hija de Ali, quien durante el último año había estado entregando dinero a su avaricioso marido a cambio de los favores de la chica. La madre me explicó que no tenía ni idea de cómo saldría adelante la familia si Ali dejaba de darles dinero, pero sabía que era un hombre malo y quería alejar a su hija de él. Llorando, me cogió las manos y me preguntó si permitiría a mi hijo casarse con Hama y sacarla del país.

¿Cómo le explicas a una madre con el corazón destrozado que en el lugar de donde tú vienes las cosas no se hacen de esta manera? ¿Que los padres no acuerdan los matrimonios de sus hijos; que ni siquiera lo hacemos para salvar de las manos de un monstruo a una chica por la que sientes un gran cariño? No podía prometerle a mi hijo, pero le prometí que siempre miraría por el bien de Hama.

Pero cuando Sam se enteró del tema, decidió que el matrimonio con Hama era justo lo que necesitaba Zach. Pensaba que a mi hijo le hacía falta endurecerse —que, de hecho, les hacía falta a todos los chicos norteamericanos— y creía que tener una esposa sería bueno para él. Al fin y al cabo, él se había visto abocado a un matrimonio organizado cuando más o menos tenía la edad de Zach. Y tenía la sensación de que aquello lo había convertido en un hombre de verdad.

—Te casarás con Hama —le indicó a Zach—. Será una buena esposa afgana para ti. Tiene ideas occidentales progresistas.

Vi que mi hijo le daba vueltas a la idea durante un día y que al final vino a sentarse conmigo y con Sam mientras cenábamos.

—Me casaré con ella —dijo.

La verdad es que no me sorprendió sobremanera que el generoso Zach se apuntara a la idea. No había decidido casarse con Hama porque creyera que tenía que hacerse un hombre, según el punto de vista de Sam. Sino más bien era que le obsesionaba la idea de que el padre de la pequeña y dulce Hama la vendiese a Ali. Llevaba poco tiempo en Afganistán y aún no sabía lo habitual que era eso. No sabía que había miles, cientos de miles, de pequeñas y dulces chicas vendidas a hombres brutales. Él no podía casarse con todas.

Ali no dejó de pegar a Hama cuando Zach dijo que se casaría con ella. Todo lo contrario, las palizas aumentaron. Hama llegaba cada día a la escuela con un nuevo moratón o con un nuevo corte, todo ello recuerdos del celoso afecto de Ali. Zach estaba frenético. Había realizado el noble gesto de decir que se casaría con Hama, y el resultado era que ella estaba sufriendo aún más. Seguíamos viviendo todos en la pensión, y Ali aparecía cada noche tan meloso y educado como siempre, a veces acompañado por un grupo de hombres, otras con esos hombres y algunas mujeres de aspecto sospechoso. Me costaba recordar por qué anteriormente había llegado a parecerme encantador, o incluso atractivo.

Entonces se me ocurrió una idea que pensé podría salvar a Hama, una idea no tan drástica como el matrimonio. Mi amiga Karen, en Michigan, había seguido la historia de Hama a través de mis mensajes de correo electrónico. Sentía una enorme simpatía por Hama, pues ella también había sufrido de niña abusos sexuales por parte de un hombre mayor. De modo que elaboramos un plan para que Hama viajara a Estados Unidos y viviera allí con Karen. Juntaríamos dinero para cubrir los gastos e incluso buscaríamos una beca para que pudiese estudiar.

Un día, después de clase, me senté con Hama y le di la noticia. Ella saltó y bailó por toda la habitación.

—¡Soy una norteamericana! —cantaba.

Cogió una de las revistas de moda que había sobre la mesa, apretó contra su pecho la fotografía de una chica ligera de ropa e imitó la pose de una modelo, poniendo morritos. Parecía una niña pequeña jugando a muñecas recortables, exceptuando el hecho de que la muñeca era ella. Le dije que no se lo contara a nadie. Y le dije que se mantuviera alejada de él, que arrojara a un pozo el teléfono móvil que le había regalado y que nunca más le permitiera verse de nuevo con ella.

* * *

Hacía un día precioso, como jamás lo había visto en Kabul. Por encima de mi cabeza ondeaba un toldo azul y verde. Los hijos de mis alumnas revoloteaban por el patio picoteando galletas y contemplando un bosque de girasoles. Parecía que hubiera un millón de girasoles, era como si estuviéramos rodeados por un resplandor dorado. La escena encajaba a la perfección con el fulgor de mi corazón. Era el día de la ceremonia de graduación.

Cuando llegó el mes de julio y con él la fecha del fin de curso de mi segunda promoción, me sentía agotada pero feliz. Contra todo pronóstico, la Escuela de Belleza de Kabul había sobrevivido y yo había conseguido formar a otro grupo de mujeres y ofrecerles una base sólida para crecer profesionalmente como peluqueras y esteticistas. En cualquier caso, creía que los cambios que había realizado en el temario ayudarían a este grupo a tener más éxito si cabe... y todo ello con una mínima parte de lo que había costado la primera promoción. Las últimas semanas de curso, las chicas habían estado trabajando duro en sus cabezas de maniquí con la esperanza de ganar el premio a la alumna «más creativa». Se habían desplazado en grupos a los grandes mercados al aire libre y habían vuelto cargadas de lentejuelas, plumas, cuentas, cintas y todo tipo de materiales imaginables para decorar sus maniquíes. Cuando las chicas volvían a casa después de finalizar la jornada, yo admiraba a solas sus trabajos. Tenía la sensación de estar en un desfile de carnaval... un desfile en el que habían cortado el cuello a todos los participantes.

La ceremonia de graduación se celebró en el patio trasero de la sede de PARSA. No fue tan lujosa como la de la primera. No aparecieron tantos dignatarios, aunque me emocionó recibir a un contingente de Care for All Foundation, la organización humanitaria que me había llevado a Afganistán aquella primera primavera. Mis alumnas y sus familias iban vestidas con sus mejores galas. Baseera y otras chicas llegaron vestidas con preciosos vestidos de seda afgana cargados de cuentas y bordados. Otras se presentaron con sensuales saris de lentejuelas y unas pocas, como la pequeña Hama, con sus mejores pantalones vaqueros occidentales y camisas blancas entalladas. Sam me había regalado unos pendientes de oro macizo para la ocasión. Entre esto, mis pestañas postizas, y más de un kilo de extensiones de pelo, apenas podía mantener la cabeza erguida. Cuando las chicas subieron al escenario para recoger sus diplomas, lo hicieron cargando su maniquí en brazos, como si fuera un bebé, para colocarlo luego con cuidado sobre la mesa de cara al público. La cabeza ganadora llevaba los ojos maquillados con un brillante mapa de Afganistán, a modo de antifaz, y un luminoso pavo real en una mejilla, con sus plumas extendiéndose elegantemente por el cuello.

* * *

Después de la graduación de la segunda promoción, concentré mis esfuerzos en el negocio del salón de belleza. Quería ganar dinero, no sólo para subvencionar una tercera promoción y tal vez una cuarta, sino también para alejarme de Ali. Seguíamos unidos a él por culpa del préstamo de la «Casa del Pavo Real», pero no había ningún motivo que nos impidiera trasladar la escuela, el salón y nuestra residencia a otro lugar y alquilar a otro las habitaciones de la «Casa del Pavo Real». Además, mientras Karen y yo conseguíamos el visado para Hama, quería ahorrar dinero para su billete de avión a Estados Unidos.

Topekai, Baseera y Bahar empezaron a trabajar más horas en el salón. Aunque al final Hama no resultó ser muy buena peluquera, también le pedí que trabajase en el salón. La dejaba practicar de vez en cuando con Shaz, que solía quedarse en el umbral de la puerta viendo trabajar a mis chicas. Shaz tenía cada vez mejor aspecto. Le había dado ropa para que ya no tuviera que ir vestida con sus viejos harapos. Había empezado a sonreír y a hablar más, seguramente porque por fin habíamos descubierto que no podía oírnos si le hablábamos desde su lado izquierdo. Resultó que había perdido el oído de ese lado por culpa de una explosión. Seguía sin ser la mejor limpiadora del mundo, pero yo tenía muchas esperanzas depositadas en ella. Trabajaba duro siempre que le mandaba hacer alguna tarea concreta. Y venía corriendo detrás de mí con llaves, documentos importantes, incluso con dinero que yo había dejado en el lugar que no le correspondía. Tenía la sensación de que siempre me estaba cubriendo las espaldas, y era una sensación agradable. Me sentía feliz dejando que Hama la ayudase a sentirse un poco más femenina.

Un día, mientras Hama estaba aplicando un poco de colorete en las ásperas mejillas de Shaz, sonó un teléfono móvil con un tono que nunca había oído antes. Hama dejó caer el colorete en el suelo. Corrió hacia su bolso, sacó de allí el teléfono y se acurrucó en un rincón para poder hablar.

—¿Es un móvil nuevo? —le pregunté cuando hubo acabado. Ella se limitó a agachar la cabeza y siguió trabajando con Shaz, pero yo empecé a sospechar. Topekai y Baseera sospechaban algo también, pues vi que cuchicheaban entre ellas y le hablaron a Hama con cierta brusquedad. Finalmente, la chica admitió que Ali le había regalado otro teléfono.

—¿Por qué hablas con él? —Me dirigí a ella con la sensación de que estaba arreándole un bofetón—. ¿Por qué aceptas sus regalos?

Después de aquello, empecé a ver a Hama deambulando por la «Casa del Pavo Real», normalmente a horas en las que me la imaginaba fuera de allí o todavía durmiendo. Una vez la encontré en la habitación de Ali a primera hora de la mañana, maquillándose. En otra ocasión, la vi llegar con él a las tantas de la noche, ataviada con un reluciente vestido y tacones altos. La vi también en la habitación de Ali en compañía de varios hombres más, fumando un cigarrillo y riendo de un modo extraño, como si no fuese ella. Al verme, intentó esconderse. Cuando al día siguiente llegó al salón para trabajar, le repetí una y otra vez que se mantuviera alejada de Ali. Ella asintió, pero no me miró a los ojos.

La situación empeoró. Un día oí su voz en el interior de la habitación de Ali y abrí la puerta. Encontré a Hama y a su hermano pequeño, de doce años de edad, medio desnudo y agazapado contra la pared. Hama tenía la mano debajo de la túnica que aún llevaba su hermano, pero la retiró rápidamente y la escondió detrás de su espalda, temblando tan violentamente que me di cuenta de ello incluso desde la entrada. Ali estaba tendido en su *toushak* mirándolos.

253

—Déjalos tranquilos —le grité. Tiré de Hama y de su hermano para sacarlos de la habitación y llamé un taxi para que viniese a recogerlos.

Después de aquello, Hama empezó a llegar al salón doblándose de dolor. La obligaba a acostarse, le preparaba un poco de té e intentaba convencerla de que la viera un médico… me imaginaba que o bien Ali la pegaba, o bien estaba embarazada. Al final, conseguí que Roshanna tradujese hasta poder averiguar qué sucedía.

—¿Te obliga a mantener relaciones sexuales con él? —le pregunté, pero Hama se limitó a taparse la cara—. Hama, ¿te está poniendo el *kar* (pene) en tu *kos* (vagina)?

—*Nai*, Debbie, *nai* —murmuró con voz triste. Extendió la mano y se la llevó al trasero. Me eché a llorar. Era tan menuda que aquello debía resultarle terriblemente doloroso. Su culito no era mayor que uno de aquellos melones que vendían en el mercado, y Ali era un hombretón.

—Esto es horrible —susurró Roshanna—. Ali no quiere su virginidad. Debe tener pensado vendérsela a otro.

—Aún puedes alejarte de él, Hama —le indiqué—. Karen está preparándolo todo para que tengas un buen hogar en Estados Unidos.

Pero esta vez, cuando volví a explicarle nuestro plan, el rostro de Hama no se iluminó. Empezaba a alejarse de mí. Aún no sé por qué. No sé si tenía miedo de Ali o si creía que habiendo estado con él ya no tenía ninguna posibilidad de disfrutar de otro tipo de vida. Tal vez lo amaba en algún sentido que yo era incapaz de comprender, igual que los niños que reciben malos tratos y son ridiculizados por parte de sus padres sienten aún algún tipo de amor hacia ellos. La voracidad de Ali hacia Hama la había invalidado ya. Cuando creía que yo no la oía, lo llamaba desde el salón. Yo seguía viéndola de vez en cuando por los alrededores de la «Casa del

Pavo Real» en compañía de Ali, a veces también con los amigos de él. Al final, ella dejó de esconderse y yo dejé de torturarla con mi rabia.

Hama seguía apareciendo por el salón cada día. Yo me alegraba de verla —para mí, su presencia era un signo de que aún había esperanzas—, pero Topekai y Baseera se mostraban cada vez más hostiles con ella. Un día, Baseera dejó de venir a trabajar. Al final fui a su casa acompañada de Roshanna para averiguar qué había sucedido. Baseera nos invitó a pasar, nos acomodó en la parte de la casa destinada a las mujeres, y nos sirvió té y galletas, como si no pasase nada. Pero cuando le pregunté por qué había dejado de trabajar, se echó a llorar y empezó a hablar con Roshanna a borbotones.

—Quiere trabajar, pero teme que el salón no sea un lugar seguro para ella —explicó Roshanna—. Su marido no quiere que siga trabajando. Es por culpa de Hama.

Entonces me di cuenta de que la presencia de Hama suponía un riesgo para todas las mujeres que trabajaban en el salón… y suponía también un riesgo para la escuela. Los extremistas morales podían decidir irrumpir cualquier día en el salón y arrojar ácido a la cara de todas las presentes; si el gobierno se enteraba de que había una prostituta trabajando allí, podía decidir clausurar el negocio para siempre. Con un poco de suerte, no sucedería nada de eso. Pero aun así, mucha gente seguía creyendo que los salones de belleza eran tapaderas de prostíbulos. A decir verdad, había algunos que lo eran. Pero yo no podía permitir que la presencia de Hama manchara la reputación de Topekai, Baseera, Nahida y de todas las mujeres de Afganistán que intentaban ganarse la vida como peluqueras y esteticistas. Reflexioné sobre el tema durante unas semanas. Entonces, un día, leí por Internet una historia sobre los habitantes de un pueblo cercano a Kabul que recientemente habían apedreado a una prostituta hasta darle muerte.

Aquel mismo día, cogí a Hama por mi cuenta cuando llegó al salón. Le dije que tenía que elegir entre Ali y yo. Le dije que había encontrado otra casa y que estaba planificando el traslado. Le dije que reservaría una habitación sólo para ella. Que le diría a mi *chowkidor* que le pegara un tiro a Ali si intentaba entrar.

Cuando me trasladé a la nueva casa, compré unas cortinas preciosas y pinté las paredes de la habitación que tenía pensada para ella con un precioso tono melocotón. Le puse un televisor y le llené la cama de animalitos de peluche. Esperé a que viniera, pues cuando hablábamos del tema siempre le brillaban los ojos. Pero ella siguió siendo la niñita de Ali en la «Casa del Pavo Real». Desde entonces, sólo la he visto en una ocasión, en una fiesta, vestida con ropajes chillones que dejaban al desnudo su cuello y sus brazos. Estaba sirviendo copas, fumando y dejando que los hombres la tocaran con toda familiaridad. No pude soportar quedarme allí.

Capítulo

8

Parecía que en nuestra nueva casa no había nadie, y a mí me apetecía un baño caliente a la luz de las velas. La puerta del baño estaba cerrada, pero eso no significaba obligatoriamente que no hubiera nadie dentro. Siempre manteníamos la puerta cerrada para conservar el calor en el interior. Llamé de todos modos, por si acaso Sam hubiera regresado a casa y yo no me hubiera enterado. No respondió nadie, pero cuando abrí la puerta me encontré con un desconocido, desnudo de cintura para arriba e inclinado sobre el lavabo. Se volvió para mirarme, las gotas de suciedad resbalando por una barba que le llegaba hasta el estómago.

—¡Fuera de aquí! —grité—. ¡Ésta no es su casa!

—*Salaam aleichem.* —Se cubrió rápidamente con la túnica y dijo algo en dari para apaciguarme, pero yo no estaba por la labor.

—¡Y llévese la pastilla de jabón! —Me di cuenta de que había utilizado mi dentífrico. Y cuando vi que tenía su propio cepillo de dientes en la mano, me sentí aliviada. Cogió el turbante, que colgaba desplegado de la barra de la ducha, y se lo enrolló en la cabeza. A continuación envolvió su cepillo de dientes y el jabón en una toalla sucia y se escabulló avergonzado escaleras abajo. Lo observé desde la ventana de arriba. Él miró en dirección a la casa para ver si lo seguía, abrió la puerta que daba acceso a uno de los edificios exteriores y entró en él. Supuse que Sam se encargaría más tarde de echarlo.

Mientras cerraba con pestillo la puerta del baño, pensé que no debería haberme enfadado tanto con aquel tipo. Al fin y al cabo, él era el motivo por el que nuestro alquiler era tan bajo.

Sam y yo estábamos ansiosos por largarnos de la «Casa del Pavo Real». Yo quería encontrar otra casa grande, pero esta vez no quería transformarla en pensión. Quería ocupar la planta y el piso con la escuela y el salón y reservar dos habitaciones en la planta superior para nuestro uso privado. Imaginé que así podría tener un salón más grande y con ello generar ingresos suficientes para mantener la escuela en funcionamiento. Pero Sam seguía diciéndome que no disponíamos de suficiente dinero para alquilar un nuevo edificio, y tenía razón. Los alquileres en Kabul estaban disparándose, pues los propietarios locales sabían que las ONG andaban desesperadas en busca de espacio. Apenas si había podido ahorrar para el traslado. Y lo que era peor, había convencido a mi amiga Chris para que viniese diez días a Afganistán y me ayudase a pintar el nuevo salón y la nueva escuela que aún no tenía. Mi amiga estaba ansiosa por hacer alguna cosa para ayudar a las mujeres afganas, por lo que había comprado ya un billete para primeros de diciembre.

Tres días antes de la fecha prevista de su llegada, me pasé la noche entera llorando por el nuevo lío que yo misma había creado. Chris llegaría a Kabul, y no tendría otra cosa que hacer que perder el tiempo en la «Casa del Pavo Real» y ver cómo yo trabajaba y me preocupaba por Hama. Por mi parte, había hecho todo lo que se me había pasado por la cabeza para conseguir dinero. Me había pasado las últimas semanas rezando, pero a aquellas alturas empezaba a imaginarme que Dios me tendría por idiota. Necesitaba exactamente nueve mil dólares para cubrir gastos de alquiler y reformas, pero sólo tenía ahorrados mil. Aquel día, sin embargo, cuando miré mi correo electrónico a última hora, descubrí que había un gran milagro aguardándome. Se trataba de un mensaje de Mary MacMakin diciéndome que Clairol y *Vogue* acababan de enviar donaciones para la escuela de belleza. La suma total llegaba a los nueve mil dólares.

De modo que cuando Chris llegó, yo tenía el dinero pero no la casa. Sam seguía sin encontrar nada que se adecuara al precio que yo quería pagar. El segundo día de la estancia de Chris en Afganistán, me encontraba deshecha. Sam y yo estábamos en nuestra habitación en la «Casa del Pavo Real» y la corriente estaba tan baja que las bombillas parecían velas titilantes. Un escenario dramático para una peluquera histérica.

—¡Encuentra algo en la próxima media hora! —grité—. Chris ha dado media vuelta al mundo para ayudarnos a pintar esta escuela.

Sam regresó rápidamente con una nueva posibilidad. Se trataba de una casa blanca y grande situada en un recinto rodeado por sólidos muros y con un agradable patio, todo ello a un precio muy barato para los niveles actuales de Kabul. El propietario vivía en Herat y buscaba desesperadamente unos inquilinos que le pagasen. En la casa se le había instalado un ocupante, un antiguo talibán (el tipo al que había sorprendido en el baño), que se había enganchado al contador de la electricidad y estaba cargándole unas facturas que el propietario no podía pagar. Le dije a Sam que firmase el contrato enseguida e iniciamos el traslado al día siguiente.

Además del ocupante, que seguía apareciendo de vez en cuando, la nueva casa venía también con un sonriente fontanero llamado Zilgai. Dejé en manos de Chris y de aquel hombre la tarea de buscar trabajadores para empezar las labores de pintura, mientras yo me ocupaba del tropel de occidentales necesitadas de mechas, cortes de pelo, limpiezas de cutis, manicuras, pedicuras y depilaciones a la cera antes de marcharse de vacaciones. Estaba tan ocupada que a veces me parecía que alguien había escrito mi nombre y mi número de teléfono con humo en el cielo, como en *El mago de Oz*. Sólo podía pasarme por la nueva casa de vez en cuando. Y cada vez que lo hacía, me encontraba a Chris rodeada por un grupo de ocho hombres que apenas podían creer que una mujer fuese capaz de pintar el techo sin encaramarse a una silla. En su vida habían visto a una mujer tan alta. La llamaban la «mujer de dos metros». La verdad es que fue Chris quien acabó echando al ocupante. Reunió todas las pertenencias de aquel tipo en un rincón de la casa, las metió en un cubo y se las entregó. El hombre se quedó boquiabierto, se largó apresuradamente y nunca más volvimos a saber de él.

Un día, cuando me pasé por la casa, Chris me dijo que quería un plumero para poder crear algunos efectos especiales con la pintura. No recordaba haber visto nunca un plumero en Kabul, pero se lo describí de todos modos a Zilgai y los pintores utilizaron mi diccionario dari-inglés. Chris acompañó mis explicaciones con mímica, agitando los brazos como un pollo para intentar ayudarme a que aquellos hombres me entendieran. Al final, uno de los pintores movió afirmativamente la cabeza y dijo que me lo conseguiría. Me dijo también que costaría doscientos afganis, un precio que encontré un poco alto, pero le di igualmente el dinero. Regresó al cabo de una hora y media con un pollo vivo.

Chris suspiró y fingió darse una puñalada en el corazón para darles a entender con ello que no había pedido un pollo vivo. Ningún problema: el pintor lo sacrificó en el patio y volvió a entrar con el pollo. Chris le quitó unas cuantas plumas y las sujetó a un palo. Entonces el hombre lo captó; acabó de desplumar al pollo, unió las plumas al palo con un cordel y le regaló el improvisado plumero con el mismo orgullo con que le hubiera regalado un ramo de rosas. Cuando después la vi utilizando el artilugio, miré el mango y le pregunté a Chris qué pared había pintado de rojo.

—Es sangre —me confirmaron.

Ella y los pintores cocinaron el pollo para comer.

¡Pobre Chris! Su estancia coincidió con la peor época del año. Lo único positivo era que no estábamos en lo que conocemos como la «temporada terrorista» (cuando bajan las temperaturas, los terroristas suelen retirarse a Pakistán), pero era un momento muy duro en todos los demás sentidos. Hace mucho frío y nadie tiene calefacción central. Poner en marcha el *bokari* para que caliente adecuadamente requiere su tiempo. Antes de acostarte, tienes que conseguir que arda con fuerza, no con un calor excesivo que impediría conciliar el sueño, pero sí de manera que el fuego sea lo bastante potente como para que se mantenga encendido toda la noche. A las cuatro y media de la mañana, cuando te despierta el mulá, a nadie le apetece encontrarse con un *bokari* apagado y una habitación tan fría que incluso veas el vapor que desprendes al respirar. Chris no estuvo en Afganistán el tiempo suficiente como para aprender a dominar el *bokari*, de modo que se pasaba el día helada.

A pesar de lo miserable de su estancia, los trabajos manuales de Chris dieron como resultado un conjunto de escuela y salón con un aspecto tan agradable para la vista como cualquier espacio similar que pudiera existir en Estados

Unidos. Pintó la habitación principal con una temática egipcia, los grandes espejos enmarcados por unas figuras que parecían Cleopatra y sus criadas, todas ellas equipadas con espejos, cepillos, tazas de té, etcétera. La habitación destinada a la pedicura y la manicura tampoco se quedaba corta. Chris construyó una plataforma con fregaderos encastrados para realizar las pedicuras y cubrió el resto de la plataforma con alfombras afganas. Luego puso telas en el techo, de manera que si levantabas la vista tenías la impresión de estar en el interior de una preciosa carpa. Pintó el resto de la habitación como un pabellón levantado y con luz reflejada del mar: paredes de color turquesa con falsos pilares y celosías en los espacios entre ellos, decoradas con intrincados medallones en morado y blanco. Varios meses después de la partida de Chris, vino al salón un grupo de mujeres de una ONG cuya calle había sido bombardeada. A media noche se habían despertado cubiertas por los pedazos de cristal de las ventanas rotas y habían decidido luego regalarse un día de mimos en mi salón. Cuando vi a aquellas mujeres dejar de temblar poco a poco en el interior de la bellísima habitación turquesa, le di las gracias a Chris una y otra vez.

Por Navidad, trasladamos todos los trastos al nuevo recinto y bautizamos el salón con un nuevo nombre: el Oasis. Como sabía que en aquel espacio, más grande y más agradable, podríamos hacer más negocio, ofrecí a Topekai, a Baseera y a Bahar un puesto a tiempo completo en el salón con la condición de que adicionalmente me ayudaran a formar a un nuevo grupo de profesoras para el siguiente curso. Empecé a abrir el salón cuatro días por semana y a dirigir la escuela durante los tres días restantes.

Contratamos además nuevo personal para el recinto: una joven y dulce cocinera llamada Maryam; una chica afgana menudita y todo nervio, llamada Laila, como traductora; y un risueño chico llamado Achmed Zia como *chow-kidor*. Enseguida, Achmed Zia y los hombres hicieron llegar la electricidad hasta la garita del *chowkidor,* instalaron un televisor, una lámpara de cristal y llenaron las paredes de fotografías de estrellas de Bollywood. Se quedaban todos por allí hasta después de la puesta de sol. De hecho, a veces tenía que reclamar la presencia de Sam a la hora de la cena y preguntarle por qué no estaba aún en casa. Me decía que en una hora vendría y que estaba en la garita del *chowkidor* viendo algún partido de fútbol. A veces, en un espacio donde apenas cabían dos personas, acababan apiñándose ocho hombres.

—No hables con él hasta que él hable contigo —recalcó Laila—. ¡Tienes que demostrarle que la fuerte eres tú!

Topekai me miraba con sus ojos oscuros, muy seria, y me abrazó.

—Eres mi hermana —reveló—. ¿Qué puedo hacer por ti?

Baseera se cruzó de brazos y frunció los labios en un mohín de desprecio.

—Ningún hombre se merece ni una sola lágrima, Debbie. Se acabó llorar por hoy.

Me limité entonces a gritar. Era una suerte que la escuela no hubiese iniciado aún el curso y que mis clientas estuvieran en el extranjero. Tenía la cara roja, manchada e hinchada. En aquel momento, no podía decirse que fuese precisamente un buen ejemplo del sector de la belleza.

De vez en cuando, desde principios de octubre y a medida que aumentaba mi sensación de horror cada vez que pensaba en el embarazo de su otra esposa, Sam y yo pasábamos malos momentos. No pude disfrutar de nuestro aniversario porque pensaba en ella y en su noveno mes de gestación. No pude disfrutar de mi cumpleaños porque temía que al bebé se le ocurriera nacer justo aquel día y que a partir de entonces, cada vez que cumpliera un año más, la fecha se convirtiese en un recordatorio de la dolorosa barrera que existía entre Sam y yo. Superadas aquellas dos fechas, empecé a relajarme un poco y esperé a que Sam me comunicara la noticia. No mencionaba nada. Al final, alrededor del día de Acción de Gracias, le pregunté por el bebé. Me dijo que su otra esposa había dado a luz hacía ya unas semanas. Y que había sido un niño.

Sabía lo importantes que son los varones para los afganos y me quedé destrozada. Mis amistades en Kabul me decían que era lo mejor que podía haber pasado: a partir de ahora los padres de Sam se mostrarían más amables con su primera esposa y dejarían de presionar a Sam para que mantuviese relaciones sexuales con ella. Mis amigos me recordaron que yo seguía siendo su esposa favorita, la esposa con quien él quería vivir. Pero en mis momentos más sombríos, me preguntaba cuánto tiempo duraría aquello. Pese a que Sam no había comentado con sus padres su matrimonio conmigo, su madre lo había descubierto a través de un familiar que vivía en Kabul. Telefoneó a Sam en un ataque de rabia y le explicó que se había enterado de que se había casado con una norteamericana madura. Él le mintió y le dijo que yo tenía sólo treinta y dos años. Ella le preguntó si habíamos tenido ya algún hijo. Él le dijo que no… le dijo que, como todas las norteamericanas, me había sometido a una operación a los treinta años de edad y no podía tener más hijos. Sabía que su madre se habría enfadado aún más de conocer la verdad, sobre todo en lo referente a que yo era diez años mayor que él. Pero aun así, me habría gustado que Sam hubiera podido reconocerme tal y como soy.

Ahora lloraba porque Sam llevaba horas fuera de casa —siempre pasaba horas fuera de casa— y a mí me faltaba más que nunca. Era mi primera Navidad en Afganistán, y jamás me había sentido tan nostálgica y deprimida. Zach había regresado a Michigan y lo echaba muchísimo de menos. Sam sabía lo mucho que aquel día significaba para mí, pero daba la impresión de haberse olvidado de ello. Hasta el momento, el día de Nochebuena estaba resultando frío, polvoriento y ruidoso, pues los generadores de la calle seguían con su traqueteo habitual. Como cualquier otro día de invierno en Kabul.

Alguien debió de llamar a Sam para explicarle lo mal que yo estaba. Levanté la vista y lo vi entrar corriendo por la puerta. Me dio unas palmaditas cariñosas en la cabeza, una muestra excepcional de cariño en público.

—Por supuesto que en este país musulmán tendremos una Navidad —afirmó—. Tendremos la mejor Navidad musulmana que haya habido nunca.

Convocó a todo el personal y anunció que celebraríamos una fiesta. Les explicó que en Estados Unidos teníamos la costumbre de comer pavo por Nochebuena, y así fue como, obedientemente, Achmed Zia salió en busca de un pavo. Poco después, aparecía un anciano en la puerta del recinto con seis pavos vivos colgados al cuello y atados por las patas. Me correspondía a mí elegir un par de ellos. El anciano desató las patas a los elegidos y los dejó sueltos por el recinto, pero yo me sentía tan mal por su próximo sacrificio, que les ofrecí montañas de comida. Cuando a la mañana siguiente llegó el momento de sacrificar los pavos, Maryam, la cocinera, se dio cuenta de que no disponíamos de un cuchillo lo bastante afilado. Las carnicerías estaban cerradas ese día, de modo que cogió los pavos bajo el brazo, se fue con ellos a una comisaría de policía y le pidió a un policía que les cortara la cabeza. Pero entonces, cuando lo tenía todo a punto para cocinar los pavos, se fue la luz y nos fue imposible encontrar un generador para que el horno pudiera ponerse en marcha. De modo que Maryam los preparó en una enorme olla a presión que se sacudía encima de una hoguera que Shaz preparó previamente en el patio. De hecho, más que una cena de Navidad, parecía más bien que Maryam estuviese preparando una bomba.

El día de Navidad, Zilgai y su hermano el florista vinieron a decorarme la casa. Adornaron todas las puertas con ramas de olivo. En el salón crearon un pequeño bosquecillo con naranjos de plástico. Supongo que pensaron que las naranjas en miniatura recordarían las típicas bolas de Navidad. Y entonces empezó la fiesta. Las mujeres (las peluqueras, el personal femenino de la casa, las esposas, madres y hermanas del personal masculino) enfilaron las escaleras en dirección a la sala de estar y los hombres se quedaron abajo, en el salón. En ambas estancias alguien puso un CD con música afgana. Y empezó el baile.

Estaba yo viendo a Maryam y a su hermana dando vueltas bailando cuando de repente pararon y se mezclaron entre las demás. Sam estaba a mi lado con un ramo de flores y una gran caja.

—¡Es para ti! —exclamó. Las mujeres aplaudieron mientras yo abría el regalo y luego formaron un corrillo a mi alrededor para mirar. Cuando retiré el papel de seda y apareció aquel brillo rojo cegador, todas sofocaron un grito. Era un vestido tradicional afgano decorado con miles de espejos diminutos, cuentas y lentejuelas.

—¡Caramba! —voceé, cuando intenté extraerlo de la caja y el peso de tanto adorno casi logra desequilibrarme—. ¡Esto sí que es un vestido!

—Ve a ponértelo. —Sam me hizo un ademán con la mano en dirección a nuestra habitación.

Tardé un buen rato en ponerme el vestido. Me sentía como una de esas reinas medievales que necesitaba dos o tres criadas para vestirse, exceptuando el detalle de que yo no tenía a nadie que me ayudara. Al final conseguí subir todas las cremalleras y abrochar todos los botones. Me cubrí la cabeza con el pañuelo a juego y regresé tambaleándome hacia el salón. Sam me esperaba con un gorro de Santa Claus en la cabeza. Y aunque el CD seguía machacando con música afgana, Sam quiso que bailáramos un vals. Yo apenas podía moverme. Mi recargado vestido de fiesta me hacía sentir como si estuviese en Júpiter o en cualquier otro planeta lejano, donde la fuerza de la gravedad debe de ser más fuerte que la nuestra. Empezaban a dolerme los músculos. Pero aun así, lloré lágrimas de felicidad porque Sam me había hecho un regalo de Navidad.

—¡Te quiere mucho! —me dijo una de las mujeres mientras yo seguía dando tumbos entre los brazos de Sam.

* * *

La puerta de la escuela se cerró de un portazo, pero Mina no saludó con su cantarín «Buenos días» habitual. Con la cabeza gacha, se dirigió sin decir nada hacia la parte trasera de la casa. Al cabo de un momento oí el sonido amortiguado del llanto. Yo estaba con un grupo de alumnas, viendo cómo nuestras tres nuevas profesoras explicaban los conceptos del color. Laila, la traductora, y yo intercambiamos miradas de extrañeza y le hice salir conmigo al pasillo para averiguar qué le sucedía a Mina. Se había escondido en la bella sala turquesa donde realizábamos las manicuras y las pedicuras. Cuando levantó la cabeza, nos dimos cuenta de que llevaba horas llorando. Ni siquiera se había tomado la molestia de maquillarse. Estaba casi irreconocible, pues Mina siempre acentuaba sus preciosos ojos almendrados con una raya de más de medio centímetro de grosor. Laila y ella estuvieron hablando unos minutos y, a continuación, Laila se dirigió a mí.

—Necesita un lugar donde poder dejar a su hijo.

—Tenía entendido que lo llevaba cada día a casa de su madre.

—Pero ya no puede llevarlo más.

—¿Por qué?

—Porque la han repudiado. Tiene que encontrar otro lugar donde poder dejarlo o quedarse en casa.

—¿Por qué la han repudiado?

—Se ha producido una pelea con el marido por culpa de la dote.

Sam había hecho venir a Mina al Oasis cuando las extranjeras regresaron a la ciudad después de las vacaciones de Navidad y el trabajo empezó a acumulársenos. Era una joven preciosa, con cabello negro, ojos negros y la sonrisa más enorme de todo Afganistán.

—Mi prima Mina —dijo—. Búscale algún trabajo que hacer aquí.

—No puedo permitirme contratar a nadie más. —Utilicé una sonrisa compungida para intentar transmitirle a la chica que lo sentía mucho, pero ella estaba emocionada, como si yo acabara de prometerle un puesto de secretaria del presidente.

—Necesitas otra limpiadora. Shaz es demasiado mayor y ya no sirve para nada.

Shaz era más joven que yo y, además, estaba convirtiéndose en una limpiadora estupenda.

—Shaz no necesita a nadie que la ayude, Sam.

—No es necesario que le pagues nada a Mina. Simplemente dile lo que tiene que hacer.

—No puedo pagarle.

—¡Tienes que cogerla, Debbie! Se pasa el día entero sentada en casa con el bebé, sin electricidad ni calefacción.

De modo que me quedé con Mina. Cada mañana, antes de venir a trabajar, dejaba al niño al cuidado de su madre y, poco a poco, fue haciéndose indispensable.

Ahora que teníamos un salón y una escuela más grandes, había mucho más trabajo de mantenimiento. Acabé comprando una lavadora y una secadora porque siempre nos quedábamos sin toallas. Pero los nuevos electrodomésticos no disminuyeron la carga de trabajo tanto como me esperaba. El agua no entraba automáticamente en la lavadora. De modo que teníamos que hacernos primero con cubos de agua caliente y fría para irlos vertiendo en el interior hasta conseguir la temperatura adecuada. Acto seguido, conectábamos el aparato y la lavadora removía un poco la ropa. Para escurrir, teníamos que extraer el tubo de la parte posterior de la lavadora y dejar que fuese desaguando. Y para hacerlo, teníamos que calzarnos con botas de agua y arremangarnos las perneras de los pantalones, pues el suelo siempre acababa inundado. Para lavar las toallas teníamos que ser tres: Shaz, Mina y yo. La mayoría de los días tampoco había corriente suficiente como para poner en marcha la secadora: los secadores de pelo, el aparato para las limpiezas de cutis y todos los electrodomésticos del salón dejaban de funcionar en cuanto la conectábamos. De modo que solíamos secar las toallas colgándolas en cualquier lugar que encontráramos. Lo último que hacíamos cada noche era colgar las toallas en las sillas y los muebles del salón, haciendo que la estancia cobrara con ello un aspecto fantasmagórico.

Al principio, Sam se sentía feliz de que le hubiera dado un trabajo a Mina, pues su madre le había dado órdenes estrictas de cuidarla. Pero cuando vio a qué se dedicaba la chica, no se sintió tan feliz. Un día, intenté explicarle a Mina que los baños tenían que estar limpios a fondo cada mañana, antes de que abriésemos. Quería que mis clientas tuvieran la impresión de que, aunque fuese por unas pocas horas, habían conseguido escapar por completo de la suciedad de Kabul. Sam puso mala cara al oírme, y dijo:

—Mina no debería tener que limpiar los baños.

—¿Por qué no?

—No es adecuado. Nadie de mi familia viene aquí para hacer un trabajo así. Nunca limpiezas a fondo, sólo trabajos ligeros.

Suspiré. Al parecer, había vuelto a colisionar contra el honor de la familia.

—Y entonces, ¿qué es lo que le está permitido hacer? ¿Puede barrer el suelo?

—Nada de barrer el suelo.

—¿Quitar el polvo?

—Quitar el polvo está bien. Servir el té está bien. Nada de baños.

A Mina no parecía importarle el trabajo que yo pudiera encomendarle, pero, para no remover más el tema de la familia de Sam, volví a pasarle a Shaz la responsabilidad de la limpieza de los baños. Cada mañana, Mina quitaba el polvo de las estanterías de productos de belleza y limpiaba los espejos. De hecho, me resultaba de gran ayuda, pues hasta entonces no había sido capaz de convencer a las peluqueras de que mantener limpio nuestro lugar de trabajo no era una labor indigna. Mina ayudaba también a Maryam a preparar la comida para el personal de la casa, las profesoras, las peluqueras y las alumnas. A menudo las oía canturrear por la cocina mientras iban pelando berenjenas o amasaban la pasta de los *aushak*, una especie de raviolis afganos rellenos de puerros y cebolletas. Cada vez que entraba una clienta en el salón, Mina aparecía al instante con una enorme sonrisa, dos jarras con té y una retahíla de palabras en inglés: «¿Quiere té? ¿Quiere té negro? ¿Lo quiere verde? ¿Quiere azúcar?».

Mina añadía al lugar una pizca atolondrada de diversión que era tan indispensable como la somera limpieza que efectuaba. Al ser prima de Sam —prima decimosegunda o decimocuarta, pero prima, de todos modos—, se tomaba más libertades que las demás chicas en lo que a deambular por el recinto se refiere. Un día, ella y Shaz se dedicaron a sacudir las alfombras delante de la casa y a limpiar el patio con la manguera. Al cabo de poco rato, se enzarzaron en una batalla de agua. El agua salpicaba contra la ventana del salón y caía sobre un lateral del patio donde teníamos almacenados unos sillones de peluquería viejos. Mina acabó salpicando a Zilgai en el momento en que abandonó su posición en la verja para dirigirse a la cocina. Yo tenía clientas, pero no pude evitarlo: salí corriendo, cogí la manguera y remojé a Mina. En medio del patio, chillando y salpicando por todos lados, con sus holgados ropajes totalmente empapados, me di cuenta de lo menuda que era. Se agachó para hacerse de nuevo con la manguera y la blandió de nuevo, mientras las demás peluqueras y las clientas asomaban la cabeza y lanzaban gritos de ánimo. Me remojó entera; en aquel momento se volvió y vio a Sam abriendo la verja, vestido de traje y corbata y con el maletín bajo el brazo. Nos miró muy serio, sus gafas oscuras cubriéndole la mirada… y Mina apuntó la manguera en dirección a él. Por mucho que Sam tratara de protegerse del chorro de agua con el maletín, lo remojó de la cabeza a los pies. Se convirtió en un muyahidín rabioso hasta que Mina paró por fin. Recogió el maletín y pasó por nuestro lado con el bigote chorreando. Ni siquiera yo habría tenido el valor de hacer eso.

Pero hoy, la chispa había desaparecido por completo del rostro de Mina. El problema llevaba meses acechando —no, años, más bien— y no podía seguir escondiéndolo por más tiempo con sus espléndidas sonrisas.

La familia de Mina era originaria del nordeste, de una zona próxima a Tayikistán. Eran ocho hermanos, seis chicas y dos chicos, uno de los cuales era mayor que Mina. Su padre era maestro, pero en el pueblo se le conocía como un borracho. Cuando cobraba, se gastaba todo el dinero en bebida y se pasaba el día feliz cantando su borrachera hasta que se enfadaba por alguna cosa. Después, equilibraba su falta de embriaguez con peleas. De un modo u otro, su madre había conseguido hacerse con parte del dinero del padre y lo escondía. El hombre lo consideraba aceptable cuando estaba borracho, pero cuando se ponía a beber, peleaba con la madre para que le entregase el resto del dinero. Cuando estaba borracho, se peleaba también con el hijo mayor. Mina decía que bebía porque le entristecía verse tan pobre y deber tanto dinero a la gente.

En la guerra contra los rusos, el padre de Mina trasladó a toda la familia a Kabul. Pero cuando se inició la guerra con los muyahidines, los niños dejaron de ir a la escuela y él no pudo conservar su puesto de trabajo. De modo que trasladó a la familia de nuevo hacia la frontera con Tayikistán, y se instalaron todos en una habitación en casa de su hermano. El tío de Mina era rico, pero acogió de mala gana a la familia de su hermano y los trató a todos muy mal. El padre no consiguió encontrar trabajo. La familia pasó épocas de hambre, días incluso, en los que no tenían nada que comer. El tío y su familia se reunían en otra estancia y comían solos. Mina me contó que ella y su hermano mayor solían quedarse junto a las ventanas de su tío viéndolos comer, oyendo cómo sus estómagos rechinaban de hambre. Su tía salía y los echaba de allí, llamándoles mendigos.

Al final, su hermano consiguió un puesto de maestro en Kabul y la familia reunió por fin dinero suficiente para trasladarse allí y alquilar una casa. El hermano se casó, y él y su esposa instalaron su vivienda en una habitación de la planta superior. Mina tendría que haber estado entonces cursando el primer curso de enseñanza secundaria, pero su familia no la dejaba salir de casa por miedo a que los talibanes la secuestraran. Entonces, un día llegó un hombre a la casa y dijo que quería casarse con Mina. Pese a no ser un talibán, sus padres lo rechazaron. Ella tenía sólo catorce años y él tenía más de cuarenta. Además, toda la familia pensó que era un tipo horroroso para la bella Mina.

El hombre siguió insistiendo en pedir la mano de Mina durante tres años. Ella había dejado de preocuparse por él, pues estaba segura de que su padre seguiría negándose a sus peticiones. Tenía varios primos jóvenes y guapos. Esperaba que cuando las familias decidieran que había llegado la hora de casarlos, alguno de los chicos convenciera a sus padres de que Mina sería una buena candidata. Las chicas y los chicos afganos no pueden salir, ni socializarse, ni siquiera flirtear abiertamente. Pero aun así, una chica bonita puede cautivar a un hombre desde el otro lado de la estancia simplemente por su forma de llevar el pañuelo. Mina tenía la esperanza de que alguno de sus primos se hubiera fijado en ella. No quería un marido de cuarenta y siete años de edad. Teniendo en cuenta la poca esperanza de vida en Afganistán, aquello era prácticamente como casarse con un hombre de noventa años.

Fue entonces cuando su hermano le pidió dinero prestado al viejo y horrible pretendiente para llevar a cabo una inversión que con el tiempo acabó fracasando. Al no poder devolver el préstamo, el pretendiente exigió a Mina como pago de la deuda. El padre accedió a regañadientes y entregó a su preciosa hija para con ello proteger el honor de la familia. Mina suplicó a sus padres que no la casaran con él. Por aquel entonces, ya habían pedido su mano muchos hombres.

El padre dijo que no, que tenía que casarse con su primer pretendiente.

Pero después de la boda empezó a cundir el rencor entre los hombres de la familia y la situación acabó explotando. El padre de Mina y su hermano empezaron a pelearse porque el hermano había dado el paso, muy poco afgano, de marcharse del hogar familiar. El hermano estaba locamente enamorado de su esposa, quien lo convenció para que tuvieran su propia casa. El padre de Mina se sintió ofendido. Se enfadaba continuamente con su hijo por no haber podido devolver el préstamo; el padre contaba con una buena dote por Mina y no había conseguido nada. Por otro lado, el padre estaba también enfadado con el marido de Mina, pues había conseguido hacerse con ella por una cantidad relativamente insignificante. El marido estaba enfadado porque después de la boda se había quedado sin trabajo y se arrepentía de haberle entregado en su día al hermano de Mina todo aquel dinero en calidad de préstamo. Hubiera querido disponer aún del dinero para invertirlo en un nuevo negocio. Y toda su rabia se dirigía a la única persona que realmente no tenía la culpa de nada y no podía hacer absolutamente nada al respecto: Mina.

Mientras Mina seguía llorando, Laila me explicó que el padre y el hermano de Mina habían vuelto a pelearse. El padre se había abalanzado sobre el hermano durante la cena diciéndole que el no disponer del dinero de la dote de Mina era única y exclusivamente culpa de él. El hermano le respondió diciéndole que los problemas económicos de la familia habían dejado de ser de su incumbencia. Además, que la dote no tenía nada que ver con él, pues su problema era que no había podido devolverle al marido de Mina un préstamo por una cuestión de negocios. Si el padre quería una dote, tenía que arreglárselas con el marido. De modo que el padre fue a ver al marido y le exigió una dote, que el marido no podía pagar. El resultado de todo esto fue que el padre dijo que repudiaría a Mina hasta que consiguiese la dote. Le dijo a la madre de Mina que no quería que tuviese nada que ver con Mina ni con su hijo hasta recibir el dinero. Mina y su madre estaban angustiadas.

—¿Dónde está el niño? —Casi me esperaba que Mina lo llevara escondido debajo de su gigantesco pañuelo negro.

—En casa de una vecina, pero sólo por hoy —informó Laila.

Le expliqué todo aquel lío a Sam. Refunfuñó por la pesadez que le suponía meterse en una situación tan complicada, pero teniendo en cuenta que Mina era de su familia, aunque lejana, me dijo que lo intentaría. Al día siguiente, Mina llegó al trabajo con su bebé a cuestas. Era un chiquillo serio y adorable, con un indomable cabello pelirrojo y los ojos pintados con kohl.

—Para combatir el mal de ojo —me explicó Laila.

¿Cómo podía yo impedirle que trajera a su hijo al trabajo? Pero no lo quería dando vueltas por allí… había mucha tijera afilada y mucho producto químico peligroso. El *chowkidor,* el fontanero y el chófer se prestaron a encargarse de él. Durante todo el tiempo que duró la crisis de la dote, apenas vi al chiquillo en horas de trabajo. Pero un día vino al salón una clienta que trabajaba para una ONG que insistía enormemente en que su personal se mantuviera alejado de cualquier lugar que no dispusiera de las medidas de seguridad necesarias.

—Veo que tienes un *chowkidor* muy jovencito —comentó secamente.

Yo puse mala cara.

—Ha cumplido ya los treinta.

—¡Más bien te diría que lo que ha cumplido son los dieciocho meses!

Salí para ver qué sucedía y vi que Achmed Zia había encerrado al hijo de Mina en la garita del *chowkidor* mientras iba a hacer un recado. El pequeño estaba sentado en el suelo viendo la televisión. Llamé por el teléfono móvil a Zilgai y le pedí que se quedase con el niño hasta que Achmed Zia regresara. Cuando aquel día acabamos de trabajar, el niño entró en el salón con una pequeña escoba que Zilgai le había fabricado y nos ayudó a barrer los pelos que había en el suelo.

Sam consiguió apaciguar la crisis por un tiempo. Creo que les dijo a los tres hombres de Mina —padre, hermano y marido— que si no dejaban de atormentarla, llamaría a sus ex amigos muyahidines para que dieran una buena patada en el culo a alguno de ellos. O al menos eso fue lo que Sam me contó. En realidad, me parece que acabó él pagando la dote.

Pero unas semanas después, Mina volvió a presentarse llorando. Aquella vez venía con un morado que le cubría casi la mitad de la cara y marcas de dedos por todos los brazos. Una vez más, había caído víctima del fuego cruzado entre los hombres de su familia.

Un tío que vivía cerca de la frontera con Tayikistán (no el tío malvado de su infancia, sino otro) estaba en Kabul para visitar a la familia. Tenía un deseo especial de ver a Mina. De modo que ella, su marido y el niño habían sido invitados a cenar en casa de los padres de ella. Poco después de su llegada, el marido empezó a subirse por las paredes porque el padre y el tío se habían puesto a beber, y le dijo a Mina que quería irse. El tío le dijo que recapacitara, que quería pasar un rato más en compañía de su sobrina favorita. Mina le suplicó a su marido, diciéndole que quería quedarse. El marido se puso furioso. La agarró por el pelo, la obligó a salir a la fuerza de casa de su padre y empezó a pegarla allí mismo, en el patio de la casa del padre. El padre salió de la casa hecho una fiera y ordenó al marido que se fuera. No estaba furioso porque pegara a su hija, pues sabía que el marido de Mina la pegaba a menudo. No, estaba furioso por no ser él quien la pegaba. Las chicas pueden recibir auténticas palizas por parte de sus padres si están en su casa, pero nunca pueden sufrirlas de manos de otro. De modo que el marido se largó rabioso y llevándose con él al pequeño. Mina, histérica, había pasado la noche en casa de sus padres.

La abracé.

—Puedes vivir conmigo. ¡O puedes abandonar a tu marido y volver a vivir con tus padres!

Y ella se puso a llorar más fuerte si cabe.

—Si lo hace, perderá a su hijo —me explicó Laila—. Sólo puede tener a su hijo si vuelve con su marido. Pero ahora resulta que el padre la amenaza con disolver el matrimonio. Está en su derecho de hacerlo, pues la dote nunca se pagó. —Pese a que Mina no quería volver con su viejo y horroroso marido, sabía que si el matrimonio se disolvía perdería a su hijo. Pero ella no tenía nada que decir en el asunto. El único que podía decidir allí era su padre, igual que fue él quien decidió que tenía que casarse con aquel hombre.

Sam habló con el padre y el marido una segunda vez. Consiguió convencer al padre para que no forzara la disolución. Y como no era familia del marido, le dijo que lo mataría si volvía a pegar a Mina. Ella y el niño acabaron pasando una semana en casa de sus padres. Transcurrida aquella semana, llegó el marido y suplicó piedad al padre, que volvió a entregarle a Mina.

Pese a que las cosas habían vuelto a la normalidad, ella seguía infeliz y asustada. Yo sabía que Mina quería entrar en la escuela de belleza, y me había dado cuenta de que tenía un don natural para la peluquería, pero nunca me había pedido que la dejara asistir a las clases. Así que un día la invité a tomar el té con Sam y conmigo.

—Tengo una sorpresa para ti —le dije, imaginándome la luz que recuperaría su mirada—. Voy a apuntarte en la lista del próximo curso.

Sam tradujo mis palabras, pero Mina se limitó a negar tristemente con la cabeza.

—Dice que no puede —comunicó Sam—. El marido no trabaja. Necesitan el dinero que ella gana limpiando.

—Lo tengo todo pensado —expuse yo—. Puede seguir trabajando unas cuantas horas limpiando y le pagaré el sueldo completo. Puede devolvérmelo trabajando en el salón unas cuantas horas al día después de que acabe el curso.

—¿La harás trabajar después sin pagarle? —preguntó Sam, incrédulo.

—¡No, sólo lo digo para que no se sienta como si yo estuviera haciendo una obra de caridad! Dile que si trabaja duro y es una de las primeras alumnas del curso, la contrataré como peluquera a tiempo completo.

Cuando Sam se lo tradujo, Mina volvió a sonreír. Lloró también un poco, pero al cabo de un instante ya estaba de nuevo saltando por el recinto como una chiquilla despreocupada.

Mina entró en el grupo de mi quinto curso e inmediatamente empecé a sentirme ansiosa por lo que le había prometido. No estaba segura de que Mina fuese capaz de concentrarse lo bastante como para aprender el oficio de peluquera. Tenía un talento natural, pero estaba en una clase llena de mujeres muy competitivas, sobradas tanto de talento como de energía. Sabía que si Mina no despuntaba y no pasaba a convertirse en una de mis peluqueras, no sólo tendría que enfrentarme a su decepción, sino también al enfado de toda la familia de Sam, incluyendo la que tenía en Arabia Saudí. Mis profesoras iban a ser las encargadas de seleccionar a las alumnas más destacadas, y yo no podía entrometerme en su decisión. No sería justo para las demás chicas. Cuando las clases teóricas fueron terminándose y pasamos a la fase práctica, mi ansiedad aumentó más si cabe. Mina era una fuente desbordante de energía. Pocos días antes de la graduación, estaba con mis chicas en el salón organizándolo todo para que le tomasen fotografías y la filmasen durante la ceremonia. Quería mandar copias a la familia que tenía repartida por todo Afganistán.

—¡Me siento tan feliz! —exclamó—. Jamás en mi vida había conseguido nada.

La ceremonia de graduación se celebró un soleado día de invierno en la sala Cleopatra del edificio que albergaba la escuela-salón. Mis alumnas llegaron con horas de antelación y estaban espléndidas. En aquella estancia había suficientes diamantes de imitación, lentejuelas, perlas cultivadas, pasamanería dorada, brillos y joyas como para iluminar la cara oscura de la luna. Mis alumnas iban vestidas con prendas fabulosas que con toda probabilidad habían confeccionado ellas mismas y calzaban los zapatos más puntiagudos que había visto en mi vida. Mina no llevaba prendas excesivamente vistosas, pero se había puesto pecho: cuatro sujetadores con relleno, uno encima del otro, debajo de un jersey, para dar la impresión de que tenía un pecho voluminoso. Estaban también presentes mis profesoras, mis peluqueras del Oasis y algunas de mis antiguas alumnas, sentadas todas en sillas plegables colocadas rodeando la estancia y con aspecto de concienzudas matronas. Era el día para que las nuevas peluqueras se lucieran y nadie tenía intención de hacerles sombra.

Luego habría baile, por lo que todos los hombres del recinto tenían prohibido el acceso y se había cerrado con llave la verja de la calle. Las chicas trajeron sus CD favoritos y estuvieron bailando durante más de una hora, moviéndose sinuosamente, balanceándose y dando vueltas en parejas mientras las demás daban palmas y cantaban. No dejaron sentarse a nadie: tiraron de mí hasta hacerme salir a la improvisada pista, tiraron de las maestras hasta también hacerlas salir a la pista, e incluso tiraron de algunas de las invitadas occidentales. Eran bailes tremendamente sensuales. Como siempre, disfruté viendo cómo la música conseguía sacar a la luz la otra cara de aquellas chicas. Era muy frecuente que las chicas más calladitas y vestidas con las prendas más sombrías acabaran siendo las bailarinas más provocativas. Y aquel día, la fórmula se cumplió: fue precisamente aquella chica alta y delgada, vestida con una sencilla túnica de color blanco y pantalones blancos, con la cabeza completamente cubierta por un pañuelo también blanco (aun estando en un interior), la que trazó los movimientos de cadera más intensos y movió las manos de forma más sugerente.

Tuvimos que dejar entrar en el salón a un par de hombres, aunque sólo por un momento: Sam y Achmed Zia hicieron su entrada con un pastel enorme colocado sobre uno de los carritos de los rulos. Los bailes se interrumpieron y las chicas se arremolinaron para admirar el blanco glaseado del pastel y las rosas amarillas que lo adornaban. Después de aquello, me planté en medio de la sala para pronunciar mi discurso.

—Me siento orgullosa de todas vosotras. —Traté de reprimir unas lágrimas dispuestas a arruinar mi maquillaje y tal vez, incluso, mi vestido de seda—. Nada en el mundo me da más alegría que ayudaros a convertiros en peluqueras. Jamás me había visto rodeada de un grupo de mujeres que trabajara tan duro para aprender y alcanzar el éxito. Habéis cambiado mi vida permitiéndome ser vuestra maestra, y sabéis que vosotras ayudaréis a que Afganistán cambie para bien.

Esto se lo digo a cada promoción, y siempre es verdad. La determinación de estas chicas corta siempre la respiración.

En aquel momento, las chicas se apiñaron y se dieron la mano, pues yo estaba a punto de anunciar las cuatro mejores alumnas. Siempre es el momento más duro del día, pues todas ansían esa distinción. Si de mí dependiese, las «mejores» alumnas no existirían, pero las chicas insisten en que el curso sea competitivo. Miré uno a uno aquellos rostros que tan familiares me resultaban… y leí los nombres de la lista que las maestras me habían entregado previamente.

—¡Shukria! —anuncié, y la chica con melena negra sujeta en una trenza adornada con cuentas se estremeció y se acercó para ocupar un lugar a mi lado.

—¡Mazari! —La chica delgada vestida de blanco dio un paso al frente.

—¡Tordai! —Una chica calladita, con el cabello corto y rizado, se unió a nosotras en el centro de la sala.

Las demás alumnas seguían apiñadas y con miradas de agonía. Respiré hondo y exclamé:

—¡Mina! —La chica empezó a dar brincos, dificultando la labor de las chicas que estaban filmándola. Besé a las alumnas ganadoras y les entregué su premio: unas tijeras de corte y unas tijeras de vaciado de primera calidad. Después repartí las bolsas-regalo a todas las alumnas, mi «salón en una caja», que les permitiría trabajar como peluqueras en cualquier parte: dos toallas, un secador, un rizador grande y otro pequeño, una cabeza de maniquí, cinco peines para cortar, dos peines para hacer mechas, un peine de peinado, dos cepillos, cepillos metálicos redondos grandes y pequeños, una capa para lavado, una capa para corte, una capa para peinado, una capa infantil, una caja con papel de plata, una caja de guantes, un juego de rulos, un juego de bigudíes para la permanente, un espejo y una montaña enorme de material diverso para el cuidado del cabello, las uñas y los pies. Seguramente, aquellas chicas nunca habían recibido un regalo como aquél en su vida. Cuando abrieron las bolsas y vieron el contenido, chillaron de tal manera que incluso me dolieron los oídos.

Unos pocos días después, Mina realizaba su primera pedicura con una clienta de pago. Sumergió y sacó del agua caliente los pies de la mujer como si fuesen objetos poco comunes, con Bahar agachada a su lado y susurrándole palabras de ánimo. Hizo un trabajo estupendo y después pasó un buen rato dando vueltas con su primera propina en el bolsillo. Estaba radiante de felicidad. Me imaginé que su mezquino marido se sentiría satisfecho con el dinero que ella llevaba a casa.

Pero un día volví a encontrármela llorando en un rincón del salón. Su suegra se había instalado en su casa y estaba enfadada porque Mina trabajaba. Había exasperado a su hijo hablándole sobre el tema, y el marido había vuelto a pegarla. Mina se doblaba de dolor por la paliza recibida y por lo que seguramente era una úlcera provocada por el estrés. Estaba desesperada por volver a vivir con su madre, pero sabía que si su padre decidía disolver el matrimonio, ella perdería a su hijo. Decidí que, ya que ahora era mi empleada a tiempo completo, tenía derecho a una baja por enfermedad, de manera que la mandé a casa de sus padres. Convencí a su marido para que le permitiese llevarse a su hijo con ella para disfrutar de dos semanas de descanso. Y recé para que todo se le solucionase, pues yo ya no sabía qué más hacer.

Capítulo
9

E ra una noche de finales de primavera de 2005, y estaba mirando al exterior desde la ventana de nuestro dormitorio. Había sido un día excepcionalmente polvoriento en Kabul y el cielo era una masa sólida de color gris. No había ni rastro de estrellas, ni la luna se veía. Me sentía claustrofóbica, como si el ambiente estuviese tan cargado de polvo que ni siquiera pudiese tomar aire.

—Mira, Sam —le indiqué—. ¡Estrellas fugaces!

Sam se aproximó a la ventana y me dio un golpecito en el hombro.

—No son estrellas fugaces, Debbie —aclaró—. Son misiles. Han empezado a disparar de nuevo.

La mejora del tiempo había despertado a aquellos tipos de su hibernación. Había transcurrido poco tiempo desde la ceremonia de graduación y todo Afganistán, incluido nuestro pequeño barrio de Kabul, estaba sacudido por la barbarie. En mi calle se había producido un intento de secuestro. El cibercafé al que solíamos acudir había sido clausurado debido a una explosión. Una joven que trabajaba en un nuevo canal de televisión había sido asesinada en el patio de su casa. Todo el mundo sospechaba de su hermano, pues la chica aparecía en televisión con la cabeza descubierta. Clementina Cantoni, una italiana que realizaba labores humanitarias, había sido secuestrada en Kabul cuando salía de su clase de yoga. Se habían producido disturbios después de que se conociera la noticia de que los responsables de los interrogatorios en la prisión de Guantánamo habían arrojado un ejemplar del Corán al retrete. En el incidente más espantoso de todos, tres mujeres afganas que trabajaban para ONG extranjeras habían sido violadas, estranguladas y abandonadas en el arcén de una carretera. La nota que se encontró a su lado advertía de que aquello era lo que les sucedería a los traidores y a las prostitutas.

Pese a que las noticias eran más deprimentes que nunca, todo el mundo intentaba mantener el buen humor y seguir adelante. Divulgué un anuncio del salón en una revista que se publicaba en Kabul dirigida al público extranjero y empecé a tener aún más clientela, tanto occidentales como afganas occidentalizadas. Me gusta decir que Afganistán es un lugar de mercenarios, misioneros, inadaptados y afligidos, y parecía que todas esas personas acudían a mi salón para regalarse un ratito de placer y para chismorrear. Siempre solía atender a cinco o seis clientas simultáneamente y a veces era casi como si se celebrase un concurso para ver quién era capaz de contar la historia más asombrosa. No creo que exista otra peluquera en el mundo que haya tenido una clientela más interesante que la mía. Aquellas mujeres estaban haciendo cosas extraordinarias bajo las circunstancias más difícilmente imaginables. Una de ellas se ocupaba de la salud de las embarazadas en pueblos tan aislados que sólo era posible acceder a ellos a caballo. Otra ayudaba a los policías de tráfico a enseñar a los niños a circular con seguridad por las calles de Kabul. Otra trabajaba con periodistas afganos con el objetivo de crear un gabinete de prensa. Yo tenía la idea, y sigo teniéndola, de que lo que yo estaba haciendo era importante, pues estaba preparando a muchas mujeres para que prosperasen en una de las mejores carreras profesionales que podían seguir en Afganistán. Pero a veces, cuando escuchaba a mis clientas hablar sobre su trabajo, me sentía realmente apocada. Y siempre me sentía feliz al verlas intercambiarse tarjetas de visita. Tenía la sensación de ofrecerles no sólo un lugar donde relajarse, sino también un lugar donde entablar relaciones y, tal vez, incluso encontrar socias para algunos de sus proyectos.

Y por las tardes, cuando mis chicas volvían a casa, yo seguía ofreciendo mis servicios a hombres occidentales. Algunos de ellos eran los clientes de peluquería más improbables que uno pueda imaginarse: enormes y fornidas moles que habían sido contratados como guardaespaldas de las personas más importantes de la ciudad. Se les conocía como los «tiradores» o los «aspirantes a Rambo», y algunas de mis clientas no tenían permiso para salir a la calle si no iban acompañadas por un par de aquellos tipos. Así fue como los «tiradores» acabaron convirtiéndose en mis clientes. Un día vi a uno de esos tiradores de pie junto a la garita del *chowkidor*, observando la calle, sus músculos tan voluminosos que ni siquiera podía cruzarse de brazos. Llevaba una especie de cinturón de herramientas de cuero, aunque en su caso estaba cargado con armas y munición.

—¿Quieres pasar y esperar en el vestíbulo? —le pregunté desde la ventana.

Él se volvió y negó con la cabeza.

—Tengo que controlar la calle por si hay alborotadores. —Tenía una agradable sonrisa que casi quedaba oculta por unas patillas descuidadas y desiguales.

—Vuelve cuando no estés de servicio. ¡Te recortaré esas patillas gratis!

De modo que volvió, acompañado por un amigo, después de que mis peluqueras se hubieran marchado. Y pronto empezaron a aparecer muchos más «tiradores» una vez cerrado el salón. Había tardes en las que la escena en el interior de la peluquería era graciosísima. Llegaban dos o tres de aquellos chicos, dejaban sus armas junto a las bandejas de los rulos y se instalaban en los sillones para que yo les arreglara el pelo, les cortara las cutículas e, incluso, les aplicara alguna mascarilla facial. El detalle de que las capas de peluquería fueran de color rosa y con imágenes de Marilyn Monroe completaba la escena. A Sam le encantaban aquellas veladas. Siempre le llamaba cuando los «tiradores» acudían al salón. Volvía corriendo a casa para poder intercambiar historietas y comparar sus armas.

A medida que el tiempo fue mejorando, mi clientela occidental empezó a prolongar su estancia en el salón hasta después de la hora de cerrar, y así fue como nos metimos de cabeza en la temporada de fiestas al aire libre. Resultó que Zilgai, el fontanero, era el chico más juerguista de la ciudad. Cuando sonaba la música, él y sus amigos se plantaban en el centro del patio y nos obsequiaban con frenéticos bailes afganos. A los occidentales les encantaban aquellas fiestas, pues en su mayoría se pasaban el tiempo encerrados en sus recintos sin tener la oportunidad de conocer el verdadero Kabul. Tampoco es que aquél fuera el verdadero Kabul, pero era lo más cercano a ello que cualquiera de los extranjeros hubiera podido experimentar. Empecé a contratar a bandas de música afganas y a encargarle a Maryam que preparara comida afgana. Sam invitaba a sus amigos y nos pasábamos la noche bailando. Cuando los occidentales tenían visitas que estaban en la ciudad por unos pocos días, para realizar algún trabajo, alguna consultoría o lo que fuese, siempre me llamaban para preguntar si aquella noche había fiesta.

En una de esas fiestas, le presenté a Sam un tipo que estaba trabajando en un programa de erradicación de la amapola del opio.

—Es uno de los asesinos de la amapola —le informé.

—¿Asesinos de qué? —Sam abrió los ojos de par en par. Y cuando miró al chico, vi que estaba casi temblando—. ¡Debbie, creía que te gustaban los perros![5]

* * *

Justo delante de mi verja había un grupillo de hombres muy agitados. Habían venido corriendo desde toda la calle para ver cómo el hombre de barba larga y oscura reprendía a gritos a Achmed Zia, mi *chowkidor*. Incluso las cabras que estaban escarbando en una montaña de basura que había calle abajo se acercaron a ver qué sucedía. Achmed Zia me lanzó una mirada de preocupación. Me di cuenta de que el hombre barbudo estaba borracho, pero no me pareció especialmente peligroso, sino simplemente estúpido.

—¿Por qué está montando este escándalo? —le pregunté a Laila.

Ladeó la cabeza en dirección al hombre y se encogió de hombros, disgustada.

—Dice que matará a Achmed Zia.

—¿Y por qué quiere matar a Achmed Zia?

—Porque has trasladado la garita del *chowkidor* de un lado de la verja al otro. Dice que la pared del otro lado de la verja es suya.

Me abrí paso entre los hombres hasta llegar junto a Achmed Zia.

---

[5] Juego de palabras en inglés: *poppy* significa «amapola» y *puppy*, «cachorrito». Sam, que no domina el idioma, confunde ambos términos. [N. de la T.]

—¡Dile que la pared no es suya!

Laila apenas le llegaba al hombro, pero se dirigió como un rayo hacia aquel hombre. Era como ver una muñeca Kewpie[6] lanzándose al ataque, y no una muñeca Kewpie vulgar, sino una que calzaba unas sandalias con un tacón de quince centímetros que dejaban a la vista unos pies rosados y transparentes. El hombre de la barba la miró con mala cara y reemprendió sus gritos. Laila se volvió hacia mí.

—Dice que te matará, Debbie, y a todos los extranjeros que vengan a tu casa.

—¡Pues dile que voy a denunciarlo a la policía!

Llevábamos ya un buen rato con ese tira y afloja —que si él iba a matarnos, que si nosotros llamaríamos a la policía—, cuando llegó uno de los hermanos del hombre. Era un tipo escuálido, de piel cetrina y que tenía una oreja deformada. Se limitó a mirarme muy serio y a arrastrar a su hermano borracho hacia el interior de su recinto.

Ya sabíamos que aquellos vecinos eran problemáticos. El resto del vecindario era amistoso y decente, pero aquellos dos eran miembros de una familia con mala fama en toda la manzana. El verdulero de la esquina me había dicho que muchas veces le cogían un puñado de judías o una coliflor, se largaban corriendo y se burlaban de él cuando protestaba. El hombre que tenía una pequeña tienda de frutos secos al final de la calle —le llamábamos Karzai, pues siempre llevaba el mismo tipo de sombrero de lana de caracul que lucía el presidente de Afganistán— también se había quejado de sus robos. Karzai se pasaba el día fumando hachís en la tienda y estaba siempre rodeado de humo, pero aquellos tipos eran capaces incluso de estropearle sus felices sensaciones. Mis chicas se

---

[6] Muñecas basadas en las ilustraciones de Rose O'Neill que aparecieron en *Ladies' Home Journal* en 1909. Fueron muy populares en Estados Unidos durante la primera mitad del siglo xx. *[N. de la T.]*

quejaban de que aquellos vecinos les lanzaban comentarios ofensivos cuando se cruzaban con ellas por la calle.

Pocas semanas atrás, Sam y yo habíamos tenido nuestro primer encontronazo con ellos. Por las noches, la electricidad no llegaba con suficiente potencia a la casa y la luz era tan tenue que apenas veíamos nada. Llamábamos al ayuntamiento para reclamar, pero el hombre que nos atendía siempre respondía con un «mañana». Al final, uno de los tíos de Sam se ocupó de lanzar un cable más grueso desde la caja de luz de la calle hasta nuestra casa. No sé cómo no acabó electrocutado, pero en Kabul las cosas solían arreglarse así. Si es que puede decirse que la situación estuviese arreglada: de noche, las bombillas daban más luz, pero de los enchufes salían chispas. Los vecinos se pusieron rabiosos. Mientras el tío de Sam estaba en el tejado del edificio peleándose con los cables de la electricidad, ellos no pararon de gritarle desde abajo. Nos imaginamos que simplemente no querían que desde arriba pudiese ver a las mujeres de su recinto.

Un día, poco después de aquello y una vez finalizada la jornada laboral, Sam y yo estábamos mirando la televisión en la habitación situada justo encima de la escuela. De pronto, oímos el sonido de una treintena de fusiles disparando de forma simultánea. Cogí los zapatos y el pañuelo para salir a ver qué sucedía, pero Sam me lo impidió.

—¿Quieres que te maten? —me refunfuñó entre dientes.

Cruzamos el vestíbulo, entramos en la pequeña habitación donde había instalado la camilla ginecológica para poder realizar los masajes y asomamos la nariz por la ventana. Todos los tejados circundantes estaban ocupados por hombres armados vestidos de oscuro que se acercaban con sigilo al patio de los malos vecinos. Saltaron de los tejados y corrieron hacia la casa. Permanecimos una hora y media observando las idas y venidas de los hombres de oscuro. Las mujeres de la casa se habían apiñado en uno de los edificios del exterior y las oíamos llorar. Entonces vimos a los hombres de oscuro empujando hacia fuera a un grupito de hombres esposados, obligándolos a subir en diversos coches y alejándose de allí.

Al día siguiente casi me vuelvo loca. La peluquera que hay en mí tenía que averiguar qué había pasado. Así que me cubrí con el pañuelo y fui a ver al sastre, pero el hombre no sabía nada de lo acontecido. Fui a la floristería, y al saloncito de belleza que había más arriba, pero tampoco sabían nada. Fui a ver a Karzai. El hombre se levantó de un salto y me saludó como siempre al verme, pero tampoco sabía nada. Seguramente ni siquiera sabía qué día era.

Al final, Achmed Zia descubrió qué había sucedido. La policía sospechaba que nuestros vecinos estaban relacionados con el secuestro de Clementina Cantoni, de modo que lo que habíamos presenciado la noche anterior había sido una redada. La policía no encontró a Clementina, pero sí un arsenal de armas y drogas. Encontraron también a dos afganos que habían sido secuestrados tiempo atrás. Fue su día de suerte, pues, seguramente, la policía nunca se habría tomado la molestia de buscarlos. Aquel hecho hizo que todos los vecinos de la calle nos diéramos realmente cuenta de lo malvada que era aquella gente.

Un día, aproximadamente una semana más tarde, después de que el barbudo viniese a gritarnos por lo de la garita del *chowkidor*, me había quedado dormida y bajé las escaleras en pijama, tambaleándome y más atontada de lo habitual. Lo primero que vi fue a Achmed Zia con la barbilla ensangrentada. Tenía la cara cosida a golpes, la camisa rasgada y el labio abierto.

—¿Qué demonios ha pasado? —le pregunté—. ¿Quién te ha pegado? —No hubo necesidad de traductor. Señaló con rostro sombrío en dirección a la casa de los vecinos.

Nunca he tenido buen despertar. Necesito mi café, mis cigarrillos y un poco de tiempo de inactividad antes de iniciar la jornada. Si alguien quiere ponerme de mal humor, lo tendrá mucho más fácil por la mañana, sobre todo si me encuentro en un punto especialmente peligroso de mi ciclo menstrual. Me volví loca. Cogí mi pañuelo y la metralleta de Sam, y en pijama y con todo el personal de la casa siguiéndome en fila india, me planté frente a la verja de los vecinos y empecé a darle patadas. No salió nadie, pero me di cuenta de que la verja se entreabría, como si no estuviese cerrada con pestillo. Al final, la empujé y entré.

Las mujeres de la casa de los vecinos salieron enseguida y les pregunté dónde estaban los hombres. Dijeron que no estaban allí. Yo seguí repitiendo a gritos que quería ver a los hombres. Me di cuenta de que todo el vecindario estaba congregándose delante de la verja. Pero yo seguía gritando, utilizando todas las palabras que conocía en dari (seguramente incluso las palabras equivalentes a «alfombra» y «cepillo»). En aquel momento, tres hombres se abrieron paso entre la multitud apiñada junto a la puerta. Dos de ellos eran los que nos habían estado fastidiando por lo de la garita del *chowkidor,* y el otro era un tipo alto y atractivo que ya había visto anteriormente por la calle en alguna ocasión. Sabía que eran hermanos, aunque no se pareciesen en nada. Los tres se quedaron allí, con una sonrisa de satisfacción. Eso me enfureció aún más.

—¿Quién ha sido el que ha herido a Achmed Zia? —pregunté a mi personal. Nadie lo sabía, o nadie quería decirlo, de modo que agarré al guapo por la camisa. Volví ligeramente la cabeza, para seguir mirando a mi gente—. Llamad a la policía. Yo me aseguraré de que no se muevan de aquí.

La situación era algo cómica. Los miembros de mi personal pusieron cara de preocupación mientras Laila traducía. Hablaron entre ellos. Al parecer, nadie sabía cómo se llamaba a la policía. En Kabul, nadie llamaba nunca a la policía porque no servía de nada… nunca aparecían. Y en Afganistán no existe un número general de urgencias al que poder llamar. De modo que todos, excepto Achmed Zia, se marcharon para intentar averiguar cómo llamar a comisaría, dejándome a mí apuntando con el arma a los hermanos criminales. Por lo menos, las sonrisas habían desaparecido. Al final, la policía acudió. No sé muy bien si fue porque yo era estadounidense, o porque estaban interesados en la familia de los vecinos. Los demás vecinos se quedaron más sorprendidos por la aparición de la policía que por verme asaltar la casa de los criminales vestida en pijama.

La policía se llevó a los tres hombres y yo volví a casa para disfrutar de mi café y ponerme a trabajar con mis clientas. Y cuando más enfrascada estaba haciéndole unas mechas a una misionera, entró Laila corriendo.

—¡Acaba de llegar la madre de esos criminales! —anunció.

En la puerta se habían congregado la madre de aquellos tipos, la abuela, varias tías y viudas, y una enorme cantidad de niños. La familia al completo había venido a suplicarme que retirara los cargos. La madre era una mujer alta con cara triste y devastada, e iba vestida como si fuera a un funeral.

—Si tuviera el tipo de hijos que tiene ella, yo también me vestiría como para acudir a un funeral —le comenté a Laila—. Dile que no pienso retirar los cargos.

La madre intentaba cogerme las manos, pero yo las escondí detrás de mi espalda. Se dirigía a Laila en voz baja, en un tono conciliador, pero Laila me dijo muy airada:

—¡Dice que obligará a sus hijos a escribirte una carta disculpándose! —Era evidente que Laila se sentía en su salsa en el papel de intermediaria.

—¿Y eso de qué me servirá?

—Dice que sus hijos no volverán a molestarte.

—¿Desde cuándo resulta que en este país existe una mujer que tenga algún tipo de control sobre los hombres? Probablemente la tratarán a ella tan mal como tratan a todo el mundo.

No estoy muy segura de si Laila se lo tradujo, pero algo le dijo y todas las mujeres se pusieron a hablar a la vez.

—Preguntan si retirarías los cargos como un favor hacia ellas.

—Nai! —Moví negativamente la cabeza delante del grupillo de mujeres—. Nai, nai! Tus hijos no son más que unos matones y llevan demasiado tiempo acosando a la calle entera. Si en mis manos está meterlos en la cárcel, allí será adonde irán a parar.

Volví a casa y continué trabajando, pero, por el ruido que se oía al otro lado de la puerta, era evidente que las mujeres no habían vuelto a la suya. Más bien parecía que se les había sumado más gente. Me acerqué a la puerta y miré hacia el exterior. En aquel momento había una veintena de personas merodeando junto a la verja. Achmed Zia y Zilgai se habían plantado delante de la multitud con los brazos cruzados y me di cuenta de que Laila estaba regañando a un hombre mayor con un gigantesco turbante gris en la cabeza. Empezaba a tener la sensación de que habían sitiado mi casa y me pregunté por primera vez si estábamos seguros allí dentro. ¡Además, aquella gente me estaba fastidiando el negocio! Una de mis clientas llamó diciéndome que ella y su chófer habían pasado por delante de casa y no se habían atrevido a detenerse al ver aquel gentío.

—Parece que tengas un motín enfrente de casa —me dijo—. Eso, o que estás regalando unas muestras de champú realmente estupendas.

Cogí el móvil y llamé a Sam. Llamé a la Embajada de Estados Unidos. Llamé a todas mis conocidas afganas que tenían a sus maridos trabajando en el gobierno. Llamé al ministro de Interior. Intenté encontrar a alguien capaz de ayudarme. Y mientras toda esa gente realizaba gestiones tratando de encontrar a quien pudiera meter en la cárcel a aquellos tipos e impedir que su familia me matara, recibí una llamada de la policía pidiéndome que fuera a comisaría para explicar más detalles sobre lo sucedido.

En comisaría, un policía grandullón vestido con un monótono uniforme de color verde oliva me saludó como si fuésemos amigos de toda la vida.

—¡Siéntese, señorita Debbie, siéntese! —ofreció, indicándome una silla. Llegó entonces otro policía con el té. A través de Laila, intercambiamos los cumplidos de rigor sobre el tiempo y el tráfico. Y luego fue al grano.

—Conocemos bien a estos hombres —afirmó—. Creemos que forman parte de la misma familia que ha secuestrado a Clementina Cantoni. En la casa no encontramos pruebas que nos condujeran hasta ella, pero seguimos pensando que están conectados.

—¿Son terroristas?

—Sí, pero no talibanes. Éstos sólo lo hacen por el dinero y el poder.

Puse mala cara.

—¿Los meterá en la cárcel?

—Lo intentaremos. Pero me han dicho que también quieren presentar cargos contra usted.

—¿Contra mí? —Me pregunté si quizá le había arrancado demasiados pelos del pecho al que había agarrado por la camisa. No se me ocurría otra circunstancia en que pudiera haberles hecho algún daño.

El policía se sonrojó levemente y bajó la vista hacia los documentos que tenía sobre la mesa.

—Quieren presentar cargos por inmoralidad. Dicen que sale usted desnuda al balcón.

Laila estalló en carcajadas.

—Muy gracioso —le dije a Laila—. Dile que le pregunte a esos tipos qué pone en el tatuaje que llevo en el trasero.

No creo que llegara a traducírselo al abochornado policía. Le dije que la acusación no era cierta. Yo no salía desnuda al balcón, jamás. Y aun habiéndolo hecho, aquellos asquerosos no podían haberme visto desde su recinto. El hombre movió afirmativamente la cabeza, como si se avergonzase de haber sacado a relucir un tema tan desagradable como aquél.

De regreso a la furgoneta, vi a algunos miembros de las tropas internacionales de pacificación apostados junto a uno de sus tanques. Conocía de algo a uno de ellos y me detuve para explicarle lo que me había sucedido. Le conté que tenía miedo de que la familia de aquellos matones quisiera vengarse de mí por haberlos hecho arrestar.

—La próxima vez que salgáis a patrullar, ¿podríais pasar por mi calle y deteneros enfrente de su casa? ¿Tal vez apuntarles con una ametralladora de las más grandes?

Él me miró divertido.

—Oye, que no es que esté peleándome con los vecinos porque no corten el césped. ¡Son criminales! Pregunta a la policía.

Se encogió de hombros.

—Se lo preguntaré al jefe.

Estábamos Laila y yo a punto de subir a nuestra furgoneta cuando uno de los policías vino corriendo hacia nosotras.

—Ah, veo que tienen una furgoneta —observó.

Nos explicó que en comisaría no disponían de un vehículo lo bastante grande como para transportar a mis vecinos matones hasta la cárcel situada en el otro extremo de la ciudad, que era la que les correspondía. Me preguntó que, ya que era yo quien había presentado los cargos, si me sería posible colaborar con la policía transportando a los matones hasta la cárcel en mi furgoneta... con la presencia de un policía por cuestiones de seguridad, naturalmente. Era un policía menudo, con una sonrisa ansiosa. Sin darme cuenta, me encontré respondiéndole que sí. El hombrecillo corrió hacia comisaría y regresó con los tres supuestos secuestradores apuntándolos con un rifle. Subieron en el asiento intermedio de la furgoneta, el policía entró también y cerró la puerta a sus espaldas. ¡De modo que él era mi seguridad!

Es muy posible que ésa fuera mi experiencia más insensata en Afganistán. Durante el trayecto, el pequeño policía iba dando instrucciones a mi chófer. Los matones hablaban por teléfono móvil con sus familiares, interrumpiéndose de vez en cuando para volverse y lanzarnos sonrisas de camaradería a Laila y a mí, que ocupábamos el asiento posterior. Al final, uno de ellos se volvió y me pasó su teléfono móvil.

—¡Hola, Debbie! —me saludó una voz al teléfono—. Tengo entendido que tienes algún problema con mis hermanos. ¿Qué te parece si los sueltas esta vez y nunca vuelve a suceder nada más?

Por los chismorreos del vecindario, sabía que tenían un hermano más... y que decían de él que era aún más grandullón y más malo que ellos. Supuestamente, estaba escondido porque la policía lo buscaba por haber cometido algún crimen. Colgué el teléfono y lo arrojé hacia el asiento intermedio. El policía estaba enfrascado en una conversación con el chófer sobre cuál era el mejor camino para llegar a la cárcel, qué calles tenían más tráfico a esta hora del día, cuáles tenían unos socavones terribles… detalles de este tipo. No prestaba la más mínima atención a los matones, cuyas súplicas eran cada vez más osadas. El guapo se volvió hacia mí y me dio unos golpecitos en la rodilla.

—No somos tan malos. ¡Si incluso llevamos a una de tus amigas hasta Wardak y no la matamos!

Se volvió entonces el barbudo.

—Si no nos dejas libres, será un problema enorme para nosotros. Mira… a partir de ahora seremos buenos vecinos.

Al final, llamé a Sam por el teléfono móvil y le expliqué lo que ocurría. Y me dijo:

—¡Estás loca! Sal del coche antes de que os secuestren a *todos*.

Resultó que estábamos a escasas manzanas de nuestra calle. De modo que le dije al chófer que se dirigiese a casa y nos dejara allí a todos, tanto a Laila y a mí, como al pequeño policía y a los matones. Sam llamó a la policía y les dijo que regresaran y se llevaran a sus prisioneros, pero nunca vinieron. Los matones regresaron a su casa y fueron recibidos por su familia con gritos de alegría. Creo que al final fue Achmed Zia quien acompañó de nuevo al policía a comisaría.

Unos días después, cinco tanques de las fuerzas internacionales de pacificación recorrieron nuestra calle y se detuvieron estrepitosamente delante de mi edificio. Fui corriendo a casa de mis vecinos y aporreé su verja hasta que uno de los hermanos asomó la cabeza. Le señalé los tanques y le dije que si su familia volvía a acosar a alguien de nuestra calle, ordenaría que volasen su casa. Naturalmente, yo no tenía poder para dar esa orden, pero ellos no lo sabían. Que yo sepa, nadie del vecindario ha tenido más problemas con ellos desde entonces. Se convirtieron en personas tan cordiales y educadas como mis antiguos vecinos en Michigan. Y por lo que yo sé, la policía nunca reunió pruebas suficientes que los relacionaran con algún tipo de actividad terrorista.

* * *

Era un jueves por la tarde, el momento de la semana en el que mis chicas no hacían más que bromear y lanzarse indirectas relacionadas con el sexo. El viernes es el principio del fin de semana en Afganistán, de modo que prácticamente todo el país celebra su noche de sexo el jueves. El viernes es el *joma,* el jueves por la noche es el *rozi joma.* Esa noche, las mujeres se asean a fondo, se depilan el vello púbico y se preparan para entregarse a sus maridos. Manteniendo la costumbre nacional, todos los jueves por la tarde mis chicas empezaban con sus risas y sus bromas y a preguntarse entre ellas si ya se habían preparado para el *rozi joma.* En cuanto empezaban las bromas, Bahar solía poner mala cara y volver la cabeza. Nos había contado a todas que odiaba el sexo, y que odiaba a su marido.

Pero aquella tarde Bahar se sentó delante de uno de los espejos y empezó a retocar su maquillaje. Baseera se inclinó por encima de su hombro, simuló que le daba besitos y le dijo alguna cosa tan obscena que Topekai se sonrojó. Bahar sonrió de oreja a oreja y deambuló de un lado a otro del salón mientras el resto aplaudían e iban gritando: «*Rozi joma!*».

Hablé un momento con Laila.

—Tenía entendido que odiaba a su marido.

—Ha vuelto a enamorarse de él —me garantizó Laila.

—¿Cómo es posible, si él es tan malvado con ella?

Laila me miró con sus ojitos de muñeca Kewpie.

—¡Oh, Debbie, resulta que ha cambiado! Ella lo llevó a un médico y ahora toma un medicamento para sus problemas. Vuelve a ser un buen hombre.

Conocí a Bahar durante mis entrevistas a posibles alumnas de la escuela de belleza. Era uno de aquellos días de finales de invierno, cuando el cielo deja caer de repente un palmo de nieve sobre la ciudad. En Kabul no había máquinas quitanieves —y sigue sin haberlas, que yo sepa—, de modo que la vida prácticamente se detenía. Cuando la gente intentaba aventurarse en coche por las calles, iba a parar a las alcantarillas y provocaba un caos aún mayor que el habitual.

Teníamos en torno a cien candidatas para el curso, pero, debido a la nieve, el día de las entrevistas sólo se presentaron una veintena de chicas. Sabía que aquellas veinte tenían que ir realmente en serio, lo que les daba una serie de puntos adicionales. Lo gracioso del asunto es que seguramente no habría admitido a Bahar sólo por su relato. En aquel momento, estaba ganando ya unos cuarenta dólares mensuales —un sueldo que no estaba nada mal en Kabul— como maestra de guardería y no tenía experiencia como peluquera. Yo intentaba admitir sólo a mujeres que realmente necesitaran aquella oportunidad y que además pudiera sacar de ella el máximo provecho. Las mujeres que ya trabajaban solían ir a parar al final de la lista, de modo que la nevada fue un golpe de suerte para Bahar.

Por aquel entonces Bahar tenía veintiocho años de edad, un rostro muy dulce y modales encantadores. Enseguida se convertiría en una de mis mejores alumnas. Bahar tenía un trato tan agradable con la gente que sabía que funcionaría estupendamente en mi salón tanto como peluquera como trabajando de profesora. Pero la suya era una promoción brillante y ambiciosa, y había otras cuatro mujeres que también podían hacerlo muy bien tanto de profesoras como de peluqueras. De modo que empecé a profundizar en la historia de cada una de ellas. Cuando escuché el relato de Bahar, me di cuenta de que tenía que ayudarla a liberarse de un marido que estaba loco. Como tantas mujeres, y aunque los talibanes se hubieran ido, ella seguía amenazada por el terrorismo. Se enfrentaba a él a diario a través del marido con quien se había casado.

Creo que en su día había sido un buen marido y ella lo quería. Vivían con los padres de él, que eran bastante mayores, y Bahar cuidaba feliz de los padres y de sus dos niños. El marido había sido policía en Kabul antes del ascenso de los talibanes al poder, y pudo seguir conservando su puesto. Pero su trabajo se convirtió en una dura tarea. A menudo se veía obligado a hacer cumplir sus ridículos edictos sobre la prohibición de utilizar zapatos blancos, o de escuchar música, u otras cosas por el estilo. Es más, tenía que ser testigo de cómo los talibanes trataban de forma inhumana a hombres y mujeres por culpa de infracciones minúsculas y ayudar a mantener el orden durante la celebración de ejecuciones públicas. En un momento dado, se enfrentó a un grupo de talibanes y ellos se vengaron de él. Lo golpearon con tanta brutalidad que sufrió una lesión cerebral que le provocó complicaciones de todo tipo: depresión, pérdida de memoria y una rabia incontrolada. No pudo seguir trabajando.

A partir de ahí, se convirtió en un monstruo. Encerraba a Bahar y a sus hijos en una de las habitaciones de la casa y se marchaba, a veces durante días. Sus padres estaban también en la casa, pero eran tan mayores que ni se daban cuenta de lo que sucedía. En la casa seguía habiendo comida, de modo que los padres continuaban alimentándose. Pero Bahar y los niños no tenían qué comer. Peor aún, Bahar estaba embarazada de su tercer hijo. Su marido la encerró tantas veces sin comer que el bebé que llevaba en el vientre estaba desnutrido. No podía pedir ayuda a nadie, y mucho menos a los jefes talibanes, pues nunca pensaban que las esposas tuvieran motivos de queja de sus maridos. El tercer hijo de Bahar nació con minusvalías, sin duda debido a aquella brutalidad. Ahora tiene seis años de edad y aún no camina.

Cuando los talibanes fueron expulsados, Bahar pudo por fin salir de la casa. Se peleó con su marido y le dijo que trabajaría ella, pues él no podía. Su familia volvió a tener para comer cuando ella consiguió un puesto de maestra en una guardería.

Después de la ceremonia de graduación, empezó a trabajar en el salón. Su especialidad eran las manicuras y las pedicuras, y su delicado trato dejaba totalmente satisfechas a las clientas. Le daban buenas propinas y sus ingresos mensuales se dispararon, pasando de los cuarenta dólares a casi cuatrocientos. El único problema seguía siendo su marido. Solía llamarla al teléfono móvil continuamente para que le explicase qué estaba haciendo en aquel momento. A veces, Bahar tenía que salir corriendo en plena jornada laboral porque al marido le había dado uno de sus ataques de rabia y estaba pegando a los niños. Siempre que sonaba el teléfono, daba un brinco y se estremecía, pues seguía teniéndole mucho miedo.

Pero a medida que fue ganando más dinero, Bahar adquirió una postura más fuerte e independiente. La oí hablar varias veces con dureza con su marido y decirle que no la molestase. Al final, dejó de contestar al teléfono si él la llamaba en exceso. Pero incluso cuando el marido no la llamaba, lo único que expresaba hacia él era desdén.

Entonces, un día Bahar me preguntó si podía tomarse una semana libre. Dijo que había estado ahorrando dinero para llevar a un miembro de su familia a un importante médico de Pakistán. Me imaginé que se refería a su hijo, de modo que no le hice más preguntas. Pero al finalizar aquel día en que vi a Bahar acicalándose para el *rozi joma*, la seguí hasta la calle para echarle un vistazo al marido. El hombre estaba esperándole fuera vestido con un *shalwar kameeze* oscuro e impoluto, la barba perfectamente recortada, su rostro un reflejo de bondad y orgullo. Ni siquiera lo reconocí. El médico de Pakistán había conseguido convertirlo en una versión del hombre que había sido antes de que los talibanes le robaran la decencia. Yo nunca había conocido esa versión de aquel hombre pero, claramente, Bahar estaba feliz de tenerlo de vuelta.

* * *

El teléfono satélite sonó a media noche. Al tercer ring, me arrastré por encima del cuerpo de Sam para cogerlo. Era un hombre que hablaba en dari, por lo que enseguida supe que la llamada no tenía nada que ver con algún posible problema en Michigan. Pero cuando el teléfono sonaba por la noche quería decir que había alguna cosa por la que preocuparse, de modo que sacudí a Sam y le acerqué el teléfono al oído.

—¿Es algo que tenga que ver con Robina?

Él levantó la cabeza y siguió a la escucha.

—No es nada que tenga que ver con Robina. No pasa nada.

Me costó volver a conciliar el sueño. De noche, siempre pensaba en Robina y sus hermanas.

Había conocido a Robina unos meses después de que nos trasladáramos al Oasis. Apareció por el recinto una mañana, mientras yo estaba sentada fuera tomando mi café. Aún no había llegado ninguna clienta, y la tomé por una de ellas.

Iba vestida con una elegante chaqueta azul y unos zapatos del mismo color que tenían aspecto de ser italianos. Imaginé que sería una trabajadora de las Naciones Unidas, tal vez francesa o española, que había eludido las medidas de seguridad, aventurándose por las calles polvorientas dispuesta a hacerse una manicura. Pero cuando la vi más de cerca, me di cuenta de que no necesitaba ninguna manicura. Toda ella estaba impecable.

—Buenos días —saludó—. ¿Es aquí el Oasis? —Llevaba un ejemplar del *Afghan Scene,* la revista en la que había publicado el anuncio de mi salón.

Moví afirmativamente la cabeza.

—Vengo a pedir trabajo.

Muchas afganas me habían pedido trabajar en el salón, pero yo no quería contratar a nadie que no hubiese pasado previamente por algún tipo de escuela de belleza. Pero en el caso de Robina, hice una excepción. Sólo con mirarla adiviné que sabría cómo atender a mi clientela occidental.

Robina tenía treinta y tres años y acababa de llegar a Afganistán después de pasar muchos años viviendo en Irán como refugiada. Era una peluquera con experiencia. Y con su rostro en forma de corazón, sus pómulos altos, su cabello con reflejos pelirrojos y su vestimenta moderna, añadió un aspecto completamente nuevo al Oasis. Pese a que Topekai tenía ya muchas seguidoras, la mayoría de mis clientas no estaban del todo seguras de que las otras peluqueras pudiesen arreglarles el pelo como ellas querían. En parte, era porque ni Baseera ni Bahar lucían un aspecto moderno. Cuando les decía a mis clientas que Robina se ocuparía de su corte o su coloración, no lo dudaban ni un instante. A las clientas les gusta ver a una peluquera con el tipo de aspecto que a ellas les gustaría lucir.

Pero Robina no sólo se diferenciaba de las demás peluqueras por su aspecto. Todo en ella era distinto… todo, excepto la dificultad que conlleva ser mujer en Afganistán.

La familia de Robina había abandonado Kabul cuando ella tenía cinco años de edad, justo antes de que estallara la guerra contra los rusos y mucho antes de que se oyera hablar de los talibanes. Se instalaron en Irán porque su padre era un gran admirador del sha Mohammed Reza Pahlavi, un gobernador prooccidental cuyos esfuerzos de modernización incluyeron el derecho al voto para las mujeres. Pero el sha generó también un resentimiento enorme entre el clero y los demócratas islámicos. Su derrocamiento en 1979 abrió el camino a la llegada del ayatolá Jomeini y a la revolución que acabaría creando una república islámica en Irán. El padre de Robina, sin embargo, veía al sha como la fuerza de la ilustración en Oriente Próximo. Incluso le puso a una de sus hijas el nombre de la tercera esposa del sha.

Al criarse en Irán, Robina tuvo ventajas que la mayoría de mis chicas no podrían ni imaginarse. Tenía unos padres cariñosos y encantados de haber tenido tres hijas; la dote que habían destinado a sus hijas era equiparable a la destinada a sus tres hijos varones. Su familia era próspera, además, de manera que ni ella ni sus hermanas pasaron hambre ni otras necesidades. Su padre era un mayorista de confección y perfumes y siempre llegaba a casa con muestras para su esposa y sus hijas. Para salir de casa, especialmente cuando en Irán el ambiente se tornó más duro, las mujeres de la familia se cubrían la cabeza con grandes pañuelos. Pero dentro de casa iban con pantalones sueltos y camisetas de manga corta, como si fuesen chicas de Michigan.

Y a diferencia de la mayoría de padres de chicas afganas, la madre y el padre de Robina no la obligaron a casarse con alguien que no fuese de su agrado. Hubo varios chicos iraníes que pidieron su mano, pero al no quererlos ella, su padre los despachó. También pidieron su mano hombres afganos que vivían en Kabul. Su padre le suplicó que se negara a ello, pues no soportaba la idea de que su hija se fuese a vivir tan lejos. Ella rechazó a sus pretendientes y siguió viviendo en su casa. Allí, ella y sus hermanas tenían un tipo de vida social que no existía en su país natal. Tenían permiso para salir con grupos mixtos de chicos y chicas a merendar en el campo, a pasear por la montaña y celebrar inocentes guateques.

Al principio, Irán había recibido con los brazos abiertos a los inmigrantes afganos, pero los brazos fueron cerrándose a medida que más y más afganos empezaron a filtrarse por las fronteras durante las guerras. El gobierno iraní impuso entonces restricciones contra los afganos que vivían en sus fronteras. Les costaba encontrar trabajo, ser propietarios de casas o coches, o incluso tener un teléfono. Robina me explicó que, en medio de todo aquello, muchos iraníes se tornaron hostiles hacia los afganos, pues se quejaban de que los afganos conseguían mejores puestos de trabajo y su presencia hacía que los colegios estuviesen abarrotados.

Las hermanas pequeñas de Robina acabaron teniendo una mínima educación universitaria, pero Robina se decantó por asistir a cursos especiales impartidos por las Naciones Unidas y destinados a enseñar costura a las mujeres afganas. Mientras estuvo allí estudiando, Robina fue adquiriendo cierta reputación por hablar abiertamente sobre el mal trato que recibían los afganos en Irán. La alertaron de que podían matarla por hablar como hablaba. Ella continuó con sus opiniones inamovibles y expresándolas sin rodeos, hasta que al final abandonó la costura. Su padre temía que se estropeara la vista y, además, encontró un salón de belleza cercano a su casa donde estaban dispuestas a formarla como peluquera.

Aquel hecho causó problemas en el seno de la comunidad de inmigrantes afganos, pues muchos pensaban que los salones de belleza, y muy especialmente los salones de belleza iraníes, no eran más que tapaderas de burdeles. Así fue cómo Robina fue desvinculándose de la comunidad afgana y conectándose más a su nueva profesión. Pese a que el gobierno la emprendía contra los iraníes que ofrecían trabajo a afganos, la mujer que dirigía el salón tuvo siempre atenciones especiales con Robina. Cuando aparecía algún funcionario del gobierno por el barrio para ver si había afganos trabajando por allí, la propietaria del salón juraba y perjuraba que Robina era una amiga o una clienta.

Pero la situación fue endureciéndose para Robina y para todos los afganos que vivían en Irán. El negocio al por mayor de su padre se fue al traste. Se metió entonces en un negocio industrial con un iraní, pero su socio le robó y no consiguió obtener una reparación legal de la deuda. Dos de sus hermanos se hicieron sastres, pero les costaba mucho encontrar trabajo para sacar adelante a toda la familia. Robina estaba empezando como peluquera, pero aún no tenía una clientela lo bastante numerosa como para ayudar a la familia de forma sustancial. Las dos hermanas menores encontraron trabajo en uno de los únicos sectores permitidos a las chicas afganas: se emplearon como niñeras para una familia británica que estaba establecida en Irán por cuestiones laborales.

Pasados dos años, la familia británica explicó a las hermanas de Robina que tenían que trasladarse a Estados Unidos. Las hermanas se quedaron muy afligidas ante la perspectiva de perder tanto su puesto de trabajo como a sus amables amigos extranjeros, pero la familia británica les dijeron que les encantaría que los acompañaran a Estados Unidos y siguieran trabajando como niñeras. Les dijeron también que Robina podía acompañarlas como dama de compañía. La familia británica dijo que trataría de encontrar avaladores para ellas y que conseguirían visados para todas. El único inconveniente del plan era que en Irán no había embajada norteamericana. Estaba clausurada desde la crisis de los rehenes que siguió al derrocamiento del sha. Si querían conseguir los visados, las chicas tendrían que regresar a Afganistán y tramitarlos a través de la Embajada de Estados Unidos en ese país.

Teniendo en cuenta que cada vez era más complicado ser afgano y vivir en Irán, las tres hermanas decidieron aprovechar la oportunidad de disfrutar de una vida mejor en Estados Unidos, aunque ello implicara una breve estancia intermedia en Kabul. De Kabul sólo habían oído decir cosas terribles: lo sucio y superpoblado que estaba, la destrucción provocada por las guerras, la pobreza reinante. Habían oído decir que era el peor lugar del mundo para las mujeres, pero decidieron jugársela de todos modos. Su madre lloró y les suplicó que se quedaran en Irán, pero su padre confiaba en que sus hijas eran mujeres fuertes e inteligentes y estaba seguro de que saldrían adelante. Se imaginó que en cuestión de pocos meses conseguirían los visados para viajar a Estados Unidos.

De este modo fue como Robina y sus hermanas hicieron lo que prácticamente ninguna mujer afgana hace en su vida: viajaron solas, sin un acompañante masculino. Sus familiares fueron a recibirlas al aeropuerto y se quedaron con ellos unas semanas. Después, las hermanas encontraron un apartamento y se trasladaron las tres allí, solas.

Para un occidental resulta complicado comprender lo revolucionario que llegaba a ser eso. En Estados Unidos, trasladarse a vivir a otra ciudad y compartir un apartamento con amigas, como si fueran ya personas adultas, es casi un ritual de iniciación para las chicas. Pero en Afganistán, este tipo de independencia era insólita; de hecho, no tenía nada que ver con la forma en que venían haciéndose las cosas desde hacía miles de años. Y fue como una onda expansiva que acompañaba a las chicas adonde quiera que fuesen. Todo el mundo daba por sentado que vivían solas porque eran prostitutas. Cuando acudían a entrevistas para un puesto de trabajo y la gente descubría que vivían solas, recibían después llamadas de hombres de las empresas a las que habían acudido a las entrevistas invitándolas a cenar o a acudir a fiestas, pues ése es el tipo de comportamiento que los afganos asocian con las prostitutas.

Apostaría diez mil dólares a que en todo Afganistán no había otro grupo de chicas que viviera como ellas vivían. Y apostaría a que sigue sin haberlo. De chicas occidentales, tal vez. De chicas afganas que han vivido prácticamente toda su vida en países occidentales, posiblemente. Pero no de chicas afganas que nunca habían salido de Oriente Próximo. En cierto sentido, Robina y sus hermanas eran más vulnerables porque se habían criado con padres que tenían ideas progresistas sobre la condición de la mujer. El problema estaba en que esas ideas no encajaban en absoluto con la cultura a la que acababan de regresar.

Al final, el plan no funcionó. Los británicos no acabaron de conseguir el puesto de trabajo en Estados Unidos y volvieron a su país, de manera que Robina y sus hermanas se quedaron sin tener adónde ir. No podían regresar a Irán porque habían renunciado a sus tarjetas de identificación cuando se trasladaron a Kabul, y resultaba tan caro obtener un visado para entrar en Irán, que las hermanas ni siquiera pudieron volver a visitar a sus padres. Básicamente, Irán no quería ni verlas. Las hermanas se vieron obligadas a permanecer en Kabul y a buscarse la vida. Sabían que era peligroso, de modo que con la ayuda de amigos extranjeros consiguieron reunir dinero suficiente para enviar a la hermana menor a cursar estudios universitarios en India. Robina no quería irse hasta que tuviera dinero suficiente para los estudios de su otra hermana.

Cabría pensar que las demás mujeres afganas sentirían cierta simpatía hacia Robina y sus hermanas, pero no era así. Incluso *mis* chicas, que tantas barreras estaban rompiendo acudiendo a las clases de la escuela y convirtiéndose en las que llevaban el pan a casa, incluso ellas empezaron a mirar con frialdad a Robina cuando se enteraron de que ella y sus hermanas vivían solas. Y Robina empeoró las cosas rompiendo un tabú más: salió un par de veces con un hombre occidental. Aquello fue suficiente para que todas mis chicas la evitaran como si tuviese la gripe aviar.

No era la primera vez que había divisiones entre las chicas, aunque a menudo yo no sabía de la existencia de estas tensiones. En cierto sentido, yo había empeorado de forma deliberada estas divisiones con mi afán de buscar la diversidad en todos los grupos. En la época en que luchaba por el simple hecho de mantener la escuela en funcionamiento, ni siquiera sabía que estaba ante un grupo que *no* era diverso. Fue Sam quien entró un día en clase durante el tercer curso y miró a su alrededor con mala cara.

—¿Por qué todo el mundo es hazara? —preguntó.

Yo no me había dado cuenta de ello, pero resultó que dos de mis profesoras eran hazara y me habían ayudado a seleccionar a una clase cuyas integrantes eran hazara en su totalidad. A partir de aquel momento, Sam estuvo presente en todas las entrevistas y me ayudó a asegurarme de no favorecer sin darme cuenta a un grupo por encima de otro. Equilibramos todos los cursos no sólo por etnia, sino también por religión y región de procedencia. Pero los antiguos conflictos entre grupos salpicaban de vez en cuando la escuela y el salón. Era entonces cuando tenía que plantarme delante de mis alumnas y darles un discurso a lo Rodney King[7].

—¿Acaso no podemos llevarnos todas bien? —Era una súplica hacia ellas—. ¿Cómo puede prosperar Afganistán si ni siquiera en un lugar tan pequeño como éste somos capaces de aparcar nuestras diferencias?

No me percaté de cómo las demás desairaban a Robina hasta que Laila me lo hizo notar. Cómo entraban corriendo en el comedor y la dejaban atrás. Cómo cuchicheaban entre ellas mientras Robina se dedicaba a leer un libro, intentando ignorarlas. A veces, ni siquiera necesitaba que Laila me alertara de que algo sucedía. Me encontraba a Robina llorando en el trastero. Las cosas tenían que ir mal de verdad para que ella abandonara su comportamiento tan profesional y refinado.

La tensión en el salón acabó relajándose a favor de Robina, al menos un poco. Tal vez fuera porque Laila decidió lanzar toda su ferocidad de peso gallo hacia el rincón de Robina. Laila era la otra mujer soltera que trabajaba para mí. También había tenido padres progresistas que quisieron que continuara con sus estudios y nunca la obligaron a casarse con alguien que ella no quisiera. Pero a diferencia de Robina, Laila no se había criado en un entorno de comodidades. Durante las guerras, su familia había huido a Pakistán, donde la vida era ferozmente dura. Allí, Laila empezó a ganarse un sueldo desde que era una niña. Pasaba cinco horas al día tejiendo alfombras y el dinero servía para pa-

---

[7] Afroamericano que en 1992 sufrió una violenta detención por parte de policías blancos de Los Ángeles. El incidente, que fue el origen de los disturbios que posteriormente se desencadenaron en aquella ciudad, fue filmado por un videoaficionado y los policías condenados por racismo. [N. de la T.]

gar el alquiler mensual de la familia. Ahora Laila vivía con sus padres en Kabul, pero sabía lo duro que era pasearse a diario por las calles siendo una mujer soltera. Para impedir que los hombres la molestaran, salía cada mañana de casa de sus padres con la mirada fija en un punto y así la mantenía hasta que llegaba a mi edificio. A veces, tardaba un buen rato en relajarse y empezar a sonreír. Era una aliada formidable para Robina.

Pero Robina necesitaba armas aún mayores que la protegieran, a ella y a sus hermanas, fuera del salón. Habían elegido lo que en apariencia era un apartamento perfecto. Estaba situado en un lugar seguro (justo al lado del Ministerio de Agricultura), la entrada quedaba cerrada con llave y el casero era agradable. Pero la amabilidad fue desapareciendo a medida que el casero fue percatándose de que por allí no aparecía ningún padre, hermano o marido para ocupar el lugar que le correspondía en la casa.

Robina me había ido comentando día tras día la hostilidad cada vez mayor del casero. Y entonces, una mañana, con el salón aún cerrado y la escuela a punto de abrir, sonó el teléfono. Yo estaba en aquel momento atareada sujetando las cabezas de los maniquíes a la superficie de las mesas y ni siquiera reconocía la voz que sonaba al otro extremo de la línea.

—¡Me han empujado! —gritó una voz entrecortada—. ¡Me han empujado escaleras abajo!

—¿Robina?

Por la mañana, al despertarse, había descubierto que no había agua en la casa. Robina era excepcionalmente limpia —cada día llegaba al salón con su propio tazón envuelto en papel de aluminio—, de modo que la idea de no poder lavarse le resultaba intolerable. Llamó a la puerta de uno de sus vecinos para preguntar si tenían agua, y le respondieron que sí. Fue a ver al casero para preguntarle por qué los vecinos tenían agua y ella no. El hombre se encogió de hombros y se mostró muy arisco. Ella le preguntó si por casualidad había cerrado la llave del agua de su apartamento, pues eso es lo que suelen hacer los caseros que pretenden acosar a sus inquilinos. Entonces, el hombre explotó de rabia y llamó prostitutas y burras a ella y a sus hermanas... ese último insulto debido a que él era pashtu y ellas hazara. La familia del casero salió a la puerta y la empujó hasta echarla escaleras abajo.

Sam y yo salimos enseguida hacia allí. Cogí unas vendas, ungüento y un paquete de toallitas Wet Ones que guardaba para alguna urgencia. Sam se fue a gritarle al casero. Habíamos llevado con nosotros a Zilgai, que volvió a conectar la llave del agua sin problemas. Después, Sam volvió a visitar al casero en compañía de un amigo suyo que es general, quien le dijo al casero que Robina era prima lejana de él y que quería que el casero la vigilara. Los generales tienen mucho peso por aquí. Mejor ir acompañado de un general que de un policía.

La situación mejoró durante una temporada, pero la realidad era que Robina y sus hermanas corrían peligro de muerte. Por mucho que Afganistán fuese su país, no formaban parte de él. Existen muchos tipos de terrorismo, y Robina y sus hermanas tuvieron que desafiar el terrorismo diario y persistente que tiene como objetivo las mujeres que se alejan del orden social establecido. Tal vez, en el fondo, todos los terrorismos sean iguales. No lo sé. Lo único que sé es que cada vez que sonaba el teléfono cuando Robina no estaba en el salón, temía que alguien le hubiera hecho algo a ella o a sus hermanas. Temía que las hubieran violado, o asesinado, o ambas cosas.

Capítulo
10

Hacía dos días que Maryam, la cocinera, no venía a trabajar. Al acercarse la hora de comer, me di cuenta de que algunas de las alumnas miraban con ansia la puerta de la sala dedicada a las manicuras y pedicuras, donde Maryam solía servirles la comida. Llevaban más de dos horas practicando permanentes en espiral con las cabezas de maniquí de pelo largo, enrollando mechones de pelo de medio metro en centenares de pequeños bigudíes de color lavanda, cuidando de no doblar las puntas del pelo, asegurándose de que cada mechón rizado tuviera exactamente la misma tensión y el mismo ángulo. Había alumnas tan cansadas que daba la impresión de que, de ser posible, dejarían descansar gustosas los brazos en un cabestrillo. Sabía que se merecían la pausa de la comida y decidí prescindir otra vez de Maryam. Llamé a Achmed Zia y le dije que saliera a comprarnos el equivalente a una hamburguesa en Kabul: un rollo de *nan* con relleno de ensalada, patatas fritas, huevo duro y carne de algún tipo.

Topekai y Baseera estaban sentadas la una junto a la otra en sendas sillas de jardín de plástico de color verde, ajenas por un momento a la hora que era y a las alumnas que se apretujaban a su alrededor. Topekai tenía las manos abiertas delante de ella y las hacía girar, como si estuviese conduciendo por el espacio una enorme y pesada nave espacial. Abrió los ojos horrorizada y los cerró de golpe, mientras describía la escena a Baseera en dari, hablando a toda velocidad. Chilló y se estremeció por el fingido impacto y ambas se echaron a reír. Las alumnas las miraban, y me pregunté por un instante si pensarían que aquella demostración tenía algo que ver con las permanentes en espiral. Entonces recordé que, a diferencia de mí, las alumnas podían comprender perfectamente todo lo que se decía allí, aun sin estar familiarizadas con la situación. Topekai y su marido se habían comprado un coche. Ella estaba aprendiendo a conducir y había chocado contra alguna cosa.

Una de mis maestras habituales se había puesto enferma y había pedido a Topekai y Baseera que vinieran a sustituirla. Pensé, además, que a mis alumnas les iría muy bien conocer a dos peluqueras afganas que estaban cosechando el éxito profesional.

—Cuéntales lo de darle el dinero que ganas a tu marido —le incité a Baseera, con la intención de distraer a las alumnas hasta que Achmed Zia estuviera de vuelta con la comida. De modo que explicó a las chicas que antes tenía que suplicarle a su marido incluso para que le diese una cantidad de dinero tan insignificante como veinte afganis. A veces no se los daba, y a veces no podía ni dárselos. Pero desde el momento en que se graduó en la escuela de belleza y empezó a trabajar para mí, dejó de verse obligada a pedirle dinero al marido. No sólo eso, sino que se había dado cuenta de que había ocasiones en las que él no tenía dinero. Por eso, de vez en cuando, ella le dejaba caer en el bolsillo el equivalente a veinte dólares. Nunca le daba dinero directamente, porque el hombre se sentiría avergonzado. Pero aun así, el marido sabía que ella ganaba más dinero que él y lo valoraba. De hecho, también habían decidido empezar a juntar los ahorros de ambos para comprarse un coche. Tanto Baseera como Topekai disfrutaban de más libertad que la mayoría de las mujeres afganas. Trabajaban cada día hasta tarde y compartían con sus maridos las tareas domésticas y la educación de sus hijos. Topekai siempre había sido una mujer fuerte y Baseera había conseguido equipararse a ella a lo largo de los tres años que hacía que la conocía.

No tenía muy claro hasta qué punto Baseera había comentado con las chicas los detalles de su nueva vida, pero se las veía impresionadas. Algunas, de todos modos, la miraban con cierta incredulidad. Tres de ellas acababan de llegar a Afganistán después de haber vivido casi toda su vida como refugiadas en Pakistán. Se habían criado escuchando los relatos de sus padres sobre las maravillas de Afganistán, y al regreso a su tierra natal sólo habían encontrado un país duro y rígido. En Pakistán, la electricidad funcionaba día y noche, había agua corriente, carreteras decentes y buenas escuelas. No tenían que cubrirse la cabeza, ni dar explicaciones cada vez que salían de casa. Pero Pakistán había empezado a actuar con severidad contra los refugiados afganos y cada vez les resultaba más complicado encontrar trabajo, por lo que sus padres y sus maridos habían insistido en que las chicas regresasen con ellos a Kabul. En Kabul, la tasa de desempleo rondaba el cuarenta por ciento, pero allí, al menos, no había nadie que impidiera a los hombres presentarse a un puesto de trabajo por el mero hecho de ser afganos. Para las chicas, sin embargo, el traslado a Afganistán fue un cruel paso atrás. Me habían comentado que la escuela de belleza era lo único que les daba esperanza.

Por fin llegó Achmed Zia con las hamburguesas de Kabul. Las chicas salieron corriendo hacia la sala de las manicuras, de nuevo alegres y parlanchinas. Siguiéndolas, me di cuenta de que el suelo del vestíbulo estaba aún por barrer. Shaz tampoco lo había barrido el día anterior, por lo que se había acumulado tanto polvo en el suelo que incluso era posible detectar por dónde habían pisado las chicas en su precipitada carrera hacia la comida.

—¿Dónde está Shaz? —pregunté a Topekai y Baseera—. Sé que ha venido, pero ¿por qué no habrá barrido este suelo?

Vi que se miraban entre ellas y dije:

—No habrá salido a ver a Farooq, ¿verdad?

—*Nai*, Debbie —respondió enseguida Baseera—. Me parece que está limpiando en tu casa. —Señaló en dirección al edificio del recinto adyacente a la escuela de belleza, donde Sam y yo habíamos instalado nuestra vivienda. La escuela de belleza y el salón ocupaban ahora todo el espacio del edificio original.

—¿Estará otra vez doblando pañuelos? —Últimamente, tenía la sensación de que cada vez que Shaz desaparecía, acababa encontrándomela sentada en el suelo de mi vestidor, doblando pañuelos o mi ropa interior—. ¿Por qué armará tanto jaleo con mis malditos pañuelos?

Vi una nueva mirada entre ellas. Salí en busca de Shaz, decidida a comentar otra vez con ella el tema de Farooq.

Unos cuatro meses atrás, había percibido en Shaz lo que parecía ser un cambio positivo. Una mañana se presentó a trabajar con los labios pintados, un poquito de kohl en los ojos y con un pañuelo nuevo de cachemira de color verde. Cuando se lo quitó, me di cuenta de que se había peinado con esmero su cabello oscuro y corto y que lo había adornado con dos pasadores con brillantitos. Les dije a todas las peluqueras que le hiciesen comentarios sobre lo guapa que estaba. No es que estuviese guapa exactamente, pues tenía la piel llena de marcas, recuerdo de penurias que ni siquiera podía imaginarme, los ojos y la boca demasiado pequeños para una cara tan redonda como la suya, y el cuerpo de un jugador de rugby. Pero aun así, el empeño de una mujer por mejorar su aspecto siempre la hace resultar atractiva. Tal vez sea la atención al detalle, o tal vez la esperanza implícita en el acto de mejorar aquello que ya se tiene. En cualquier caso, el nuevo aspecto de Shaz me dejó conmovida y encantada. Lo consideré como una muestra más de la mejora de su autoestima. Estúpidamente, me felicité por haber tenido algo que ver con ello.

Normalmente, toda la gente que trabajaba conmigo se marchaba junta al final de la jornada y Achmed Zia se encargaba de dejar a todo el mundo en su casa con nuestra furgoneta. Un tiempo después del cambio de imagen de Shaz, entré un día en el salón cuando creía que todo el mundo se había ido ya a casa, y me la encontré arreglándose el pelo.

—¿Acaso se ha olvidado de ti Achmed Zia?

A punto estuve de ponerme a luchar a brazo partido por su causa. Durante las últimas semanas, me había parecido ver que las demás chicas se comportaban con cierto desdén hacia ella. A veces, las hostilidades entre las chicas se expresaban por debajo del umbral que mi limitado conocimiento del dari me permitía; a veces, lo único que conseguía captar era una mirada arrogante o un tono de voz mezquino que de un modo u otro lograba superar el continuo vocerío. A veces, hablaba con alguna de las chicas para que me contara qué sucedía. Pero lo más habitual era que guardaran para ellas sus rivalidades y sus tensiones. Nunca me venían con quejas entre ellas, ni siquiera en el caso de que tuvieran motivos para hacerlo. Ni siquiera en el caso de que el asunto pudiera afectarme a mí o a la escuela de belleza.

—¿Por qué no te han esperado? —le pregunté.

—No pasa nada, Debbie —aseguró, sonrojándose. Se puso el abrigo y el pañuelo, me dio unos golpecitos en el brazo y se encaminó hacia la verja. Hubo algo en su manera de darme aquellos golpes en el brazo, como si quisiera que me quedara donde estaba, que me hizo sentirme recelosa, de modo que la seguí. Me oyó pisar un guijarro del camino, se dio cuenta de que la seguía y retrocedió enseguida para repetir sus golpecitos tranquilizadores—. No pasa nada —repitió, algo ansiosa. Caminó hacia atrás en dirección a la verja, diciéndome adiós con la mano, pero yo la seguí de nuevo.

—¿Qué sucede? —le pregunté—. ¿Qué es lo que no quieres que vea?

Al final se volvió y cruzó la verja corriendo. Un maltrecho turismo de color negro la esperaba con el motor en marcha, aparcado junto a los muros del recinto. Shaz se instaló en el asiento de atrás y se cubrió la cara con el pañuelo. Antes de que el coche arrancara, el conductor se volvió hacia mí con total familiaridad y me saludó con la mano. Era un hombre tan maltrecho como el coche, con la nariz partida y un poblado bigote partido por la cicatriz que lucía en el labio. Saludó con un gesto de la cabeza y el coche se alejó a toda velocidad.

A la mañana siguiente, pillé a Laila tan pronto como cruzó la puerta.

—¿Quién era el hombre que anoche vino a recoger a Shaz?

Laila seguía aún con el ceño fruncido después de haber pasado por delante de la casa de nuestros vecinos pesados. Se quitó el pañuelo y me miró con frialdad.

—Es su novio, Debbie. Se llama Farooq.

El nombre me sonaba de oídas.

—¡Tenía entendido que era su primo!

—Los primos también pueden ser novios —me recordó Laila—. Pero éste ni siquiera es su primo.

—¿Cuánto tiempo llevan así?

—No lo sé. Mucho tiempo, quizá.

—¿Y por qué no me lo dijisteis?

Laila se limitó a encogerse de hombros mientras doblaba su pañuelo formando un pequeño y prieto rectángulo.

Teniendo en cuenta que Shaz estaba casada, aquello era una falta grave contra las buenas costumbres… podían incluso matarla por ello. Si su marido se enteraba, podía demandarla y hacer que la apedrearan. Estaba furiosa con Shaz por ser tan estúpida. Me instalé junto a la puerta para poder hablar con ella tan pronto como llegara. Tenía pensado decirle que debía elegir entre Farooq y su trabajo. Pero cuando la vi llegar, me sentí tan mal por ella que me eché a llorar. Ella seguía luciendo sus pequeñas pinceladas de maquillaje, pero disimular su tristeza resultaba imposible. Yo sabía muy bien lo que era sentirse atrapada en un matrimonio nefasto; sabía lo que era anhelar desesperadamente el amor.

Vi que algunas de las chicas nos miraban por la ventana, de modo que tiré de Shaz y la arrastré hacia la parte trasera del recinto. No quería avergonzarla aún más con las demás chicas mirándonos o pidiéndole a Laila que me tradujera sus palabras. Por mucho que les gustara bromear sobre sexo, Laila y las demás chicas solían mostrarse muy intransigentes en sus opiniones sobre las mujeres que sobrepasaban los límites de las barreras sexuales habituales. De no habernos encontrado en Afganistán, lo más probable es que me hubiera alegrado de que la pobre y poco agraciada Shaz, atada a un marido viejo y controlador que vivía en otra ciudad, hubiera encontrado por fin un novio. Pero aquello era Afganistán, y yo no quería correr el riesgo de que Shaz cayera en manos de una pandilla de despiadados.

—¡No Farooq! —le susurré al oído. Cogí una piedra del suelo y simulé que me daba en la cabeza—. No coche con Farooq, no teléfono con Farooq. ¡Muy peligroso!

Shaz movió afirmativamente la cabeza y se arrastró fatigosamente hacia el interior de mi casa. Se despojó de su bello pañuelo verde de cachemira y se cubrió el pelo con un trapo gris para protegerlo del polvo que se levantaría en cuanto empezara a sacudir las alfombras. Cuando entré en el salón, las chicas se quedaron mirándome, pero yo sabía perfectamente que no debía expresar ninguna crítica respecto a Shaz.

Naturalmente, mi representación con la piedra no cambió nada de nada. Aunque pasé unos días controlando que Shaz subiera en la furgoneta con las demás, no disponía de tiempo para entretenerme con ello cada día. Además, Shaz se las arreglaba para verse con Farooq incluso cuando se marchaba del salón en la furgoneta. Un día, Achmed Zia me contó que Shaz le había pedido que la dejara en un lugar distinto al habitual. Y que cuando miró por el retrovisor, la vio subir al coche de Farooq. Además, Shaz hablaba con Farooq por el teléfono móvil siempre que podía. La sorprendía a menudo escondida en algún rincón de la casa y hablando con él, su rostro iluminado con un resplandor mezcla de placer y culpabilidad. En una ocasión, la sorprendí incluso utilizando mi teléfono móvil porque el de ella se había quedado sin batería.

—¡No Farooq! —exclamé, pero guardé el número para estar al corriente si algún día intentaba llamarlo de nuevo utilizando mi teléfono.

Subí al vestidor esperando encontrarme con Shaz hablando con Farooq. Pero estaba sentada en el suelo, con mirada soñadora. Había vaciado mi caja de pañuelos y el cajón de la ropa interior y estaba doblándolo todo y colocándolo en montoncitos.

—¿Pero no lo hiciste ya ayer? —le pregunté.

Se quedó mirándome, como si estuviese tratando de recordar quién era yo.

—*Nai*.

—¿Te encuentras bien?

Seguía confusa.

—¿Quieres un poco de té?

—*Nai*.

—Cuando hayas acabado aquí, baja a barrer el suelo. —Se lo indiqué con gestos y ella asintió. Hizo el ademán de incorporarse, pero volvió a caer sentada. Cogió entonces un pañuelo que era completamente rojo y lo alisó lánguidamente. Lo contempló a la luz del sol, lo depositó en el suelo y lo acarició con delicadeza—. Vamos, Shaz, quiero que barras el suelo.

Bajé a la planta baja con la sensación de que me olvidaba algo y a punto estuve de chocar con Maryam en la entrada del vestíbulo de la escuela y el salón. Me miró como si estuviese de luto. Tenía los ojos hinchados y sin maquillar, e iba envuelta en un gran chal de color negro. Maryam era la persona más alegre y dulce de todo el recinto. Cuando preparaba la verdura, siempre lo hacía cantando. Cantaba también cuando lavaba los platos. Tenía un buen marido, una buena familia y un buen trabajo. La única ocasión en que la había visto triste fue una vez en la que, por un motivo u otro, todo el mundo tuvo que salir de casa y ella se quedó sola en la cocina. Cayó presa del pánico al descubrir que no había nadie más en la casa y cuando volvimos nos la encontramos llorando.

—¿Dónde está Laila? —grité delante de la puerta cerrada que daba acceso al salón. Sabía que, pasase lo que pasase, iba a necesitar su ayuda para comprenderlo.

Maryam se sentó en la escalera sin parar de llorar y Baseera y Mina salieron corriendo del salón. Laila entró procedente del porche.

—Algo va mal de verdad —le dije—. Averigua qué sucede.

Laila se inclinó sobre Maryam, que empezó a hablar a toda velocidad. Laila se enderezó. Ella y las peluqueras estuvieron un momento intercambiando impresiones.

—Conocemos ya una parte de la historia —informó.

Al parecer, dos días atrás, cuando Achmed Zia acompañaba a Shaz y Maryam a su casa, la furgoneta sufrió un pinchazo. La rueda de recambio estaba también pinchada, de modo que la única solución fue dejar a las chicas esperando en el interior del coche mientras él iba a reparar la rueda. Shaz se ofreció a llamar a Farooq por si podía acompañarlas él en su coche. Le pidió a Maryam si podía utilizar su teléfono, pues al parecer el de ella no tenía saldo. Llegó Farooq y enseguida enfilaron el polvoriento camino que conducía hasta el barrio donde vivían tanto Shaz como Maryam. De repente, Farooq se detuvo en una esquina, Shaz abrió la puerta y bajó del vehículo. Farooq puso en marcha el coche enseguida, aceleró y empezó a conducir por las calles a toda velocidad impidiendo con ello que Maryam pudiese bajar del coche. Mientras conducía, miraba constantemente a una frenética Maryam por el espejo retrovisor, hasta que llegó un momento en que empezó a contarle que estaba enamorado de ella. Le dijo que la había visto cuando iba a recoger a Shaz y que sabía que acabaría haciéndola suya. Que quería que abandonase a su esposo y se marchara con él.

La interrumpí.

—¿Y por qué saltó Shaz del coche para dejarlo a solas con otra mujer?

—Farooq le dijo que tenía que hacerlo como prueba de su amor —aseguró Laila—. Le dijo que Maryam le atraía y le pidió a Shaz que los dejara a solas sólo por esa vez.

—¿Y por qué accedió ella a todo esto?

Laila hizo una mueca.

—Porque está loca, Debbie. Loca de amor y loca por las drogas.

Me sujeté a la barandilla de la escalera y me senté al lado de Maryam.

—Pero ¿qué dices? ¿Acaso se dedica a fumar hachís por ahí cuando sale con hombres?

—Está enganchada al opio. Cada día se pone una pastilla debajo de la lengua y luego se larga a doblar tus pañuelos. Fue Farooq quien la metió en las drogas.

—¡Pero si es una trabajadora estupenda! ¿Cómo es posible que sea una drogadicta y siga trabajando al nivel que lo hace? —Yo no entendía nada.

Maryam levantó la cabeza y se dirigió de nuevo a Laila. No habría sido capaz de reconocer su voz de haberla oído a través del teléfono. Su alegría y su calidez se habían esfumado. Laila y las demás chicas la escucharon horrorizadas y luego clavaron sus miradas en mí, impacientes.

—¿Hay algo más? ¿Qué más? —pregunté.

Al final, Farooq, viendo que Maryam estaba histérica, la había dejado salir del coche y ella había vuelto a su casa caminando. Llegaba tarde, pero le explicó a su marido que la furgoneta se había averiado y que no había querido quedarse esperando allí sola mientras Achmed Zia iba a reparar la rueda de recambio. Le explicó que no había podido coger un taxi porque no llevaba suficiente dinero encima, y que no había podido llamarlo porque el teléfono móvil se le había quedado sin línea. Los sistemas de telefonía móvil funcionaban tan mal en la ciudad, que el marido ni siquiera se molestó en comprobarlo. Tampoco le extrañó que su esposa estuviese tan agitada, pues sabía que era una mujer que se asustaba fácilmente y a quien no le gustaba deambular sola por las calles. Pero más tarde, aquella misma noche, el marido cogió el teléfono móvil para ver si ya volvía a funcionar. Y entonces encontró un largo y lascivo mensaje de texto remitido por Farooq en el que le decía a Maryam que después de aquel breve tiempo que habían pasado juntos la deseaba más que nunca. Farooq decía que sabía que ella también lo deseaba. El marido de Maryam arrojó el teléfono contra la pared y abandonó la casa, diciendo que se divorciaría de ella si se veía a solas con otro hombre.

Justo en aquel momento, Shaz abrió la puerta del vestíbulo. Aún tenía un aspecto algo soñoliento, pero en cuanto vio a Maryam se encogió contra la pared exterior del edificio. Laila y Baseera le gritaron unas cuantas veces para que entrara, pero ella se negó a pasar. Entonces, Mina chilló. Estaba mirando el teléfono móvil de Maryam y acababa de reconocer el número de Farooq. Últimamente, estaba recibiendo muchas llamadas de acoso en su teléfono móvil, todas ellas enviadas desde el mismo número. Lo último que el marido de Mina necesitaba era otro motivo para pegarla, y se echó a llorar sólo de pensar que Farooq pudiera dejarle algún mensaje de texto acusador en su teléfono. Laila y Baseera miraron también sus móviles. Y encontraron también el mismo número, tanto en los registros de llamadas entrantes como salientes. Todas recordaron que Shaz les había pedido permiso últimamente para utilizar sus teléfonos. Al parecer, Shaz estaba entregándole a Farooq a todas las chicas, pues estaba tan desesperada que incluso había aceptado actuar como alcahueta. Los gritos y las lágrimas llenaban el vestíbulo y las pocas clientas que estaban aquel día en el salón pasaron con cautela y sin hacer ruido por nuestro lado. Achmed Zia se acercó a la puerta y asomó su preocupada cabeza.

Despedí a Shaz dos días después. Intenté que nos llevara hasta Farooq. Sam pretendía visitarlo y amenazarlo de muerte si volvía a acosar a alguna de las chicas. Pero Shaz se negó a colaborar. Su rostro se tornó inescrutable y negaba continuamente con la cabeza, ni siquiera me miraba a los ojos. Para demostrarme que era indispensable, se dedicó a remover montones de polvo y a sacudir y barrer alfombras. Sí, *era* casi indispensable, y yo la quería mucho, pero no podía permitir que sus apetitos pusieran en peligro a todas mis chicas. Cuando se marchó, fue como si una parte de mí saliera también por la puerta.

Yo necesitaba hablar con alguien sobre todo aquello, con alguien que pudiera ayudarme a darle sentido. La primera persona que me vino a la cabeza fue Roshanna, naturalmente, pues era mi amiga desde que llegué a Afganistán. Me había ayudado a descifrar todos los misterios surgidos a partir de mi choque con aquella cultura y de mi ignorancia sobre todo lo que las mujeres afganas habían vivido. Pero no podía hablar con Roshanna, porque se había ido.

Después de la traumática noche de su fiesta de compromiso y consumación, yo había vuelto a mi casa y me había pasado el día entero llorando. Sam estaba fuera de la ciudad y no había podido acompañarme a la fiesta, pero yo igualmente había hablado con él por teléfono para contárselo todo.

—No le pasará nada —me aseguró—. Esta vez se ha casado con un buen afgano y vivirá en un país donde nunca ha habido talibanes.

De modo que me dije que tenía que dejar de preocuparme por Roshanna. La consumación del matrimonio había sido una pesadilla, pero a partir de entonces empezaría una nueva vida junto con su marido. Lloré aún un poco más, consciente de lo mucho que echaría de menos a Roshanna.

Tres días después de la fiesta de compromiso, y según lo planeado, su nuevo marido partió hacia Ámsterdam. Roshanna consiguió el visado dos meses después y llevó a cabo todos los preparativos para reunirse con su marido. Su familia y yo la acompañamos al aeropuerto y lloramos durante todo el camino hasta que se fue definitivamente.

Dos semanas después, telefoneó a su hermano, presa del pánico. Resulta que a su llegada a Ámsterdam fue a recibirla su suegra. Era una mujer mayor que le explicó que la situación no era ni mucho menos la que le habían contado en Kabul. El nuevo esposo de Roshanna no era un ingeniero de éxito, sino un simple administrativo que trabajaba para una gran empresa holandesa. Además, no vivía siempre en casa de sus padres, sino que sólo aparecía por allí un par de veces al año. En aquel momento no estaba en casa, y no tenía intención de presentarse hasta pasados cuatro meses. Roshanna le explicó a su hermano que durante las dos semanas transcurridas desde su llegada se había convertido prácticamente en la esclava de la familia, que fregaba suelos, cocinaba y servía las comidas, y que estaba obligada a hacer todo lo que su suegra le ordenaba. Le tenían prohibido, como suele suceder con muchas recién casadas afganas, todo tipo de comunicación. Se supone que cortar por completo el contacto con la familia de origen facilita la adaptación a la familia del marido.

El hermano se puso furioso y decidió coger un avión enseguida. Pero la familia de Roshanna no pudo seguir la pista de la familia del nuevo marido y no consiguió localizarla. No tenían dinero para contratar un detective, de modo que no les quedó otro remedio que esperar. Yo esperé igual que ellos, y me pasaba el día preocupada pensando en Roshanna.

Al final, transcurridos unos meses, Roshanna llamó. Explicó a su familia que la situación había vuelto a cambiar. El marido había vuelto. La había tomado por las manos para preguntarle si lo amaba como esposo, aunque no fuera más que un simple oficinista y no un ingeniero, aunque su familia no fuera rica. Y naturalmente, siendo Roshanna como era, le respondió que sí. Entonces él se echó a reír. Le dijo que en realidad era ingeniero y que su familia era rica. Que todo aquello había sido para ponerla a prueba. Que ahora que veía lo consagrada que estaba a él, independientemente de cuál fuera su posición social, sabía que formarían una pareja feliz. Roshanna pidió a su familia que dejaran de preocuparse por ella. Que vivía una buena vida.

No he hablado con Roshanna desde que abandonó Kabul. Sigo preguntándome si lo que explicó a su familia era la verdad o si simplemente intentaba salvar las apariencias. Su familia tampoco ha tenido más noticias de ella. Siempre que los veo, intentamos alegrarnos del encuentro y fingir que Roshanna debe de vivir feliz lejos del polvo de Kabul.

Pero en mis momentos más oscuros, me pregunto si le hice algún bien a Roshanna derramando mi sangre la noche de la consumación. A veces me pregunto si hago bien a alguien siguiendo aquí. Somos muchos los occidentales que deseamos de todo corazón ayudar a las mujeres afganas, pero nuestros esfuerzos no siempre las ayudan tal y como nosotros esperamos. Estas mujeres están atadas a sus tradiciones y retenidas en muchos sentidos, y muchos de esos vínculos son invisibles para el ojo occidental. Se necesita muchísimo tiempo para comprender de qué modo las complejidades de la vida de estas mujeres difieren de las complejidades de nuestra vida. Y a veces, aun comprendiendo estas complejidades, no podemos ayudarlas. La cultura cambia a un ritmo mucho más lento que sus sueños.

* * *

Vi la luz de la luna reflejada en mi copa de vino y le di un sorbo rápido antes de que avanzara hacia otra copa. Estábamos celebrando una cena bajo las estrellas en el patio de nuestra casa en compañía de un grupo de amigos, tanto afganos como extranjeros. La noche era encantadora. Habíamos sacado fuera la alfombra del salón, la habíamos rodeado de *toushaks* y velas, y en el centro habíamos dispuesto bandejas con frutas y pasteles. No me había tomado la molestia de contratar un conjunto musical para la ocasión, pues la música sonaba desde el CD que teníamos colocado en la ventana. De vez en cuando, cantábamos acompañando la melodía.

Todo aquello era una historia divertida. La noche anterior, Sam había llegado a casa cargado de kebabs para la cena y había sobrado mucha comida. A media mañana, Sam había ordenado a Achmed Zia acercarse a la puerta de la escuela para que me dijera que iba a celebrar una reunión de negocios en su despacho y que quería que se sirvieran los kebabs que habían sobrado de la noche anterior. Pero las chicas y yo ya habíamos dado buena cuenta de ellos, de modo que llamé a Sam desde mi teléfono móvil. En aquel momento, estaba observando los esfuerzos de una de mis alumnas realizando un sofisticado recogido en una de las cabezas de maniquí y no quería hablar muy alto para no distraerla. Cuando do Sam cogió el teléfono, le susurré:

—Nos hemos comido la carne.

—¿Debbie? ¿Eres tú, Debbie? —interrogó la voz del otro extremo de la línea.

—Sí. Llamaba para decirte que ya no queda carne.

—¿Qué?

—¡Qué nos hemos comido la carne!

Siguió un silencio, y luego la voz del otro extremo me dijo:

—Debbie, estás asustándome. ¿Se trata de algún tipo de código secreto? ¿Tengo que evacuar la ciudad o algo por el estilo?

—¿Sam? —Entonces miré el teléfono y me di cuenta de que había llamado por error a uno de mis clientes—. Oh, Dios mío, ¿eres Viani?

Nos pasamos diez minutos seguidos riendo a carcajadas. Más tarde, volví a llamarle y le comenté:

—Nos hemos comido la carne.

Y él me respondió en voz baja:

—¡El águila ha tomado tierra! ¡Misión abortada! ¡Abortada!

Cuando les conté la historia a mis amigos, la captaron al momento. ¿En qué otra parte del mundo oyes a alguien susurrar: «Nos hemos comido la carne» y das por sentado enseguida de que se trata de un mensaje de alerta en clave para evacuar la ciudad? ¿Significaba eso que estábamos todos locos por vivir aquí? Reímos y reímos. Entonces sonó el teléfono de Sam y nos indicó con la mano que bajáramos el tono de voz. Mi corazón dio un vuelco cuando me di cuenta de que pasaba del dari al uzbeko, pues eso quería decir, con toda probabilidad, que le llamaba alguien de su familia. Sam se apartó del grupo para proseguir con su conversación. Cuando regresó, enseguida me di cuenta de que estaba molesto.

—¿Va todo bien con tu familia?

—Todo bien. —Cogió una manzana y empezó a cortarla en pedacitos.

—¿Por qué llamaban?

—Era mi padre, está en el aeropuerto saudí en este momento. Y mañana lo tendremos aquí.

—¿Le molestará que vivas puerta con puerta junto a un salón de belleza? —preguntó con incredulidad uno de nuestros amigos.

Sam refunfuñó.

—¿Lo conoces? —me preguntó otro amigo.

—No está al corriente de nuestra boda —explicó Sam—. Sólo lo sabe mi madre.

—¿Y no se lo ha dicho? —pregunté yo—. ¿Sigue sin saber nada de mí?

Mi felicidad se esfumó cuando Sam negó con la cabeza. Nunca había sido capaz de perdonarlo del todo por no haberle contado lo nuestro a sus padres. Y ahora, después de casi tres años de matrimonio, me enteraba de que seguía escondiéndome.

Pero intenté aprovechar la ocasión. El salón abría al día siguiente y Sam no podía impedirlo: para llegar a nuestro edificio era imprescindible pasar previamente por el recinto de la escuela de belleza. De modo que en cuanto llegaron las peluqueras y las clientas, les expliqué lo que sucedía. Cuando me llamó Sam para decirme que él y su padre estaban muy cerca de nuestra calle, todas corrimos hacia la habitación donde guardábamos los productos para la coloración. Allí escondidas, contuvimos la respiración y nos tapamos la boca con las manos. Oí a Sam y otros hombres atravesando el patio, y después le oí cerrar con fuerza la verja que separa el recinto de nuestra casa del de la escuela.

—Ya estamos a salvo —confirmé a las demás, simulando que todo aquel drama me resultaba de lo más divertido—. Papá Sam ha aterrizado.

—¿También se llama Sam? —preguntó una clienta.

—Ni siquiera sé cómo se llama.

—Es muy emocionante —mencionó otra clienta. Llevaba media cabeza cubierta de papelitos de plata y la otra media con una raíz gris de un par de centímetros—. ¡Tendré que volver la semana próxima para ver en qué acaba todo esto!

Decidí dejar que Sam disfrutase de veinticuatro horas de tranquilidad en compañía de su padre. Yo hice mis planes para salir aquella noche a cenar con unos amigos y él salió con su padre a cenar a un restaurante. Más tarde, telefoneó a casa de nuestros amigos para decirme que ya había regresado a casa con Papá Sam. Quiso venir a recogerme y llegar juntos a casa. Pero en el momento en que detuvimos el coche junto a la verja, Achmed Zia se acercó a nosotros. Unos muyahidines amigos del padre de Sam habían ido a visitarlo y estaban en aquel momento sentados en el patio en compañía de Papá Sam.

—Quédate aquí —me indicó Sam—. Voy a hacer que mi padre entre en casa.

—¿Y me lo presentarás entonces?

—Sí, pero dentro de la casa. No delante de toda la gente.

Tan pronto como Sam salió del coche, los cristales empezaron a empañarse de la rabia que yo sentía. Si Papá Sam era igual que todos los afganos, estaba segura de que me tocaría pasarme horas esperando allí encerrada. En Afganistán no existe algo tan sencillo como decir buenas noches a los invitados y entrar en tu casa. Papá Sam haría que les sirviesen té o refrescos, se aseguraría de que comiesen galletas y fruta, les preguntaría por la familia y por los pueblos donde vivían sus abuelos y sus nietos, etcétera. Me imaginé que si Sam acababa saliendo de nuevo, sería para tratar de colarme dentro de casa utilizando la entrada que había en el callejón, donde todo el mundo almacenaba los generadores y la basura. Pasados unos diez minutos, me instalé en el asiento del conductor y me fui de allí yo sola. Mi teléfono empezó a sonar, pero no le hice caso. Pasé veinte minutos dando vueltas por la ciudad. Cuando regresé, Sam me esperaba enfrente de nuestro edificio, caminando de un lado a otro. Ahora era él quien estaba rabioso.

—¿Acaso no podías esperar? —gritó.

—¿Piensas contarle que existo? ¡Tienes que elegir si esta noche soy o no soy tu esposa! —le voceé yo a modo de respuesta.

Él señaló el lugar en el interior del coche donde había caído el pañuelo que me cubría la cabeza.

—¡Ponte el pañuelo y entra!

Entramos en el patio. Papá Sam estaba sentado en compañía de un grupo de hombres, un hombrecillo rechoncho y desdentado con un turbante que era casi tan grande como yo. No se levantó para saludarme; en esta cultura, los hombres no suelen levantarse cuando una mujer entra. Pero algunos de los hombres sí se incorporaron, me saludaron calurosamente en inglés y me estrecharon la mano. Eran hombres del general Dostum, a quienes Sam conocía de sus días de guerra. Visitaban nuestra casa a menudo. Cuando Sam me los presentó un año atrás y me invitó a sentarme a tomar el té con ellos en el salón, lo consideré como un momento crucial en nuestro matrimonio. Cuando un hombre afgano recibe a sus amigos, la mujer suele quedarse encerrada en otra estancia hasta que los hombres abandonan la casa. Pero Sam me presentó a Dostum y a sus hombres y supe que aquello era un honor, pues Dostum era un verdadero héroe para Sam. Aquellos hombres eran para Sam como una familia. Me imaginé que aquello era casi tan importante como una presentación a su verdadera familia, como una manera de declarar al mundo el amor que sentía por mí.

Cuando los hombres tomaron de nuevo asiento y yo me instalé en un *toushak,* se pusieron otra vez a hablar en uzbeko. Viendo que no podía seguir su conversación, ni podía fumar en presencia de Papá Sam, me aferré desesperadamente a una galleta. Sabía que Sam estaba furioso porque sus amigos habían oído sin querer nuestra pelea y supondrían, por ello, que él no sabía controlar a su esposa. Pues no pasa nada, pensé: es algo que deben de tener ya muy claro a estas alturas. Me percaté de que Papá Sam me miraba de reojo de vez en cuando y me pregunté si me habría reconocido. De hecho, lo había conocido cuando Sam y yo aún vivíamos en la «Casa del Pavo Real». Aquella vez, también nos había hecho una visita sorpresa. Pero en aquella época, ni Sam ni yo estábamos preparados para compartir con nuestras respectivas familias nuestro matrimonio, de modo que pasamos las escasas semanas que Papá Sam estuvo allí jugando tontamente al escondite. Salíamos y entrábamos constantemente de nuestras habitaciones para que Papá Sam no nos viese juntos. Le dijimos que yo era una maestra visitante que trabajaba para la escuela y él movió la cabeza, alarmado ante la idea de que yo viviese sola. A punto estuve de descubrirme una mañana cuando la cocinera no apareció y preparé el desayuno. Si me recordaba, seguramente se habría sorprendido al verme aún pululando junto a su hijo. Esperaba que no me tomase por una prostituta.

Me daba la impresión de que uno de los hombres de Dostum llevaba una hora seguida hablando. Viejas historias de guerra, pensé tristemente para mis adentros. Era evidente que aquella noche Sam no se levantaría para presentarme delante de todo el mundo como su esposa. E igual de evidente era que aquellos hombres seguirían ignorándome durante tres horas más. Lo único que a mí me apetecía era acostarme en la cama, pero estaba aún pendiente de conocer qué tipo de historia se había inventado Sam para explicar mi presencia en aquella ocasión; ni siquiera sabía dónde se suponía que tenía que dormir. Suspiré, y Papá Sam me lanzó una mirada interrogadora. Dijo algo a uno de aquellos hombres y el tono de la conversación cambió de repente. Todos empezaron a mirarme y a hacer comentarios. Uno de ellos señaló en dirección a Sam y luego me señaló a mí. Sam bajó la vista, pero Papá Sam sonrió.

—Ya lo sabe —reveló uno de los hombres de Dostum con una gran sonrisa—. Dice que bienvenida a la familia. Dice que siempre lo ha sabido, incluso hace dos años, pero que estaba esperando a que Sam se lo comunicase.

Sam se puso colorado como un tomate y yo me eché a llorar. Entonces, me acerqué al *toushak* donde estaba sentado Papá Sam y me dejé caer a sus pies. Le cogí la mano, se la besé y luego la posé sobre mi cabeza. Sam me había contado en una ocasión que eso era exactamente lo que hacían los hijos cuando veían a su padre.

—Mi padre murió hace cuatro años —le expliqué a Papá Sam en mi horrendo dari—. Espero que ahora tú seas mi padre. Llevo esperando este momento desde que me casé con tu hijo.

Él me acarició el cabello. Yo seguí llorando y, cuando levanté la vista, vi que también sus arrugadas mejillas estaban bañadas por las lágrimas. Por fin era la esposa de Sam. Por fin había salido del armario.

A la mañana siguiente, Papá Sam me esperaba en el salón. Había descolgado todas las imágenes de las paredes para poder rezar sin necesidad de mirar las imágenes *haraam* de objetos animados. Debió de estremecerse al retirar aquel cuadro donde aparecían unos querubines desnudos. Estaba esperando a que la esposa de su hijo le preparase el té matutino. Me dijo que en Arabia Saudí tenía joyas de oro para mí. Que esperaba que fuera pronto a visitarlo para conocer a toda la familia, incluyendo a la primera esposa y sus ocho hijos. ¡O que a lo mejor los hacía viajar a todos hasta Kabul para que me conocieran a mí y nuestra casa! Dijo que le parecía muy bien que Sam hubiera elegido una segunda esposa y que esperaba que le diera muchos hijos.

Acompañé a Papá Sam en coche hasta un café cercano. Tomamos asiento y pedimos café con leche al aroma de caramelo. Mientras él observaba con interés a la gente, yo ni siquiera me daba cuenta de su presencia. Estaba reflexionando sobre las alegrías y las exigencias de ser una auténtica nuera afgana sin tener ni una pizca de terror.

* * *

El fin estuvo a punto de llegar unas semanas después. No el fin de mi matrimonio; esa obra todavía continúa. Pero fue casi el final de la Escuela de Belleza de Kabul.

Aquel día teníamos en el salón una cantidad considerable de público. Todas las chicas tenían clientas. Robina estaba secándole el pelo a una americana de melena rubia larga y voluminosa. Mina estaba haciéndole la pedicura a una panadera francesa que acababa de llegar a Kabul, y Bahar estaba enfrascada en la manicura de una clienta afgano-norteamericana que trabajaba para las Naciones Unidas. Topekai estaba cortándole el pelo a una abogada que cobraba un salario astronómico a cambio de sufrir un verano más en Kabul. Baseera estaba arriba dando un masaje. Y yo estaba intentando convencer a una misionera para que se hiciese reflejos.

De pronto, oí pasos en el camino de acceso y por las ventanas vi que se trataba de Sam, que llegaba corriendo. Entró como una exhalación en el edificio y abrió de un portazo.

—¡Van a meternos en la cárcel! —vociferó, casi sin aliento.

Mis peluqueras y mis clientas dejaron lo que tenían entre manos y se volvieron hacia él. Sam estaba apoyado en el umbral de la puerta, con su teléfono móvil pegado al corazón. Llevaba la camisa por fuera del pantalón e incluso sus eternas gafas de sol estaban torcidas. Yo estaba repasándole el pelo de la nuca a la misionera, que se apartó un poco de mí, como si de pronto hubiese dejado de confiar en mis tijeras.

—Pero ¿qué dices? —Creo que jamás había visto a Sam tan alterado.

—Quieren que les pagues veinte mil dólares en impuestos retroactivos.

—Yo no estoy obligada a pagar impuestos —le declaré—. Soy una ONG.

—No me refiero a los impuestos sobre la escuela de belleza. —Movió el brazo intentando abarcar la estancia—. ¡Los impuestos sobre el salón!

—Es todo la misma cosa —le expliqué—. Subvenciono la escuela con el dinero que obtengo en el salón que, de todos modos, es también un salón-escuela. Aquí no hay beneficios.

—Dicen que eres una empresa.

—Soy una empresa *social*. Es lo que dice mi contrato como ONG.

La abogada que estaba en manos de Topekai se sumó a la conversación.

—Te enviaré por correo electrónico un documento con la ley fiscal de las empresas sociales. Pero, por lo que dices, me parece que estás operando conforme a la ley.

Sam no le hizo caso.

—Debbie, dicen que montarán guardia fuera para vigilar quién entra y quién sale. No hablan en broma.

Tardamos unos días en averiguar qué sucedía. Y sigo sin comprenderlo del todo. Al parecer, una entidad gubernamental había decidido multarme por los miles de dólares de beneficios anuales que según ellos yo obtenía. Este tipo de extorsiones se producen de vez en cuando en Afganistán, pues las leyes, los impuestos y los elementos básicos del gobierno son cuestiones muy recientes. Además, la desconfianza hacia las ONG está cada vez más extendida, pues los afganos no entienden por qué todo sigue encontrándose en un estado tan caótico cuando, supuestamente, entra tanto dinero en el país destinado a su reconstrucción. Lo que estaba claro era que nuestra escuela de belleza no recibía dinero y que yo podía mostrarle a cualquiera que estuviera interesado un estudio que demostraba que los ingresos de las familias de nuestras alumnas aumentaban en un cuatrocientos por ciento después de su graduación. Pero aun siendo la acusación una falacia, seguía doliendo. Sam y yo tendríamos que presentarnos ante el mismo tribunal responsable de juzgar a la gente que se dedicaba a emitir pasaportes y dinero falsos. La escuela de belleza se convertiría de repente en la comidilla de la ciudad, y en el peor sentido posible. Nuestra reputación sufriría un gran daño aun ganando el caso. Los padres y los maridos prohibirían a sus hijas y esposas asistir a la escuela de belleza. Y si perdíamos el caso —lo que seguía siendo una posibilidad, incluso cumpliendo a rajatabla la legislación fiscal vigente—, yo iría a la cárcel para cumplir una pena de dos años. Y Sam cumpliría una pena de cinco años.

Consulté el caso con unos amigos abogados que tenía en Kabul. Todos coincidieron en que si esperábamos hasta que llegara la demanda formal lo perderíamos todo. De modo que nos decantamos por el tradicional recurso legal de pagar una cantidad modesta a alguien que nos prometió a cambio que los cargos contra nosotros irían directamente a la incineradora.

Volví a respirar tranquila, pero por un breve tiempo.

En el momento de escribir estas líneas, mayo de 2006, tanto la Escuela de Belleza de Kabul como el salón Oasis están cerrados a cal y canto. Después del trágico accidente en el que vehículos militares de Estados Unidos chocaron contra varios coches civiles provocando la muerte de varias personas, se produjeron disturbios generalizados en la ciudad, incendios y saqueos. Para reprimir a las enfurecidas masas, los soldados de Estados Unidos y los miembros de la policía afgana abrieron fuego —por encima de las cabezas de la muchedumbre, dijeron— y, como resultado, varios civiles perdieron la vida y muchos más resultaron heridos. Las sedes de diversas ONG fueron incendiadas. El gobierno de Karzai impuso un toque de queda nocturno similar al que se vivió poco después de que los talibanes fueran expulsados del poder. En los años que llevo aquí, nunca había visto tanta tensión en la ciudad, ni a sus habitantes tan rabiosos y amedrentados. Nuestro recinto sigue siendo seguro porque los hombres del general Dostum llegaron a casa justo antes de que se iniciaran los disturbios. Su presencia sirvió para garantizar que no incendiaran o invadieran nuestras instalaciones, pero fue muy difícil acostumbrarse a la idea de tener hombres barbudos y ametralladoras ocupando el espacio que antes solían ocupar mis alumnas.

Mi única esperanza está en que la calma regrese y en que toda la gente que quiere ayudar a reconstruir este país pueda seguir haciéndolo. El papel que desempeña en todo esto la Escuela de Belleza de Kabul parece minúsculo comparado con el de otras iniciativas, pero sigue siendo enorme. Sé que la vida de las mujeres que han estudiado en la escuela ha dado un cambio radical. Mientras que antes dependían económicamente de los hombres, ahora ganan su propio dinero y comparten con ellos su sueldo. Mientras que antes no eran más que esclavas de la casa, ahora son personas que toman decisiones y son respetadas. No todas, no siempre. Pero sí lo bastante como para mantener su propia esperanza y dar esperanza a las demás mujeres de este país.

Y ahora contaré una historia divertida. La gente suele enviar a la Escuela de Belleza de Kabul donaciones en forma de productos y yo, obedientemente, me dedico a abrir las cajas y a repartir su contenido. A veces, las donaciones consisten en productos de peluquería, productos que son siempre bienvenidos pues se agotan rápidamente (aquí, ni siquiera es fácil reponer nuestras existencias de buen champú). A veces, las donaciones van a parar directamente a las chicas. Hemos recibido bolsos, piezas de tejido y bufandas de lana, y las chicas valoran mucho este tipo de regalos. Un día, dejé que Laila abriera una de las cajas que acabábamos de recibir y se me acercó cargada con ella y con una mirada de franca perplejidad.

—¿Y esto qué es? —me preguntó, mientras las demás chicas formaban un corrillo a su alrededor.

Miré en el interior de la caja y vi… ¡tangas! Tangas de encaje, tangas de cuero, tangas de seda, tangas con flores bordadas. Me incliné sobre la caja y pasé varios minutos riendo antes de poder responder.

—Bragas —afirmé por fin—. Lo que las señoras llevan debajo de la ropa.

Laila tradujo mis palabras para las demás y todas me miraron con mala cara.

—No, Debbie —contradijo Baseera—. Esto no pueden ser bragas.

—Sí, hay mujeres que las utilizan de este tipo. Las consideran sexys.

Topekai cogió un tanga y lo volteó en el aire.

—Esto no tapa nada.

—Y ahí está la gracia. Tapan un poco por delante, pero la parte posterior es así de fina para que no se transparenten las costuras de la braguita en la ropa.

—¿Y esta parte va entre…? —Mina se tocó el trasero, y yo asentí.

Pasaron semanas riéndose a carcajadas con aquellos tangas. Se los lanzaban por el aire entre ellas y de vez en cuando, cuando les apetecía hacer el tonto de verdad, se los ponían en la cabeza. Creo que, al final, el casero los tiró a la hoguera. Éste no es más que un ejemplo de un intento erróneo de ayuda a las mujeres afganas.

No hace mucho tiempo, estuve con un grupo de amigos en Istalif, el pueblo de las montañas donde fabrican esa preciosa porcelana vidriada de color turquesa. Paseamos por allí mirando tazas, recipientes y jarrones, y todos acabamos comprando alguna cosa a los vendedores que permanecen sentados al sol a la espera de visitantes. Nos detuvimos en uno de los palacios de un antiguo señor de la guerra y visitamos un invernadero lleno de geranios, donde el jardinero posó para una fotografía entre un póster enorme de Ahmed Sha Massoud y un corazón rojo pintado en la pared. Nos acercamos a un manantial que según Sam tiene propiedades curativas y él llenó una garrafa con agua para llevarnos a casa.

En el camino de vuelta, pasamos junto a una larga fila de niños que caminaban por la embarrada carretera de montaña para ir a jugar un partido de fútbol en un pedazo de terreno libre de árboles. Todos calzaban flamantes botas de fútbol nuevas de distintos colores. Uno las llevaba de color granate, otro rojas, otro verdes, otro amarillas, otro de color naranja… la carretera de montaña transformada en un arco iris de pies infantiles. Comprendí enseguida que en algún rincón del mundo, había gente cargada de buenas intenciones que había reunido todas aquellas botas y las había enviado a Afganistán. Aquella gente sabía que obligatoriamente tenía que haber niños que se calzarían aquellas botas y las aprovecharían. A lo mejor sabían incluso que los niños bailarían de alegría al sentir aquel toque de color en sus pies.

Cuando tengo un buen día, soy consciente de que la Escuela de Belleza de Kabul llevará a mis chicas mucho más lejos que unas botas de fútbol.

Si hace unos años alguien me hubiera dicho que acabaría viviendo en Afganistán y dirigiría allí una escuela de belleza, me habría echado a reír a carcajadas. Pero en el instante en que pisé esta tierra, supe que, en cierto sentido, había vuelto a casa. El espíritu de este lugar me ha renovado y sus desafíos me han hecho crecer. He sido bendecida con una familia, y soy rica —especialmente rica— en lo que a hermanas se refiere. A veces me pregunto si he hecho por ellas tanto como ellas han hecho por mí. Me ayudaron a curar mi corazón roto y a creer de nuevo en mí, y yo sigo intentando recompensarlas por el amor que tan dispuestas han estado siempre a compartir conmigo. Las mujeres afganas tienen aún mucho que curarse a sí mismas. Han estado encerradas en la oscuridad durante mucho tiempo y en estos años oscuros han sufrido mucho más de lo que nadie sea capaz de imaginar. Pero la oscuridad ha aclarado un poco. La luz empieza a caer sobre ellas. Necesitan que el resto del mundo las mire, las observe y se asegure de que nunca nada más vuelva a apagar esa luz.

Agradecimientos

Me siento como si estuviera en la gala de los Oscar, con una lista interminable de gente a quien deseo expresar mi agradecimiento y sin tiempo suficiente para poder dar las gracias a todo el mundo. Ha sido mucha la gente que ha entrado en mi vida y que me ha dado su apoyo en este proyecto. Nunca podría haber escrito este libro sin la ayuda de mi buena amiga Kristin Ohlson, una escritora maravillosa y de espíritu generoso que se desplazó a Kabul y experimentó en primera persona los retos diarios de la escuela de belleza, y que me acompañó en cada paso de mi lucha por dar forma a este relato mientras yo seguía adelante con mi caótica vida. Gracias por tu duro trabajo y por tu dedicación a este libro, así como por las largas horas que has pasado a mi lado ayudándome a organizar mis diarios, mis pensamientos y mis experiencias. Pasamos juntas momentos divertidos y momentos duros, un proceso en el cual te has convertido en mi amiga del alma. Eres una mujer maravillosa y llena de talento.

Me gustaría hacer una dedicatoria a mi dulce marido: estoy segura de que, sin él a mi lado en cada paso, me habría dado de bruces contra el suelo más veces de las que me di.

Siempre me haces reír cuando estoy en horas bajas. Eres tan duro, adusto y cariñoso como este país. Eres Afganistán personificado, y a través de ti he aprendido a amar de nuevo.

Me gustaría dar las gracias a mi madre, Loise Turner, y a mis dos hijos, Noah Lentz y Zachary Lentz, por haberme permitido venir a Afganistán y hacer realidad el sueño de mi vida. Habéis estado a mi lado en todo momento. Mamá, siempre has sido mi base y mi apoyo. Me enseñaste que podía hacer cualquier cosa que me propusiera, aun no estando de acuerdo con algunas de mis decisiones. Cuando yo estaba llorando en el otro lado del mundo, siempre tuve la sensación de que estabas aquí a mi lado, apoyándome.

Zach, estás tan loco como tu madre. Aprovechaste la oportunidad para venir a Afganistán cuando todo el mundo te decía que era una locura. Espero y rezo para que durante el tiempo que has pasado aquí hayas aprendido tanto como yo. Sé que vivir en Afganistán fue duro en ciertos momentos y que en muchas ocasiones te sentiste frustrado con Kabul, pero te agradezco que quisieras compartir esta experiencia conmigo.

Noah, te he echado mucho de menos. Sé que fue difícil no tenerme en casa. Ha habido momentos en los que tuve la sensación de estar pasando demasiado tiempo alejada de ti por un país que ni siquiera era el mío. Sé lo mucho que odias la suciedad, y en un lugar como éste te hubieras vuelto loco. Pero tus mensajes de correo electrónico y las llamadas que me hacías sólo para decirme que me querías me ayudaron a superar los malos momentos.

Quiero expresar mi enorme agradecimiento a mi mejor y maravillosa amiga Karen Kinne, y a sus hijos, Josh, Gabe y Claire. Karen, estuviste conectada al ordenador haciéndome compañía mientras las bombas caían como moscas; me hiciste reír y no me abandonaste ni un momento mientras yo estaba muerta de miedo. Gracias por ocuparte de mis cosas en Estados Unidos mientras yo estoy en Afganistán. Saber que estás allí me facilita el trabajo aquí. Gracias, Karen, por ser la mejor amiga que he tenido en mi vida.

A Christine Gara, mi abogada y decoradora, gracias por viajar a Kabul y ayudarme a pintar la escuela con un pollo muerto. Gracias por perdonarme por no tener agua caliente y no poderte duchar en una semana. No sólo has marcado la diferencia en mi vida, sino que además has demostrado a las mujeres de la Escuela de Belleza de Kabul lo que significa ser una mujer fuerte e independiente. Has cambiado muchas vidas.

Gracias a Gay-LeClerc Qaderi, quien me enseñó a ser la esposa de un marido afgano sin perder mi personalidad. Sigues enseñándome y te has convertido en un elemento indispensable en mi vida.

¿Y qué puedo decir de Betsy Beamon? Estás tan loca como yo. Hemos caminado juntas por más de un camino pedregoso y tenerte en Kabul me sirvió para saber que siempre había alguien en quien confiar y que me comprendía. Gracias por llamar tan sólo para preguntarme: «¿Qué tal estás, Debbie?». A veces, la respuesta era bien; otras, mal. Pero saber que te tenía a una llamada de teléfono o a una carrera de taxi siempre me sirvió para sentirme menos sola.

Nick y Halima son los culpables de que me encuentre felizmente casada con mi maravilloso marido afgano. Hay días en los que os doy las gracias por ello y otros, lo admito, en los que no. Desempeñasteis un papel decisivo en mi matrimonio y nos habéis ayudado a superar momentos bastante difíciles. Nos enseñasteis a cruzar las carreteras culturales sin pisar muchas minas terrestres. Siempre seréis para nosotros como un padre y una madre.

Quiero dar las gracias a Mary MacMakin por su visión y su dedicación al pueblo de Afganistán.

Quiero dar las gracias a Sima Calkin y Lindy Walser, dos estupendas peluqueras que con su propio dinero vinieron a enseñar y a apoyar la escuela. Me disteis tiempo para poder disfrutar de unos necesarios periodos de descanso. No puedo expresar lo que significó para mí que abandonarais por un tiempo vuestra vida en Estados Unidos para venir aquí a ayudarme.

La presencia constante de John Paul DeJoria y Luke Jacobellis en John Paul Mitchell System me proporcionó la confianza necesaria para pensar que sería capaz de superar cualquier obstáculo. J. P. y Luke, nunca sabréis lo importantes que llegasteis a ser en mi vida y la sensación de seguridad que siempre me habéis inspirado.

Vogue y Clairol nunca me abandonaron. Las dos empresas estuvieron siempre ahí, tan sólidas como el Peñón de Gibraltar. Sin sus generosas subvenciones, la escuela no habría seguido adelante. Me gustaría dar también las gracias a todas las empresas y a todas las personas que han contribuido en la escuela con sus productos o su dinero.

A todas mis clientas en Holland, Michigan, cuyo pelo quedó demasiado largo y cuyas raíces se tornaron grises porque yo nunca estaba: gracias por vuestra fidelidad a mi regreso, y gracias por vuestra continua ayuda y vuestras oraciones.

A mi agente, Marly Rusoff: creíste en mí cuando nadie lo hacía. Ni siquiera sé cómo empezar a agradecértelo. Sin tu guía y tu apoyo nunca habría sido capaz de conseguirlo.

A Jane von Mehren, mi editora en Random House: por alguna razón supiste que la mía era una historia que merecía ser contada y me diste la oportunidad de contarla. Te arriesgaste conmigo y no hay palabras suficientes para expresar mi gratitud.

Vaya equipo el que tienen en Random House. En realidad, me parece que nunca supe lo que era un equipo hasta que tuve la oportunidad de conoceros. Sois amables, colaboradores y me hicisteis sentir como una reina. Me siento la persona más afortunada del mundo por trabajar con una editorial y un equipo como el vuestro.

Finalmente, quiero dar las gracias a todos los extranjeros y afganos que vinieron a nuestro salón y que nunca se quejaron cuando no teníamos agua caliente para lavarles la cabeza, ni electricidad para secarles el pelo con el secador.

Y lo que es más importante, quiero dar las gracias a todas las mujeres que han pasado por la Escuela de Belleza de Kabul. De tener una moneda de diez centavos por cada lágrima derramada en la escuela, seríamos todas millonarias. Una de las cosas más maravillosas de las mujeres afganas es que nunca permiten que nadie llore solo. Sin su franqueza, su amistad, su amor y su voluntad para compartir sus historias, el libro no habría existido. Gracias por permitirme adentrarme en vuestra vida y darme la oportunidad de compartirla con el resto del mundo: es la única manera de dar a conocer las historias reales de las mujeres afganas. Siempre me habéis tratado más como una hermana que como vuestra jefa o vuestra maestra. Sabed siempre que os tengo como mi familia y que, gracias a vosotras, nunca volveré a ser la misma.

Epílogo

En el momento de escribir estas líneas, otoño de 2007, los titulares procedentes de Afganistán son sombríos. Los talibanes acaban de liberar a los últimos veintitrés coreanos secuestrados, pero prometen raptar a más extranjeros. Una cooperante alemana fue secuestrada en un restaurante de Kabul aunque, afortunadamente, fue rescatada rápidamente por la policía y los servicios de inteligencia afganos. Hace unos meses, un autobús lleno de policías afganos en prácticas fue atacado por un terrorista suicida en una de las calles más concurridas de Kabul y en el atentado murieron docenas de jóvenes. El suceso me entristeció terriblemente. Y me hizo sentir culpable, además, porque ya no estoy en Afganistán. Porque estoy a salvo.

Tengo electricidad y agua corriente. Me paseo con escote por California. Pero añoro mi agridulce Kabul. Echo de menos el polvo, los mulás que me despiertan al amanecer, mi habitación con una única y estúpida bombilla colgada del techo y el sonido ocasional de un tanque pasando por la calle. Pero, por encima de todo, echo de menos a las chicas del salón y de la escuela. Durante mis casi cinco años en Afganistán, estuve rodeada de gente: las chicas, mis clientes y mis amigos expatriados. Ahora, los tengo muy lejos y me siento sola sin ellos. ¿Qué sentido tiene una peluquera de campaña desempleada?

Me resulta muy difícil relatar el final de mi historia. Sigo confusa y asustada por lo que sucedió cuando regresé a Kabul después de una maravillosa gira de presentación del libro durante la primavera de 2007.

Dejé la escuela de belleza y el salón —que habían abierto de nuevo después de los disturbios descritos en las últimas páginas del libro— en las competentes manos de las mujeres afganas que yo había formado como peluqueras, maestras y gerentes. Pero a finales de abril, antes incluso de que yo me fuera, empecé a ver indicios de posibles problemas. Todo empezó cuando alguien (seguramente nunca sabré quién) hizo circular el rumor de que la Escuela de Belleza de Kabul era un burdel. Un amigo me dijo que alguien había interpuesto una demanda en una agencia gubernamental y que iba a iniciarse una investigación. Este amigo me dijo también que el gobierno había estado observando mis idas y venidas y que pensaban traducir el libro al farsi en cuanto estuviera publicado para poder detectar cualquier detalle censurable. Yo estaba ya nerviosa por un anticipo de lo que sería el libro que había aparecido publicado en prensa y en el que se decía que yo había llegado a Afganistán a través de una organización cristiana. Pese a que la escuela no tenía ningún tipo de matiz religioso, temía que hubiera quien sospechara que me había dedicado a predicar con las chicas algo más que técnicas para realizar permanentes y reflejos. Las chicas estaban también angustiadas por aquella propaganda. En Afganistán, puedes ser arrestado y amenazado con la pena de muerte si alguien informa de tu conversión al cristianismo. No son asuntos que puedan tomarse a la ligera.

Pero aun así, cuando emprendí la gira de presentación, no pensaba que el libro llegara a provocar mucha agitación en Kabul. Pensé que mi amigo estaba exagerando el tema. Al fin y al cabo, ¿qué importancia podían tener la Escuela de Belleza de Kabul y mi libro para un país en peligro de convertirse en un estado narcotraficante, donde los talibanes eran cada vez más fuertes y donde tantos soldados perdían la vida? Me imaginé que el origen de aquellas amenazas no era más que un matón que pretendía sacarme dinero.

En Kabul los rumores vuelan a más velocidad que los misiles, y a veces son igual de imprecisos. Mucha gente creía que me había hecho rica gracias a las ventas y el éxito del libro. Muy pocos comprendían que había reinvertido en la escuela y en el salón Oasis prácticamente todos los beneficios obtenidos con la publicación del libro. Cuando años atrás inauguré el salón, lo hice con la intención de proporcionar mayor experiencia a las alumnas más prometedoras y de generar una fuente de ingresos para la escuela. Pero el salón nunca había sido rentable y yo nunca había sido muy buena en lo que a encontrar subvenciones para la escuela se refiere (nunca tuve tiempo para hacerlo adecuadamente). La escuela y el salón necesitaban dinero desesperadamente, de modo que allí fue a parar el grueso de mis ganancias. También invertí una parte en el Cabul Coffee House, con la intención de obtener una fuente de ingresos personales, ya que en el salón no ganaba dinero. Pero, en todo caso, una vez firmado el contrato del libro, mi vida personal tuvo incluso menos lujos si cabe. Entre otras cosas, mi marido Sam y yo tuvimos que mudarnos de la casa que teníamos alquilada e instalarnos en las dos habitaciones situadas en la planta superior del edificio de la escuela y el salón.

Tenía la esperanza de que mi situación financiera mejorara a mi regreso a Kabul, después de la gira de presentación del libro. Y tenía además otros motivos para pensar con ilusión en mi regreso. Me acompañaba mi hijo Noah. Él y mi hijo Zach, que estudiaba en la Universidad de Northern Cyprus, pasarían el verano conmigo. Zach, como habrán leído anteriormente, ya había pasado una temporada en Kabul, pero Afganistán iba a ser una experiencia novedosa para Noah. Quería que viese por qué yo no llevaba una vida normal similar a la de las madres de sus amigos. Mis hijos siempre han aceptado y respetado todo lo que he hecho, pero tenía la sensación de que para ellos era muy importante ver Afganistán con sus propios ojos. Supongo que deseaba que se enamorasen como yo lo había hecho del país y de su gente. Y quería que viviésemos como una familia, todos en el mismo país, al menos por un tiempo.

Pese a las advertencias de mi amigo de Kabul (una persona que conozco y en la que confío desde hace muchos años), Noah y yo llegamos a Dubai a primeros de mayo. Allí llevé a cabo los últimos preparativos para la vuelta a Kabul y, aunque aquel amigo me había dicho que mi seguridad se encontraba en una situación peor incluso de la que tenía antes de mi marcha, pasé un día entero comprando tintes para el pelo y otros productos para el salón. Mi amigo me había dicho que sus fuentes de información le indicaban que era posible que sólo dispusiera de un mes en Kabul, o incluso de menos tiempo, antes de que mi caso llegara al Tribunal Supremo, donde tendría que luchar para demostrar mi inocencia. Me dijo también que cerca del edificio del salón y de la escuela habían sido interceptados dos terroristas y que uno de ellos había declarado que le habían pagado cinco mil dólares a cambio de volar el edificio. Me puse en contacto con otros amigos que tenía en Kabul para pedirles consejo. Algunos pensaban que se trataba de amenazas creíbles. Otros no estaban tan seguros, pero estaban más que dispuestos a creérselas debido al aumento de la inseguridad en Kabul. Pasé varios días en Dubai, planteándome agónicamente si regresar a Kabul o no. Apenas podía dormir, y cuando lo hacía, me despertaba con ataques de pánico. Al final decidí regresar porque no quería que mis chicas pensaran que las había abandonado. Noah y yo llegamos a Kabul el 15 de mayo. Pasé temblando el control del aeropuerto, preguntándome si me arrestarían allí mismo.

En el salón, tuve un feliz encuentro con Topekai, Baseera, Mina, Robina, Bahar y una nueva chica que había contratado después de terminar el libro. Tuve otros felices encuentros con Sam y mis amigos, pero los rumores sobre mi seguridad persistían. Hubo quien incluso me dijo que mi presencia ponía en peligro la seguridad de las alumnas y las profesoras de la escuela, de las mujeres que trabajaban en el salón y de mi clientela. Una amiga que tenía amistades en el gobierno afgano y que, en general, nunca se ha mostrado alarmista, era también de la opinión de que mi seguridad estaba deteriorándose. Cada día que pasaba, tenía más miedo, pero no quería bajo ningún concepto abandonar a mis chicas y mi hogar.

Entonces me enteré de que alguien pretendía secuestrar a Noah y pedir un rescate por él. Aquello me aterrorizó: una cosa era que yo corriera peligro, y otra muy distinta que mi hijo corriera un riesgo innecesario. Cuando me puse en contacto con unos profesionales del mundo de la seguridad que conocía en Kabul y les expliqué lo que sucedía, me dijeron que hiciera la maleta enseguida y que me reuniera con ellos en un lugar seguro en un plazo de diez minutos. No podía contarle a nadie, ni siquiera a mis chicas ni a mi marido, lo que iba a hacer ni adónde iba. Cuando llegamos, nos vistieron a Noah y a mí con prendas afganas tradicionales y huimos del país en pocas horas, sólo dos semanas antes de la fecha de graduación de mi último grupo de alumnas.

Todo esto sucedió en cuestión de poquísimos días, en un frenesí de lágrimas y espantosos rumores. Cuando mis chicas descubrieron mi desaparición, se quedaron aterrorizadas y furiosas. Pero yo estaba segura de que mi presencia en el salón suponía un peligro para ellas y que podría ayudarlas mejor a distancia. Empecé a comunicarme con ellas telefónicamente, por correo electrónico y a través de mis amistades en Kabul. Les envié dinero, pues sabía que sus ingresos caerían en picado teniendo en cuenta que por Kabul corrían rumores de que el salón de belleza podía ser el blanco de terroristas suicidas y la clientela estaba menguando.

Han transcurrido ya tres meses desde mi huida. Creía que a estas alturas tendría bastante más claro todo lo sucedido en mayo. Pero, en todo caso, la verdad resulta cada vez más confusa. Ningún miembro del gobierno afgano ha entrado en contacto conmigo para expresar sus objeciones sobre el libro. Algunos de los amigos que tengo en Kabul y que disfrutan de importantes relaciones políticas me dicen ahora que nunca nadie interpuso una demanda contra mí, que ninguna entidad del gobierno afgano estuvo nunca investigándome. Hay quien dice que todas esas amenazas fueron urdidas por el amigo en quien yo confiaba por encima de todos los demás, por quien empecé a alarmarme sobre mi seguridad meses antes de aquellos terribles días de mayo. Jamás conoceré toda la verdad.

Pero, aun así, las amenazas me parecían muy reales y nunca en mi vida había sentido tanto miedo. Teniendo en cuenta la escalada de violencia y terror que se vivía en Afganistán, y el severo escrutinio a que el gobierno sometía a los extranjeros, lo que me dijo mi amigo tenía todo el sentido del mundo en su momento. No me costó en absoluto creer que, pese a que yo no había hecho nada malo, algún funcionario del gobierno —tal vez incitado por un soborno pagado por mi desconocido enemigo, o motivado por la idea de acabar personalmente conmigo— había interpuesto una demanda contra mí. Al final, me sentí rodeada por crueles enemigos ocultos cuya única intención era hacerme daño a mí, a mis hijos, a las mujeres de la escuela y del salón, o a mis amigos. Seguramente nunca conoceré la verdad sobre lo que sucedió entonces, pero lo que sí sé es que no me siento segura regresando a Afganistán. Al menos, de momento.

Cuando volví a Estados Unidos, una familia que había conocido en Kabul me ofreció instalarme a vivir en su casa. Desde entonces, he pasado gran parte de mi tiempo intentando ayudar a las cinco chicas que trabajaron durante varios años en el salón y en la escuela. En colaboración con mi congresista en Michigan, Pete Hoekstra, apelé a diversos funcionarios del Departamento de Estado de Estados Unidos y a otras agencias gubernamentales. Colapsé las líneas telefónicas de las embajadas de Estados Unidos en diversos países. He pedido a mis amigos en Kabul que las ayudaran.

Al principio, imaginé que si las chicas veían que corrían peligro en Afganistán, podrían conseguir visados para viajar a Estados Unidos. Ahora sé que es prácticamente imposible que consigan esos visados. Si quieren abandonar Afganistán para siempre, tendrán que emigrar primero a un país vecino y pedir asilo político allí a través de las Naciones Unidas. Dos de las chicas se han decantado por esta opción, pero se trata de un proceso largo, frustrante y confuso.

Las otras tres chicas siguen en Kabul con sus respectivas familias. Dos de ellas trabajan en otros salones. Una sigue trabajando en el salón Oasis, bajo una nueva dirección. Sigo enviando dinero a todas las chicas, pero sé que están pasándolo mal adaptándose a su nueva vida. Igual que yo.

En estos momentos, la escuela de belleza no está operativa, pero espero que se trate tan sólo de una situación temporal. Hay una productora interesada en realizar una película basada en este libro. Si el contrato acaba cerrándose, se destinará parte del dinero a la escuela. El dinero se enviará a PARSA, la respetada organización no gubernamental fundada por Mary MacMakin que colaboró en el lanzamiento de la Escuela de Belleza de Kabul. Con esta subvención, PARSA abrirá una nueva escuela de belleza en Kabul y algunas de mis chicas impartirán clases allí y ayudarán a gestionar la escuela. Al fin y al cabo, aprendieron bien… y no sólo peluquería. Aprendieron los secretos del servicio al cliente. Aprendieron habilidades directivas. Aprendieron a enseñar. Aprendieron a solucionar problemas. Son mujeres fuertes y con recursos, y creo que poseen las habilidades suficientes para crearse una nueva vida.

Para mí, es una enorme tragedia personal que mi estancia en Kabul se haya visto interrumpida tan bruscamente. Echo de menos a mis chicas, a mi clientela y a mis amigos: eran como una familia para mí. Apenas me queda nada que me recuerde a mi antigua vida. No sólo dejé allí todos mis objetos de valor, sino que también tuve que abandonar mis más preciados recuerdos personales, incluyendo las únicas fotografías que tenía de mi padre con mis hijos, una vajilla antigua y otras herencias de la familia de mi madre, y los flamencos de peluche que mis hijos me compraron hace tantos años. Es como si el fuego hubiese consumido toda mi vida. El hecho de llegar a Estados Unidos con sólo dos maletas me ha llevado a comprender cómo debieron sentirse mis amigos afganos cuando tuvieron que huir de su país hace años únicamente con las pertenencias que cabían en sus dos manos.

Como podrán imaginarse, mi repentina huida y mi ausencia continuada de Kabul han sumado una tensión enorme a mi relación con Sam. Para empezar, nuestro matrimonio fue con frecuencia un choque intercultural, pero las condiciones de vida en Afganistán e incluso el éxito del libro se combinaron para complicar aún más las cosas. Tan difícil es para mí estar casada con un hombre afgano, con un punto de vista y unas expectativas tan distintas a las del hombre occidental sobre lo que debería ser una esposa, como para un hombre afgano estar casado con una extranjera. Un pequeño ejemplo: en Kabul existe una animada comunidad de emigrantes, pero a veces, cuando nuestros amigos extranjeros nos invitaban a comer a alguno de los restaurantes occidentales que hay en Kabul, nos habíamos encontrado con que a Sam le prohibían la entrada. Resulta que muchos de esos restaurantes no permiten el acceso a ciudadanos con pasaporte afgano, temerosos de que quebranten la ley que impide a los musulmanes consumir bebidas alcohólicas. Este tipo de cosas sucedía a menudo, en distintos sentidos, y dolía. Pienso también que toda la excitación que acompañó la publicación del libro y la inauguración de la cafetería fue muy dura para Sam. Sus amigos bromeaban diciéndole que cualquier éxito que pudiera tener se debía a que estaba relacionado conmigo. Y aunque se reía de sus bromas, Sam es un hombre orgulloso y estos comentarios duelen. Pienso que Sam empezó a resentirse cada vez más de las distintas oportunidades que yo tenía como norteamericana, en comparación con las que él tenía como afgano. Por mucho que quiera a Sam y por muy buen recuerdo que tenga de todo lo que hemos pasado juntos, no sé si podremos llegar a superar estas enormes diferencias.

A pesar de todas las cosas malas que han sucedido, sigo amando Afganistán. Mi corazón siempre estará allí, independientemente de dónde acabe instalándose el resto de mi persona, y estoy segura de que no habrá otro lugar en el que me sienta tan en casa como me sentí en Afganistán, desde el momento en que puse el pie en aquella tierra. Seguiré intentando llamar la atención hacia las mujeres que allí viven y las ayudaré de todas las maneras que me sea posible. Y espero, algún día, poder regresar a mi agridulce Kabul.

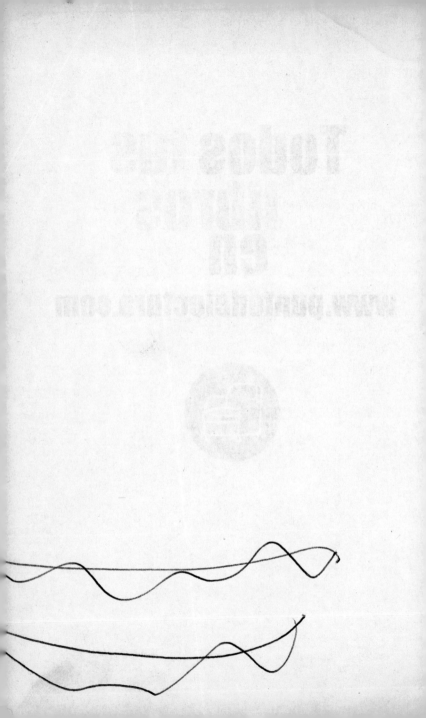